ullstein

Das Buch
Dieses Buch sollte jede Frau ab vierzig lesen!

»Ich mache viele Dummheiten, aber die mache ich gut. Schuld daran sind die zwei Persönlichkeiten, die in mir wohnen. Die eine heißt Vergnügen, die andere heißt Vernunft. Beide streiten sich täglich um die Vorherrschaft: Der Partytiger in mir raunt: ›Bleib noch ein bisschen, Liebelein. Es ist doch gerade so schön. Vergiss den Schlaf vor Mitternacht. Lieber 50 Jahre gelebt, als 70 nur dabei gewesen.‹ Während die Tugend wie ein zartes Pflänzchen versucht dagegenzuhalten und flehentlich flüstert: ›Du solltest jetzt lieber gehen. Der Mond ist heute Abend voll. Du musst es nicht auch noch sein.‹«

Ein bisschen mehr Abenteuer, ein bisschen weniger Vernunft – das täte uns allen gut. Anne Vogd zeigt, wie man das Leben genießen kann, ohne sich gleich zu fühlen wie ein Red Bull im Bioladen.

Die Autorin
Anne Vogd, * 1965, arbeitete 25 Jahre lang als Vertrieblerin und Pressereferentin, bevor sie mit 51 Jahren etwas ganz Neues wagte – und Kabarettistin wurde. Sie gewann den SWR3 Comedy Förderpreis und steht heute auf den Bühnen Deutschlands. Auf SWR3 ist die gebürtige Rheinländerin regelmäßig mit ihrer Serie »Volle Kanne Anne« zu hören und schreibt Kolumnen für diverse Zeitungen. Anne Vogd lebt mit ihrem Mann und ihrer Tochter in Rheinland-Pfalz.

ANNE VOGD

Ich hab's auch nicht immer leicht immer leicht MIT MIR

Prosecco zum Lesen

Ullstein

Besuchen Sie uns im Internet:
www.ullstein-buchverlage.de

Originalausgabe im Ullstein Taschenbuch
1. Auflage September 2018
© Ullstein Buchverlage GmbH, Berlin 2018
Umschlaggestaltung: zero-media.net, München
Titelabbildung: © FinePic®, München
Autorenfoto: © Stephanie Schweigert, mit freundlicher
Unterstützung von Procter & Gamble Service GmbH
Gesetzt aus der Quadraat Pro powered by pepyrus.com
Druck und Bindearbeiten: CPI books GmbH, Leck
ISBN 978-3-548-37785-8

Inhalt

1   Sekt oder Selters?
Tofu oder Torte? Fatboy oder Fatburner?

ge – nie – ßen, Verb (mit Obj.) (jmd. genießt etwas), Bedeutung: aus einer Sache für sich Freude, Genuss und Wohlbehagen ableiten.

Beispiel: Er genießt sein Leben in vollen Zügen.

Ich übrigens nicht. Ich fahre lieber Auto. Der Fahrplan der Deutschen Bahn, oder besser, die flexible Abfahrtsinformation mit zwanglosem Gleisvorschlag und stets frisch aufbereiteter Wagenreihung ist nicht so mein Ding. Wenn es sich aber so gar nicht vermeiden lässt, dann ist es immer dasselbe: Gleisnummer raussuchen, merken oder besser abfotografieren, zum Gleis rennen, Gleis und Zugnummer abgleichen, den ohnehin schon überfüllten Waggon entern, sich dort mit anderen Fahrgästen stapeln und die ganze Zeit Angst haben, dass man doch im verkehrten Zug sitzt.

Und dann geht's erst richtig los: Ich muss Telefongespräche von Leuten mit anhören, die mich bei der Post einen Kopf kürzer machen würden, wenn ich die Diskretionslinie übertrete. Von hinten tritt ein siebenjähriger Lümmel permanent gegen meine Rückenlehne, und seine Mutter sagt nichts, weil sie die Persönlichkeitsrechte ihres Primaten achten will. Ich habe kein Netz, was doppelte Wut bedeutet. Und wenn sich der Schaffner nähert, bin ich deutsch genug, um nervös zu werden – obwohl ich eine gültige Fahrkarte besitze. Was für ein Stress!

Autofahren genieße ich hingegen sehr. Ich bin unabhängig, lerne meine Texte derweil oder fange an zu singen und höre erst damit auf, wenn ich andere Verkehrsteilnehmer beschimpfen muss. Und sollte es doch mal einen Stau geben, kann man ja immer noch anrufen und sagen, dass es später wird. Vom Auto aus funktioniert das. Wenn ich losfahre, hänge ich mein Handy immer sofort ans Ladekabel. Aber haben Sie schon mal versucht, ein Handy im ICE aufzuladen? Ich schon. Beim Reinstecken hatte ich noch 13 Prozent Akku, danach nur noch vier: So hatte ich mir das mit der Energiewende nicht vorgestellt. Die Bahn soll gefälligst ihre eigenen Quellen nutzen und nicht mit meinem Strom fahren. Denn wenn sie womöglich noch wegen Verspätungsabbau auf halber Strecke stehen bleibt, bin ich am Ende auch noch schuld.

Dennoch, vernünftiger wäre es, öfter mal Bahn zu fahren. Allein schon wegen der Umwelt und der Zeitersparnis. Denn wenn ich ganz ehrlich bin, muss ich zugeben, dass ich so oft auf der A3 im Stau stecke, dass ich ernsthaft überlege, diese Autobahn, die nicht umsonst auch Deutschlands größter Parkplatz genannt wird, als Hauptwohnsitz anzugeben. Ich stehe da wirklich so häufig und so lang, dass ich manchmal den Überblick verliere und mich dann frage: Bin ich auf dem Weg hin zur Arbeit oder schon wieder auf dem Heimweg? Warum denkt die Automobilindustrie bei den heutigen Staus überhaupt noch über ein selbstfahrendes Auto nach? Ein selbststehendes Auto fände ich viel sinnvoller, genauso wie eine selbstputzende Wohnung oder eine selbstfunktionierende Beziehung. Aber das nur am Rande.

Ich bin ein Mensch, der vieles aus Überzeugung macht und vieles aus Überzeugung nicht. Manchmal gerate ich dabei allerdings etwas durcheinander, was mich nach außen unvollkommen erscheinen lässt. Aber das stört mich nicht. Ich genieße es, nicht perfekt zu sein. Menschen, die perfekt erscheinen wollen, langweilen mich. Ich finde Menschen mit Makel viel menschlicher. Ich habe davon besonders viele. Ich glaube, als der liebe Gott mich gebaut hat, war er noch in der Experimentierphase. Irgendwann zweifelte er dann an der Aufwand-Nutzen-Relation und hat sich gedacht: Komm, den Rest übernimmt jetzt mal die Krankenkasse.

So ähnlich muss es gewesen sein, denn ich mache wirklich viele Dummheiten, aber die mache ich gut. Ich bin viel zu oft hin- und hergerissen, als dass mein Leben gradlinig verlaufen könnte. Schuld daran sind die zwei Persönlichkeiten, die in mir wohnen. Die eine heißt Vergnügen, die andere heißt Vernunft. Beide streiten sich täglich um die Vorherrschaft: Der Partytiger in mir raunt: »Komm, Liebelein, bleib noch ein bisschen. Es ist doch gerade so schön. Vergiss das mit dem Schlaf vor Mitternacht. Carpe diem.

Denk dran, lieber fünfzig Jahre gelebt, als siebzig Jahre nur dabei gewesen.« Während die Tugend wie ein zartes Pflänzchen versucht dagegenzuhalten und flehentlich flüstert: »Du solltest jetzt lieber gehen. Der Mond ist heute Abend voll. Du musst es nicht auch noch sein. Morgen ist auch noch ein Tag.« Was dann passiert, liegt in der Natur der Sache. Der Darwinismus macht auch vor mir nicht halt: Der Stärkere überlebt. Und das, obwohl ich zu diesem Zeitpunkt schon weiß, dass meine Stimmung am nächsten Morgen durchhängen wird wie eine Lampion-Girlande vom Vorabend. »So what«, raunt es dann wieder in mir, »es ruckelt halt immer ein wenig, wenn man einen Gang höher schaltet.«

Die Mäßigung, eine der vier Kardinaltugenden von Aristoteles, ist nicht mein zweiter Vorname. Für die jüngeren Leser: Aristoteles war kein Dschungelcamp-Teilnehmer und auch kein DJ. Er war ein griechischer Philosoph der Antike und scheint für viele wieder en vogue zu sein. Denn unsere Gesellschaft mäßigt sich heute maßlos. Vernunft & Verzicht gegen Lust & Leidenschaft, Sehnsucht & Sünde. Das Projekt »Dasein« wird effektiv durchgetaktet. Aktive Lebensgestaltung und ein perfekter Biorhythmus sowie ziel- und ergebnisorientiertes Denken sollen unser Leben lebenswert machen. Selbstoptimierung wird auf der Großbaustelle »Ich« als Sinnsuche deklariert. Wozu das alles?

Ein Mann geht zu seinem Hausarzt und sagt: »Herr Doktor, bitte tun Sie alles dafür, dass ich steinalt werde. Es ist mein größter Wunsch, wirklich richtig alt zu werden.« Der Arzt antwortet: »Gut, schauen wir mal nach Ihren Lebensgewohnheiten. Rauchen Sie?« »Nein, das würde ich nie tun.« »Trinken Sie Alkohol?« »Nein, damit habe ich schon vor vielen Jahren aufgehört.« »Bleiben Sie abends lange auf?« »Niemals, Jan Hofer ist immer der Letzte, der mit mir spricht.« »Machen Sie ab und zu noch Liebe?« »Nein, ich wüsste gar nicht mehr, wie das geht.« Daraufhin meint der Arzt: »Und warum wollen Sie dann so alt werden?«

Auf der Suche nach dem »Warum« habe ich ein »Egal« gefunden. Ich bin es leid, mir die Zugangsvoraussetzungen für ein vermeintlich glückliches Leben immer und überall vorschreiben zu lassen. Ich will nicht mehr nach Vorstellungen leben, die mein Leben voll, aber nicht reich machen. Das rastlose Rotieren ums eigene Ich war mir schon immer unsympathisch, auch wenn es heutzutage als Achtsamkeit verstanden werden will und damit schwer angesagt ist. Heute wird ja alles in den Achtsamkeitstopf geworfen, kurz aufgekocht und serviert, ähnlich wie vor ein paar Jahren die Nachhaltigkeit. Mir ist diese permanente Selbstbeobachtung viel zu übertrieben.

Aber sie findet Mittel und Wege, um bis in die Niederungen des menschlichen Daseins durchzusickern: Ernährungsratschläge, diese omnipräsenten Mahnmale im Alltag – sie liegen mir alle schwer im Magen. Das Leben ist zu kurz für Ingwerbrühe und Knäckebrot. Gewicht und Verzicht: Eine Waage sagt dir nur, wie schwer du bist. Das allein ist schon erbärmlich genug, denn meist sagt sie damit auch gleichzeitig, dass du immer noch zu klein für diese Zahl bist. Aber sie wird dir nie verraten, ob deine Rundungen nicht vielleicht sogar sexy sind. Eine Schlaf-App protokolliert nur die Stunden, die wir geschlafen haben. Sie sagt dir aber nicht, ob es sich nicht doch gelohnt hat, so lange in geselliger Runde mitgefeiert zu haben. Ganz ehrlich: Was hat man davon, wenn der Pfarrer am Grab die inneren Werte lobt und damit die Cholesterin- und Melatoninwerte meint? Mir persönlich wäre es lieber, er würde sagen: »Viel war es nicht, was sie ausgelassen hat.«

Ich finde, man kann auch bewusst leben, ohne stundenlang der rasanten Bewegung eines Stundenzeigers zu folgen. Man kann auch bewusst genießen, ohne erst jede Furche und Falte einer Trockenpflaumenoberfläche mit der Zunge ergründet zu haben.

Nein, ich mache bei all diesen Trends nicht mit – nicht mehr. Mir sind generell gesellschaftliche Zwänge aller Art zu viel Stress. Ich nehme mir die Freiheit, anders zu sein, denn ich habe lange dafür gekämpft, loslassen zu können. Ich finde, auf lebendige Art am Leben zu sein bedeutet mehr, als alles perfekt zu planen und zu kontrollieren. Es sind oft die überraschenden, spontanen Augenblicke, die das Leben lebenswert machen, nicht der streng durchchoreografierte Alltag. Aus »So isses« darf auch gerne mal ein Wunschkonzert werden.

Weniger Perfektion heißt oft mehr Gewinn. In meinem Leben hat es sich jedenfalls noch nie ausgezahlt, irgendwelchen Idealvorstellungen hinterherzulaufen. Es hat sich nicht gerechnet, weil man eh nie alle mit seinem Tun begeistern kann. Selbst wenn man übers Wasser gehen könnte, käme noch irgendeiner dahergelaufen und würde fragen, ob man zu blöd zum Schwimmen ist.

Ich plädiere daher für mehr Gelassenheit. Im Kleinen wie im Großen. Ein Völkchen, das für seine Tiefenentspanntheit bekannt ist, sind ja unsere Hauptstädter. Man sollte sich an ihnen ein Beispiel nehmen. Berlin ist zwar arm, aber *die* Partystadt Deutschlands. Die Stadt mit den gelassensten Bürgern. Es ist den Leuten da völlig egal, ob ihr Flughafen in zehn oder zwanzig Jahren fertig wird – oder auch gar nicht. Man kommt trotzdem weg, wenn man weg möchte, und findet auch wieder hin, wenn man zurückwill.

Ein bisschen mehr Abenteuer, ein bisschen weniger Vernunft – das täte uns allen gut. Und Abenteuer beginnen dort, wo Pläne enden. Das Leben braucht sie, um spannend zu bleiben. »Wem das zu gefährlich ist, der sollte es mal mit Routine versuchen – sie ist tödlich«, wusste schon Paulo Coelho. Pure Vernunft darf im Leben niemals dominieren. An Leuten, die immer vernünftig sind, die ihr Leben wie ein »Malen nach Zahlen« führen, an denen kann man erkennen: Vernünftig ist wie tot, nur vorher.

Bei mir haben es innere Zuchtmeister wie Disziplin, Effizienz und Optimierungswille zunehmend schwerer. Ich habe lange genug ein Leben geführt, in dem ich Familie, Firma, Figur, Freunde und Fortbildung unter einen Hut bringen wollte. Ich habe rumgezappelt wie Wäsche auf der Leine vor einem einsetzenden Gewitter. Damit ist jetzt Schluss. Im Falle eines guten Buches heißt es jetzt: Wo ein

Wille, da auch ein Sofa – auch wenn die Spülmaschine voll und der Kühlschrank leer ist. Dann mache ich halt mal keinen Haushalt, sondern mir lieber Gedanken. Heute steht der volle Wäschekorb manchmal ganze drei Tage im Türrahmen, damit ich ihn nicht vergesse. Ich gebe mir noch ein halbes Jahr, dann müsste ich eigentlich einen dreifachen Salto mit doppelter Schraube beherrschen.

Vermutlich bin ich etwas verrückt. Vielleicht liegt das an der Lebensphase, in der ich mich heute befinde; vielleicht aber auch an der Experimentierphase, in der sich mein Schöpfer damals befand. Vielleicht hat sich aber auch einfach nur was von Tante Renate bis zu mir »rübergemendelt«. Sie war diese Art von stinkreicher Tante, die jede Familienfeier ruinierte, weil ihr Konventionen am A... vorbeigingen. Und zwar vierspurig. Sie werden ihr in diesem Buch noch so manches Mal begegnen, immer in der Rolle eines Red Bulls im Bioladen. Verrückte Zeiten brauchen nun mal verrückte Menschen – wie Tante Renate und mich.

Und es sind verrückte Zeiten, wenn man über das, was man seinem Körper zuführt, ein Lebensgefühl ausdrücken und soziale Zugehörigkeit signalisieren will und nicht einfach nur auf solide Art und Weise sein Hungergefühl stillen möchte. In so einer Zeit völlig ungeniert mit gesundem Appetit zu essen, ohne sich gleichzeitig gezwungen zu fühlen, über den Ausstieg aus der Schwerkraft nachdenken zu müssen, ist doch verrückt, oder? Ich finde auch immer einen Grund anzustoßen. Und sei es nur die Tatsache, dass es im Supermarktregal ein neues Geschirrspülmittel gibt. Manch einer wird denken, die ist wohl nicht ganz bei Sinnen. Von mir aus. Wenn eine Schraube locker ist, hat das Leben mehr Spiel.

Auf meinem Teller wurde noch keine Pasta kalt und in meinem Glas noch kein Weißwein warm. Und ich bin sogar noch einen Schritt weiter gegangen. Ich habe neulich etwas total Abgefahrenes gemacht. Es war fast so gefährlich wie S-Bahn-Surfen: Ich habe ein Deo mit Aluminiumsalzen benutzt und mir vorher die Haare mit einem billigen Shampoo aus dem Supermarkt gewaschen, das vermutlich randvoll mit Silikonen war, und danach habe ich sogar noch eine Tagescreme benutzt mit einem LSF unter 15. Ich bin sozusagen sehenden Auges in mein eigenes Verderben gerannt und dem Tod vermutlich nur durch einen glücklichen Zufall wieder von der Schippe gesprungen.

Aber um Missverständnissen vorzubeugen: Ich gehöre nicht zu den Menschen, bei denen sich die Vernunft durchs Fenster rettet, wenn die Lust durch die Tür hereintritt. Auch die Vernunft sollte ihren festen Platz im Leben haben, denn in ihrem Windschatten kann man sich gut von allen Eskapaden erholen, die das Vergnügen so mit sich bringt. Und ab einem gewissen Alter wird dieser Schatten auch immer größer. Dem hemmungslosen Genießen werden natürliche Grenzen gesetzt. Man merkt plötzlich, dass das Leben nicht ein Leben lang auf der Überholspur stattfindet. Irgendwann geht es mehr in Richtung »Bewusstes Genießen«, das sich dadurch auszeichnet, dass man sich nicht nur fragt, wo der Genuss anfängt, sondern auch, wo er aufhören sollte. Das

Leben gibt es nämlich nur als All-inclusive-Paket. Aber man kann das eine haben, ohne auf das andere zu verzichten. Das ist das Schöne daran.

Keine Sorge: Dieses Buch ist nicht die hunderttausendste Anleitung für ein glückliches Leben. Nein, denn Sie können mir glauben: Alle Ratgeber sind gleich – mir auch. Dieses Buch soll auf eine humorvolle Art von der Lust am Leben erzählen und wie trickreich man manchmal sein muss, um ihr gerecht zu werden. Es soll unterhalten – ohne akademischen Anspruch und wissenschaftliche Beweise, dafür aber mit viel Herzblut und einer gehörigen Portion Augenzwinkern.

Viel Vergnügen!

2 Essen ist ein Bedürfnis – Genießen eine Kunst

Ich war schon immer eine Außenseiterin: Als Kind erzkonservativer, katholischer Eltern besaß ich keine Barbie, nur die Skipper, weil die keine Brüste hatte; als Jugendliche keine Vokuhila-Frisur und als junge Erwachsene kein Arschgeweih im Maurerdekolleté. Ich gehörte immer zu irgendeiner Randgruppe unserer Gesellschaft. Und heute? Es hat sich nichts an diesem Stigma geändert. In Zeiten, in denen es für viele bei der Ernährung um Identitätssuche, Disziplin, Kontrolle und Selbstverwirklichung geht, liebe ich Essen in erster Linie, weil es mich zufrieden und satt macht. Pizza zum Beispiel. Es gibt Abende, da rufe ich Richtung Wohnzimmer: »Schatz, Pizza ist da«, obwohl mein Mann gar nicht da ist. Aber ich muss dem Pizzaboten ja nicht aufs Auge drücken, dass zwei Rucola-Pizzen, ein Antipastiteller und ein Salat nur für mich sind. Hinzu kommt die fatale Tatsache, dass ich auch noch alles vertrage und mein Kopf daher auch nichts ablehnt.

Ich verstehe das selbst nicht. Das Nahrungsmittelallergie-Angebot wird immer größer, und für mich ist immer noch nichts dabei: Laktose-, Fruktose-, Saccharose- und Sorbitintoleranz, Glutenunverträglichkeit, Plutonium-, Uranium-, Caesium- und Nussallergie sowie alle anderen Intoleranzunverträglichkeiten. Unsere Toleranz nimmt stetig zu, aber die Körper vieler Menschen wollen da offensichtlich nicht mitspielen.

Warum ausgerechnet meiner?

Fakt ist, Nahrungsmittelallergien liegen im Trend, und auch ich habe den Anspruch, ein modernes Mitglied der Gesellschaft zu sein. Andererseits möchte ich eigentlich gerne so bleiben, wie ich bin, nämlich ohne. Darf ich aber nicht, wenn ich als etwas Besonderes gelten möchte. In diesem Fall muss ich nämlich zur Ausnahme-Esserin werden. Ob ich will oder nicht. Ich bin hin- und hergerissen. Verzicht oder nicht? Nein, ich habe es wirklich nicht leicht mit mir.

Ich kann mich lediglich an eine einzige Situation erinnern, in der mir meine unprätentiöse, fast rudimentäre Einstellung zum Thema Ernährung von Nutzen war. Als ich mich 2011 für einen Job bei einem soliden mittelständischen Unternehmen bewarb, auf dessen Ausschreibung sich mehr als zehn Kandidaten gemeldet hatten, wurde ich vom Personalleiter gefragt: »Was sind Ihre Stärken? Welche besonderen Fähigkeiten besitzen Sie?« Die Antwort auf so eine Frage fällt in einem Fall wie meinem erwartungsgemäß schlicht aus: »Viel Nennenswertes gibt es nicht, aber ich esse gern. Ich vertrage Gluten, Laktose, Fruktose und natürlich sämtliche im Wein enthaltenen Histamine«, worauf der Herr glänzende Augen bekam, aufstand, mich in seine Arme nahm und stammelte: »Willkommen in unserer Firma! Sie haben den Job!!«

Es ist schon verrückt, selbst beim Onlinedating spielt die Ernährung eine entscheidende Rolle, denn dort suchen Algorithmen nach möglichst großer Übereinstimmung zwischen den Bindungswilligen. Ich las neulich im Internet von einer Frau, die überglücklich schrieb: »Wir haben uns über ein Partnerportal kennengelernt. Hundert Prozent deckungsgleich! Karl-Heinrich hat genau die gleichen Allergien und Unverträglichkeiten wie ich.«

Man gilt heute schnell als Außenseiter oder beim Onlinedating möglicherweise sogar als schwer vermittelbar, wenn man einfach alles isst, und dies womöglich auch noch mit Genuss. Und ich esse alles, und das noch nicht einmal nach dem empfohlenen Prinzip – morgens wie ein König, mittags wie ein Kaiser und abends wie ein Bettelmann. Nein, ich esse den ganzen Tag über wie ein Industriestaubsauger, also die Geräte, die auf Amazon gern mit Attributen wie gründlich, extrem robust und Kraftpaket beworben werden.

Eine Studie besagt, dass 23 Prozent der Deutschen bestimmte Produkte nicht kaufen, weil sie davon überzeugt sind, sie nicht zu vertragen. Neun Prozent meinen, dass es sich dabei um eine Glutenallergie handelt. Fakt ist jedoch, dass weniger als ein Prozent der Deutschen davon betroffen ist. Das erscheint mir in der Tat etwas wenig, und ich frage mich: Ist seitens der Experten vielleicht noch nicht intensiv genug getestet worden? Denn wo ein Wille, da ist bestimmt auch eine attestierbare Unpässlichkeit, und sei sie auch noch so diffus. Immerhin verzeichnete das Marktforschungsinstitut Mintel 2013 bei den gluten- und laktosefreien Produkten ein weltweites Umsatzwachstum von 23 Prozent. Das muss doch einen Grund haben. Oder könnte es eventuell sein, dass seitens der Betroffenen nicht ausreichend zwischen Allergie und Aversion unterschieden wird?

Amerikanische Ernährungspsychologen haben Probanden in einem Versuch zwei Kekspackungen angeboten. Auf der einen befand sich ein Aufkleber mit dem sinnfreien Hinweis »miu-frei«. Keiner wusste, was »miu« bedeutet, aber fast alle hielten diese Kekse für gesünder.

Was glauben Sie, lieber Leser, wie viele Lebensmittel auch hierzulande blind gekauft werden, nur weil »frei von ...« draufsteht? Wenn das so weitergeht, halten wir irgendwann ukrainischen Wodka mit mindestens 90 % Alkohol für gesund – nur weil diese Tinktur mit dem Hinweis laktosefrei beworben wird –, selbst wenn das Zeug nur bei Dunkelheit, in einem Gefahrguttransporter und ausschließlich durch die Brandschutztür am hinteren Gebäudeeingang des örtlichen Supermarktes angeliefert werden darf.

Die Gesellschaft für Konsumforschung veröffentlichte neulich einen Bericht, aus dem hervorging, dass 80 Prozent der Käufer von laktosefreien Produkten gar keine Milchzuckerunverträglichkeit haben. Ob man selbst betroffen ist, kann man übrigens leicht feststellen, indem man sich im nächsten Spanienurlaub nachts an den Strand legt und die

Sterne anguckt. Wenn einem beim Anblick der Milchstraße dann schlecht wird und man die laktosefreie (!) Crème brûlée vom Dessertbuffet nicht bei sich behalten kann, könnte man tatsächlich zum Kreis der Auserwählten gehören.

Ernährung ist zu einer Art Statussymbol geworden, mit dem man sich von anderen Konsumenten abgrenzt. Man definiert sich durch das, was man isst oder auch nicht isst. Während die Welt um uns herum immer unberechenbarer wird, versuchen wir beim Thema Essen die Kontrolle zu behalten. Wir überregulieren und überfrachten es mit unseren Erwartungen, was leider dazu führt, dass Essen für manche so viel mit Genuss zu tun hat wie McDonald's mit der Molekularküche. Es geht auch früh los. Schon in der Grundschule lernen Kinder, was gesundes Essen ist und woran man es erkennt. Das ist auch gut so, denn gerade hier besteht hoher Aufklärungsbedarf. »Je bunter, desto gesünder«, erklärte mir neulich die kleine Sophia von nebenan und setzte die XL-Smartiestüte an ihre Lippen wie andere eine Mineralwasserflasche.

Bei einem Geschäftsessen vor einigen Wochen klärte mich mein weibliches Gegenüber stundenlang über ihre Laktoseintoleranz, ihre Glutenunverträglichkeit und ihr Problem mit Histaminen aller Art auf. Nach zwei Flaschen Rotwein (!) und kurz vor dem Dessert gewährte sie mir dann auch noch Einblicke in das derzeit hippste Organ, das wir besitzen: den Verdauungsapparat. Ganz ehrlich, auch wenn »Rücken haben« längst durch »Darm haben« ersetzt worden ist – als Gesprächsthema außerhalb einer medizinischen Praxis ist es für mich immer schwer verdaulich.

Als endlich das Dessert unseres Vier-Gänge-Menüs kam, das mich auf ein baldiges Ende ihrer epischen Ausführungen hoffen ließ, glaubte ich kurzzeitig, aktive Sterbehilfe zu leisten: Vor uns stand ein Schokoladentörtchen (Weizen!!) und dazu ein Cappuccino (Laktose!!). Aber es kam anders. Mein Gegenüber machte sich unverzüglich ans Werk, nicht ohne mir in freudiger Erwartung zuzuflüstern: »Na, heute wollen wir mal nicht päpstlicher als der Papst sein. Man muss die Feste feiern, wie sie fallen.« Ich denke, es war nicht das erste Mal in ihrem Leben, dass sie Russisch Roulette gespielt hat.

Auch sechs Prozent aller Kinder haben bereits eine Nahrungsmittelallergie. Im Frühjahr stand eine Mutter mit ihrem kleinen Sohn vor mir in der Metzgerei. Die rotwangige, freundliche Metzgerfrau fragte: »Möchte der Kleine ein Wiener Würstchen?« Die Mutter, von dieser Frage in höchste Alarmbereitschaft versetzt, antwortete eiligst mit panischem Unterton: »Nein, danke, Justus Aurelius isst nur Vollkorntofu, frei von Gluten, aus ökologischem Anbau bei aufgehendem Mond fair geerntet.« Ich war fassungslos. Als ich so alt war wie der kleine Mann jetzt, herrschte noch die Denke »A Flönz a day keeps the doctor away«. Oder hieß es »An apple a day«? Ich weiß es nicht mehr. (*Flönz: Kölner Ausdruck für Blutwurst.*)

Aber das waren ja auch noch andere Zeiten. Da hieß es ja

auch noch: Milch macht müde Männer munter. Trotzdem hat mein Vater nie Milch getrunken, weil er nichts mochte, was schon »durch eine Kuh durch war«. Er würde sie lieber essen, war seine Devise. Aber seien wir ehrlich: Die Milch macht es tatsächlich nicht mehr lange, wenn es so weitergeht mit ihr. Sie hat ein massives Imageproblem.

Leute, die es nicht stört, dass sie für dieselbe Menge das Dreifache zahlen müssen, greifen lieber auf Soja- und Mandeldrinks zurück. Pflanzliche Milch ist ein Statussymbol, das ökologisch korrekten Genuss attestiert. Die Tatsache, dass das Soja nicht selten aus genmanipulierten Sorten stammt, spielt in dem Moment keine Rolle. Auch dass die Mandeln aus dem wasserarmen Kalifornien stammen, man zur Produktion einer Mandel 3,8 Liter Wasser benötigt und sie dann noch um die halbe Welt fliegt, wird dabei gerne ausgeblendet.

Wie gehen eigentlich Gastronomen mit den unendlich vielen Vorlieben in Sachen Ernährung um? Immerhin gibt der Deutsche durchschnittlich 48,50 Euro pro Monat für Auswärtsessen aus. Bei 75.240 Restaurants, 11.043 Cafés, 31.086 Imbissstuben und 2.257 US-Fast-Food-Läden erscheint mir persönlich das sogar noch etwas wenig. Vielleicht liegt es daran, dass man zwar gerne mit Freunden ausgehen würde, sich bei den unterschiedlichen Bedürfnissen aber nicht auf ein bestimmtes Lokal einigen kann. Wie müsste ein Restaurant aussehen, das allen Interessensgruppen gerecht wird, in dem sich jeder verstanden fühlt? So ein AWG-Tempel: Alle werden glücklich.

In jedem Fall müsste es eine separate Vegetarier-Ecke geben, mit Sichtschutz, denn die mögen keinen Tisch mit Steak-Aussicht. Die moderaten Steak-Esser, also die, die sich nicht gleich durch einen Beilagensalat persönlich beleidigt fühlen, würden gebeten, von der Vegetarier-Ecke einen Mindestabstand von 100 Metern einzuhalten. Für die leidenschaftlichen Steak-Esser, also die, für die ein Filet unter 500 Gramm als Aufschnitt durchgeht, verdoppelt sich der Abstand proportional zur Fleischgröße. Beide müssen natürlich in Form einer ordentlichen Lebensmittelkennzeichnung in den Speisekarten darauf hingewiesen werden, dass ihr Steak Spuren von Fleisch enthalten kann. Veganer der Stufe 16 essen bekanntlich nichts, was Schatten wirft, und wären somit gut im hinteren Bereich des Lokals aufgehoben. Also dort, wo es schon mal Spinnweben gibt, die ja auch so gut wie keinen Schatten werfen. Die Fensterplätze wären für die reserviert, die sich ausschließlich von UV-Strahlung ernähren. Und mittendrin müsste eine lange Tafel für die Flexitarier stehen, also die Leute, die mal zum Feldsalat und mal zum Fernfahrerteller greifen. Und da hier der Name Programm ist, wird durch Spiele wie die Reise nach Jerusalem alle zehn Minuten aufs Neue festgelegt, wer wo sitzt und was er dort vorgesetzt bekommt. Damit auch im Untergeschoss bei den Toiletten keine Panik in der Keramik ausbricht, sollten auch hier Warnhinweise an den Wänden wie »kann Spuren von Müssen enthalten« nicht fehlen.

Die größte Herausforderung für einen Gastronomen sehe ich allerdings darin, überhaupt noch Freude daran zu empfinden, seine Gäste mit einer Auswahl an kulinarischen Genüssen zu verwöhnen. Denn schon das Erstellen einer Speisekarte müsste einem dabei ja ordentlich auf den Magen schlagen. Ganz zu schweigen von der Stresssituation, die man seinem Personal bei der Aufnahme der Bestellung zumutet. Wahrscheinlich ist ein Teil des Gehalts, das eine Bedienung heutzutage bezieht, mittlerweile als Schmerzensgeld gedacht.

Wie es auch anders geht, erlebte ich neulich in einem Restaurant mitten in Köln. Am Nachbartisch saß ein Pärchen. Sie erklärte dem Kellner höflich, aber bestimmt: »Wir leben vegan, sind laktoseintolerant, reagieren allergisch auf Gluten und lehnen Soja ab. Dafür lieben wir Chia und Quinoa und essen alles, was kaum gekocht und am besten kalt gepresst ist. Als Getränk bevorzugen wir glückliches rechtsdrehendes Mondwasser. Was raten Sie uns zu bestellen?« Die rheinische Frohnatur gab sich höflich bemüht, indem sie zunächst sagte: »Lassen Sie mich nachdenken«, um dann entschieden hinterherzuschieben: »Ein Taxi!«

Wo sind sie also, die Nischen, in denen man bei Essen gleichzeitig auch an Genuss denkt? Die meisten Beiträge zu diesem Thema triggern nur Selbstvorwürfe und Schuldgefühle. Mit jedem Artikel, den ich zu diesem Thema lese, fühle ich mich unter Druck gesetzt, alles noch kritischer zu hinterfragen. Der Feind in meinem Mund lauert schließlich überall. Und daher sind wir auch stets von Experten umgeben, die uns mit vermeintlich unverzichtbaren Weisheiten weiterhelfen oder uns ebenfalls zu Experten machen wollen.

Allen Bemühungen ist eines gemeinsam: Sie möchten mich von dem abhalten, was ich gerne esse, was ich genieße, was den Augenblick, in dem ich es zu mir nehme, besonders macht.

Eine Tätigkeit, die eigentlich Freude bereiten sollte, die unsere Sinne ansprechen soll, hat sich zum besorgniserregenden Zeitgeistphänomen, wenn nicht sogar schon zur Massenpsychose entwickelt. In der Sexualität haben wir im Zuge der 68er viele Freiheiten erkämpft. Beim Essen hingegen haben wir sie verloren. Und das alles, obwohl Essen nie sicherer angebaut, nie besser kontrolliert, nie besser deklariert und nie gesünder war als heute. Ernährungsexperten, die immer und überall besonders militant den Zeigefinger erheben, kommen mir manchmal vor wie Menschen, die jeglichen Bezug zur Realität verloren haben.

Aber ich will fair bleiben. Gute Ökotrophologen sind heutzutage unverzichtbar, denn die Verwirrung, was man essen darf oder sollte, war auch noch nie größer als heute. Die Liste der Inhaltsstoffe, die auf dem Index stehen, wird immer länger. Oliver Hassencamp, ein deutscher Kabarettist, sagte einmal: »Früher hieß es, was der Bauer nicht kennt, das frisst er nicht. Heute müsste es heißen, würde der Städter wissen, was er frisst, würde er Bauer werden.« Ein Einkauf kann heute schnell zum Hindernislauf werden. Wer kennt sich denn da noch richtig aus? Wer weiß denn schon, was sich hinter den ganzen »E's« auf dem Nutellaglas verbirgt? Ich sag's Ihnen. E's sind Emulgatoren, sogenannte Zusatzstoffe, die eigentlich nicht vermischbare Komponenten miteinander verschmelzen. Solche Inhaltsstoffe sind für Gesundheitsfanatiker ein absolut rotes Tuch. Ich nehme sie gerne in Kauf. Sonst gäbe es mein Nutella ja nicht. Viele andere tun es auch – wie der Name ja schon sagt. Allerdings rückwärts gelesen: A L L E T U N (es).

Inhaltsstoffe haben es nicht leicht. Entweder sie werden gehypt, wie bei Veggie-Produkten, oder sie werden panisch vermieden. Da kann man schnell mal durcheinanderkommen. 2017 hielt ich, auf dem Weg zu einem Auftritt in Mülheim an der Ruhr, an einem Kiosk, um mir noch zwei Müsliriegel zu holen. Vor mir stand eine junge, moderne Frau in Sportsachen. Offensichtlich ein achtsamer Mensch mit ausgeprägtem Gesundheitsbewusstsein, dachte ich noch, bis ich sie sagen hörte: »Ich hätte gern zwei Päckchen Zigaretten, aber die ohne die gesundheitsgefährdenden Inhaltsstoffe.«

Für viele funktioniert das Thema Ernährung wie eine Art Ersatzreligion, die mit der Angst ihrer Jünger spielt, nicht trendig genug zu sein. Die, die laut genug ihre Dogmen propagieren, werden wie der Messias höchstpersönlich verehrt. Wobei der buddhahaft beseelt-erlöste Gesichtsausdruck, mit dem eine Gwyneth Paltrow uns regelmäßig aus Zeitschriften niederlächelt, tatsächlich ja an den eines Heilsbringers erinnert. Vielleicht aber auch nur, weil kurz vor dem Fotoshooting die Darmspülung erfolgreich ihren Job gemacht hat, die sie gerne anpreist, als wäre ein Leben ohne sie nicht lebenswert.

Dabei kann Essen doch auch für Sonnenlicht in dunklen Tagen sorgen. Jeder, der gerne Schokolade isst, weiß das. Gut, Schokolade löst das Problem nicht auf lange Sicht, aber mit vier Riegeln im Mund kann man zumindest auch nicht mehr direkt losheulen. Vier sollten es schon sein, denn erstens funktioniert das sonst nicht und zweitens sagt man Schokolade ja nach, nicht viele Vitamine zu haben. Folglich muss man viel davon essen, um den Vitaminhaushalt ausgeglichen zu halten.

Das beste Seelen-Food waren für mich immer die Frikadellen meiner Mutter. Es waren die besten, die ich jemals gegessen habe. Sie bestanden zu 50 Prozent aus gemischtem Hackfleisch (Bio gab es noch nicht) und zu 50 Prozent aus Weißmehlbrötchen (Gluten!) vom Vortag (!!). Ein solch verhängnisvolles Konstrukt dürfte man heute vermutlich auf einem Bahnsteig nur noch in der markierten Raucherzone konsumieren oder im Flughafen nur noch in einem dieser Terrarien.

Dass Fett, Salz und Zucker aber das Belohnungszentrum im Gehirn aktivieren, habe ich in zahlreichen Testreihen, bei denen ich mein eigener Proband war, eindeutig belegen können. Wenn ich einen richtig stressigen Tag hatte, vertraute ich auf die regenerierenden Kräfte der Nutellawurzel, der Pizzafrucht und der Chipsstaude. Es hat sich immer bewährt. Es ging mir danach immer besser. Wenn ich aber davon im Freundeskreis erzählte, wurde ich oft angesehen, als würde ich von einem Speziallabor für synthetische Drogen in meinem Keller berichten.

Mit meiner Einstellung, welche Nahrung wann und in welchem Umfang für mich einen Genuss darstellt, bin ich unter Gleichaltrigen leider oft allein. Ich weiß weder, warum das so ist, noch, wann sich meine Generation von »nachts besoffen zu McDonald's« hin zu »mit Chiasamen wird der laktose- und gelantinefreie, fettreduzierte, linksdrehende Naturjoghurt bekömmlicher« gewandelt hat. Aber eins weiß ich: Leicht habe ich es in dieser Gesellschaft nicht.

Ich bin ein Kind der 70er- und 80er-Jahre. Für alle jüngeren Leser: Das war eine Zeit, in der Apple und Blackberry noch Früchte waren und in der Essen noch gegessen und nicht fotografiert wurde. In einem Restaurant wurde man gefragt, ob es geschmeckt hat, und nicht – wie heute –, ob es nicht geschmeckt hat, weil, ich zitiere: »Sie haben Ihr Essen ja gar nicht fotografiert.« Oder der Mettigel, den es manchmal zu Hause zum Abendbrot gab. Mett, das meine Mutter am Nachmittag erst beim Metzger gekauft hatte, das so frisch war, dass man dachte, es hat vor der Küchentür noch gegrunzt. Herrlich!

Wenn meine Eltern früher zu sich nach Hause eingeladen haben, war klar, wer Koch und wer Gast ist. Es wurde gegessen, was auf den Tisch kam. Wenn du heute einlädst, bist du eher so was wie ein Facility Manager, denn einige Gäste bringen ihren eigenen Proviant mit. Da werden nicht selten Tupperdosen mit Quinoa- oder Linsensalat auf den Tisch gestellt oder man gondelt während der Kitchenparty mit selbst mitgebrachten Chicorée-Schiffchen durch die Party Crowd, um mit unaufgeforderter Besserwisserei den anderen Gästen zu erklären, dass es sich bei Chicorée um einen genialen Fatburner handele, bei dessen Verdauung man mehr Kalorien verbrenne, als man durch das Essen zu sich genommen habe. Also ein echter HIT, was allerdings hier für High Intensity Training steht.

Das Witzige ist ja, dass die meisten dieser – nennen wir sie mal – Esstremisten eh schon die Figur einer Giftnatter haben. Wenn die jetzt noch mehr abnehmen, kriegen die doch irgendwann Probleme im Alltag. Wenn du unter ein gewisses Gewicht kommst, kannst du z. B. nicht mehr ins Stadttheater gehen. Die Klappsitze sind darauf nicht ausgelegt, und du würdest schon vor dem ersten Akt in der Ritze landen. Ich bin mir auch gar nicht sicher, ob es wirklich stimmt, dass man, wenn man sich nur von Grünzeug ernährt, auch automatisch schlank wird. Mutter Natur belehrt uns eines Besseren: Elefanten, Flusspferde und Nashörner haben einen Wendekreis, mit dem sie locker einen voll besetzten Safaribus umwerfen könnten, obwohl sie alle reine Pflanzenfresser sind. Löwen, Tiger und Geparden hingegen sind Fleischfresser und schneller vor dem Safari-Tourbus weggerannt, als die Insassen ihre Fotos bei Facebook hochladen können.

Neulich wollte ich alles richtig machen. Kein Esstremist sollte was zu meckern haben: kein Sellerie-Salafist, kein Soja-Separatist und kein Tofu-Taliban. Ich hatte sogar für Diätwasser gesorgt. Okay, der Gang zur Spüle war jetzt nicht ganz so aufwendig ... Das war eher die Herstellung des gluten-, laktose-, fett-, salz- und zuckerfreien Backwerks gewesen. Statt Brot und Kuchen gab es Kekssimulationen aus Vollkorn-Hirse-Dinkel-Kleie, die aussahen wie etwas, das die Katze mit reingeschleppt hat, und die so bretthart waren, dass im Rezept eigentlich auf eine Helmpflicht hätte hingewiesen werden müssen. Mein Mann meinte jedenfalls, wir hätten noch nie so leckere Bremsklötze gehabt.

Trotzdem wurde ich tatsächlich am nächsten Tag ausgerechnet von einigen der radikalsten Genussverweigerer nach dem Rezept gefragt. Ich habe mir dann einen Spaß erlaubt und folgende Mail verfasst: An alle, die gestern meine Vollkornkekse mochten und mich nach dem Rezept gefragt haben: Die kaufe ich bei Obi, Abteilung Heimtierbedarf. War aber ein Sonderposten: 10 Kilo, 3 Euro 99. Da müsst ihr schnell sein.

Viele Menschen glauben ja, dass nur das, was auf Zucker und Fett verzichtet, der Gesundheit nicht schadet. Ständig stößt man auf Mahnmale, die einem das weismachen wollen. Ganz Deutschland isst mittlerweile mit Gewissensbissen. Ich bald auch. Neulich geriet ich wieder mal in der Fußgängerzone, zwischen Nordsee und Nanu-Nana, in die Fänge einer patroullierenden Präsenz-Pestilenz: »Entschuldigen Sie, wie ernähren Sie sich?« Meine ehrliche Antwort: »Mund auf, Essen rein.« Der junge Mann: »Nein, ich meine, achten Sie auf was?« Ich: »Ja, dass ich mich nicht bekleckere.« Ich meine, ganz im Ernst, worauf will der hinaus? Natürlich ernähre auch ich mich bewusst. Bewusstlos kann man ja nicht essen. Aber es ging ihm gar nicht konkret um meine Gesundheit. Genauso wenig, wie es im Allgemeinen beim Essen noch ums Essen geht. Es ging um den Aspekt der Achtsamkeit: Tomaten im Winter? Haben Sie schon mal über die Arbeitsbedingungen der Menschen im südspanischen Almeria nachgedacht? Oder über den sinkenden Grundwasserspiegel in der Region? Killertomaten, sage ich da! (Abgesehen davon, dass sie meist wie schnittfestes Wasser schmecken.) Eine Avocado, auch das grüne Gold genannt, mit Genuss essen? Wie soll das gehen? Sie ist eine sehr durstige Frucht und kommt aus Kalifornien, einem US-Staat, der nicht in erster Linie für seine Wasservorräte bekannt ist. Und um die halbe Welt geflogen ist sie auch noch. Nein, es stimmt, man isst heute nicht einfach nur; man hat eine Ernährungsphilosophie, der man folgt.

Viel über Lebensmittel zu wissen, bedeutet auch viel Druck, der irgendwann auf Kosten des Genusses gehen kann.

Ich fühle mich manchmal wie ein Konkursverwalter des leckeren Essens und lasse dann keine Gelegenheit aus, mich trotzig dem herrschenden Verzichtsmarathon in Form von Kontrollieren, Dezimieren und Minimieren entgegenzustellen. Man blickt doch auch gar nicht mehr durch, was erlaubt ist und was nicht. Würden Sie mich heute fragen, wäre ich versucht, Ihnen zu raten: Essen Sie einfach nichts! Gar nichts! Dann können Sie jeden Tag auf etwas anderes verzichten, und es fehlt Ihnen trotzdem nichts. Sie werden durch maximalen Minusspaß klüger, fitter und schöner werden. Natürlich gebe ich den Ernährungsexperten recht, die behaupten, dass man womöglich länger lebt, wenn man auf alles Ungesunde verzichtet. Aber man lebt doch nicht wirklich besser, oder?

Ich verfolge einen anderen Ansatz, denn ich liebe den Genuss. Wenn mir etwas schmeckt, dann genieße ich es, und zwar mit Hingabe. Ich war noch nie der Typ für halbe Sachen. Fragen Sie mal meine Schokoladenvorräte und Weinflaschen, die wissen das. Die Mehrzahl von ein Stück Schokolade heißt bei mir Jumbotafel. Das Glas Wein am Abend oder der Riegel Schokolade am Nachmittag waren für mich nie eine Option. Die Flasche ist bei mir immer leer und die Tafel komplett verputzt. Und genau dieser Kombination habe ich es im Übrigen auch zu verdanken, dass ich trotz dieser hochkalorischen Mischung noch einigermaßen in shape geblieben bin. Denn wenn man zu Chips, Schokolade, Kuchen oder Desserts Alkohol trinkt, werden die Kalorien irgendwann besoffen, torkeln durch den Magen und können sich nicht mehr an den Hüften festhalten.

Aber es gibt sie tatsächlich, diese Leute, die sich immer mäßigen, die einen maßvollen Umgang mit allem haben. Mir saß mal im Zug eine Frau gegenüber. Sie aß einen halben Duploriegel, lächelte beseelt wie eine Mona Lisa auf Ecstasy, rollte den Rest wieder in der Folie ein und legte ihn bedächtig in ihre Handtasche zurück. Ich war fassungslos. Eine solche Selbstbeherrschung war mir im Umgang mit diesen Lebensmitteln bislang völlig fremd. Total verwirrt habe ich mich gefragt: In welchem erbarmungslosen Trappistenkloster lernt man so eine Askese?

In polarisierenden Zeiten wie diesen einen moralischen

Standpunkt in Sachen Kulinarik zu finden, ist schwer. Ich will mich durch die vielen Trends und Thesen nicht stressen lassen und plädiere an dieser Stelle einfach mal für mehr Gelassenheit. Denn zu jedem Trend und zu jeder These gibt es auch irgendwann wieder einen Gegentrend und eine Gegenthese. Jeder muss für sich definieren, welche Aspekte bei der gesamtheitlichen Betrachtung des Essens für ihn wichtig sind. Hier sind meine:

Bio

Bio ist nach wie vor das große Thema unserer Zeit. Neuheiten im Lebensmittelmarkt müssen grundsätzlich biofähig sein, um überhaupt eine dauerhafte Chance zu haben. Das war nicht immer so. Erst war es eine eingeschworene Gemeinde aus lila Latzhosenträgern, Sozialromantikern und Globoli-Gurus, die Bio für sich entdeckt hatten. Irgendwann wurde Bio dann elitär. Es gehörte auf einmal zur Grundausstattung einer durchoptimierten Oberschicht, woran die Preise nicht ganz unschuldig waren. Auch ich dachte zunächst, der Begriff Bio käme aus dem Altgriechischen und würde so viel bedeuten wie »30 Prozent teurer«.

Es dauerte allerdings nicht lange, bis auch ich einsah, dass Biolebensmittel mehr kosten müssen. Sie unterliegen anderen Produktionsbedingungen und sind ihren Preis durchaus wert. Dieses Bewusstsein, dass unsere Esskultur auf diesem Planeten etwas bewirkt, für das nur wir verantwortlich sind, ist für viele Menschen bis heute das Hauptmotiv ressourcenschonender zu konsumieren. Das Gefühl, mal ein bisschen mehr für unsere Gesundheit, die Umwelt und das Wohl der Tiere tun zu können, kommt an.

Selbst bei Inhalts- und Zusatzstoffen eines naturbelassenen Milchproduktes legte ich zeitweise Wert auf die Bezeichnung Bio. Aber es gab auch andere Meinungen dazu. Meinen vierzigsten Geburtstag feierten wir in einem Lokal, das ausschließlich mit Bioprodukten kocht. Tante Renate musterte mich während des Essens unverhohlen eingehend. Kein Lachen, kein Stirnrunzeln, kein Winken blieb von ihr unbeobachtet. Zum Abschied flüsterte sie mir dann verschwörerisch ins Ohr: »Kindchen, hör auf mit dem Bio. Ich mein's nur gut mit dir. Ab einem gewissen Alter sollte man sich alle Konservierungsstoffe gönnen, die einem über den Weg laufen.«

Heute ist Bio längst ein Massenphänomen geworden und wird durch Begriffe wie »organic« und »nachhaltig« noch gepimpt. Irgendwann zogen sogar die großen Discounter mit. Laut Consumers' Choice verfügte Bio im Jahr 2017 über eine Reichweite wie Toilettenpapier. Das war dann der Punkt, an dem ich mich fragte, was daran nachhaltig ist, wenn Biosalat, Biotomaten, Biopaprika und vieles mehr in Polyethylen-Folie eingeschweißt ist. Das ist doch wie ein Tierschützer im Nerzmantel. Irgendwann sind Bioeier nur deshalb Bioeier, weil die Stallbeleuchtung der fensterlosen Legebatterie mit Ökostrom betrieben wird.

Der Begriff »Öko« oder »Bio« darf nicht zur Auslegungssache werden. Man sollte aber auch nicht in Schwarz-Weiß-Malerei verfallen. Das hatten wir nämlich schon mal und führte letztendlich zu einem verzerrten Bild in Bezug auf landwirtschaftliche Betriebe: Mein Onkel betrieb jahrelang in der Nähe von Münster einen Bauernhof, der nach heutigen Richtlinien als konventioneller Landwirtschaftsbetrieb gelten würde. Es war kein großer Hof, denn er war nie auf maximale Erträge ausgerichtet. Aber mein Onkel hat ihn immer so geführt, dass seine Kühe und Schweine, die alle einen Namen hatten, dort ein glückliches Leben führten. Ihm lag die Natur und das Wohl der Tiere extrem am Herzen, und ich empfinde es bis heute als großes Unrecht, dass zum damaligen Zeitpunkt die sogenannten Ökobauern immer als *good guys* und Leute wie mein Onkel als *bad guys* dargestellt wurden. Nur, weil fundamentale Grüne und militante Umweltschützer damals den radikalen Verzicht auf Kunstdünger und Pflanzenschutzmittel predigten, ohne dabei zu berücksichtigen, dass Betriebe wie der meines Onkels eine solch rigorose Agrarwende wirtschaftlich gar nicht verkraften konnten. Heute ist man da weiter. Heute werden die Bauern nicht mehr durch strenge Ökoauflagen geknebelt, man lässt dem einzelnen Betrieb unternehmerische Freiheiten bei der Frage, wie Ökologie und Ökonomie unter einen Hut zu bringen sind.

Sehr populär bei Fragen rund um die Ernährung und um Gewichtsreduktion ist auch die Low-Carb-Methode, die durch Robert Atkins Verbreitung fand. Nudeln aus Kichererbsen gehören dazu. Von mir aus. Aber Chips aus Wirsing? Ich sagte ja bereits, wenn ich genieße, dann mit Hingabe. Also bleibe ich bei Kartoffelchips, die auf höchster Frittierstufe mit ausreichend Fett produziert werden. Kohlenhydrate bedeuten für mich puren Genuss. Sie sind für meinen Körper wahre Stimmungsaufheller. Eine Mahlzeit ohne diese Gute-Laune-Booster, und ich müsste an meine Familie Helme und Rückenprotektoren verteilen. Natürlich kann man mal versuchen, auf sie zu verzichten, dann aber am besten schon ab 18 Uhr, denn es heißt ja, dass sie nach diesem Zeitpunkt dick machen würden. Was ich dabei aber nie verstanden habe: Woher wissen die Biester eigentlich, wie spät es ist?

Einige ganz Hartgesottene gingen sogar dazu über, ab 18 Uhr einfach gar nichts mehr zu essen. Jeden Tag. Auch dieser Trend ging an mir vorbei, denn ich finde es ignorant meinem Körper gegenüber, ihm einen Wunsch abzuschlagen, wenn er danach verlangt. Was ist, wenn man nach 18 Uhr hungrig ist? Im Gegensatz zum Gehirn meldet sich mein Magen nämlich, wenn er leer ist. Er knurrt und gibt mir damit ein Zeichen, ähnlich wie meine Blase, wenn sie nach drei Gläsern Wein voll ist. Und in dem Fall sage ich doch auch nicht: »Sorry, liebe Blase, es ist jetzt nach 22 Uhr. Das

Bad suche ich erst wieder morgen früh auf. Wenn dir das nicht passt, dann platz doch einfach!«

Vegetarier/Veganer

Es folgte der Megatrend: Vegetarier und Veganer. Das sind nicht selten Menschen mit radikaler Gesinnung. Manche gehen sogar so weit, dass sie kein Wasser mehr trinken, das aus dem Hahn kommt. Andere versuchen einen mit Argumenten wie »Ich verzehre nichts, was mal ein lebendiger Körper war« zu missionieren.

Über ein Jahr gehörte meine Tochter auch zu dieser bisweilen etwas anstrengenden Spezies. Das führte vor allem im Sommer beim Grillen zu hitzigen Debatten zwischen ihr und ihrem bratwurstaffinen Vater. Sie kläffte: »Ich bin doch kein Friedhof für tote Tiere.« Und er bellte mit der Grillzange auf den Komposthaufen weisend zurück: »Für Vegetarier gibt's keine Extrawurst. Da hinten steht dein Salatbuffet.«

Fakt ist, dass acht Millionen Deutsche Vegetarier sind. Mehr als eine Million Menschen ernähren sich hierzulande vegan. Die Zahl ist zuletzt jährlich um 15 Prozent gestiegen und es geht noch weiter: Derzeit werden sogar mehr vegane als vegetarische Produkte auf den Markt gebracht. Sieben von hundert neuen Nahrungsmitteln in Deutschland gelten als vegetarisch, 13 Prozent als vegan. 1,3 Millionen Deutsche leben sogar streng vegan, d. h. sie meiden alle tierischen

Produkte, auch Eier und Milch, und verzichten auch bei Kleidung auf tierische Inhaltsstoffe.

Meine Tochter hat eine Freundin, die diesbezüglich hehre Ansprüche an sich selbst hat. In ihren Adern fließen nur Smoothies, mal braunalgenbasiert, mal mit Flohsamen. Sie gehört damit zu den hippen Wechseljuicern und hat viele Follower aus der Familie der *Drosophila fascida*, auch Fruchtfliege genannt. Sie isst kein Huhn, weil da Ei drin ist, Fahrradfahren bezeichnet sie als veganes Reiten. Und bei der letzten Übernachtungsparty war ihre erste Frage an mich: »Hast du auch etwas Veganes im Kühlschrank?« Meine genervte Antwort: »Ja, Licht!«

Im letzten Winter lag sie mal total erkältet bei uns auf dem Sofa. Ich fragte anteilnehmend: »Soll ich dir eine heiße Milch mit Honig machen?« Ihre pampige Antwort: »Bist du verrückt? Ich bin Veganerin.« Ja, was denkt man da als hilfsbereite Person, die nur das Beste fürs Kind wollte? »Gut, dann stirbst du halt mal«, war mein schlichter Gedanke, denn Ingwer- und Kurkumashots gehören immer noch nicht zur Grundausstattung in meiner Küche.

Fast ein Fünftel aller weltweiten veganen Produktinnovationen kam zuerst in Deutschland in die Regale. Briten und Franzosen haben offenbar viel weniger Lust, ihre Essgewohnheiten zu ändern, las ich kürzlich. Bei den Franzosen kann ich das ja noch verstehen. Da gilt der Grundsatz »Der Bessere ist der Feind des Guten«. Aber bei den Briten?

Ich persönlich kenne mittlerweile so viele Vegetarier und Veganerinnen, dass ich bei einem gemeinsamen Essen den

Satz »Ich ernähre mich vegetarisch bzw. vegan« überhaupt nicht mehr kommentiere. Gereizt reagiere ich nur dann, wenn auch der Vöner, also der vegetarische Döner, den ich beim King of Kebab vom Antalya Grill um die Ecke höchstpersönlich besorgt habe, keines Blickes gewürdigt wird. Es gibt für mich nichts Beleidigenderes, als wenn jemand lieber nichts isst als etwas von dem, was ich aufgefahren habe. Wissen Sie, wie man diese schweigend demonstrierenden Vegetarier auch nennt? Gemüseauflauf! Ganz ehrlich, es muss doch einen Grund haben, warum es dahinvegetieren heißt und nicht dahinschmoren, -braten oder -garen.

Dennoch möchte ich diesen Menschen nicht den Sinn für Genuss absprechen. An Begrifflichkeiten wie »Vegetarischer Fleischsalat« oder »Veganer Kalbskopf« lässt sich ja leicht erkennen, wo man sich gedanklich eigentlich bewegt. Allerdings finde ich es nicht richtig, mit einer solchen Namensgebung Pseudofleischgerichte zu suggerieren. Andere finden das auch. Der Begriff »veganes Paprikagulasch« soll demnächst wegen Irreführung des Verbrauchers verboten werden. Manch einer hat sich nämlich gefragt: Ist da etwa gar kein Paprika drin?

Veggies sollten zu ihrer Einstellung konsequent stehen. Ich klöppel ja auch kein Blumenkohlröschen aus Hack. Eine bahnbrechende Meldung kam vor ein paar Wochen aus Berlin-Mitte, dem Hotspot Deutschlands, wenn es um ein nicht reflektiertes Aufspringen auf irgendwelche Trends geht. Dort hat jetzt die erste vegane Fleischerei eröffnet. Im restlichen Deutschland nennt man so was auch Blumenladen.

Abschließend sei aber erwähnt, dass es durchaus sinnvoll ist, ab und an auf Fleisch zu verzichten. Das tun auch viele in Deutschland. Laut einer Untersuchung des Marktforschungsinstitutes TNS aus dem Jahr 2015 ist der Pro-Kopf-Verbrauch beim Fleisch binnen zehn Jahren um fast acht Kilo gesunken. Die Metzgerinnung ist bereits in Alarmbereitschaft. Man denkt darüber nach, den Fleischkonsum durch kesse Wortspiele, ähnlich wie man sie bislang von Friseuren kennt, wiederzubeleben. Bei Pinterest sind der Fantasie keine Grenzen gesetzt: Namen wie »Kalb-Fiction«, »Mettropolis« oder »Lende gut, alles gut« sollen veganen Filmtiteln wie »Drei Stängel für Charlie«, »The Fast & the Tofurious, »Einer flog übers Couscous Nest«, »Fenchel zum Hof« oder dem »Saatort« etwas entgegensetzen.

Ich halte das für keine gute Idee. Der Fleischkonsum hierzulande ist immer noch viel zu hoch. Jeder Deutsche nimmt 60 Kilo Fleisch pro Jahr zu sich. Einige Konsumenten auch gerne nach der Devise »viel und billig«. Hier ist dann das »Dreierlei vom Tier« (Fleisch möchte ich das gar nicht nennen) oft billiger als die Verpackung. Der Satz »Ja, ich grill« ist daran nicht ganz unschuldig. Mein Mann ist da auch betroffen. Als Ganzjahresgriller, als fleischgewordener Meating-Point, als Herr der Zange könnte er es sich auch nicht vorstellen, auf seinem Weber-Genesis-II-Grillsystem mit zwei High+Sear-Station-Funktion-Hochleistungsbrennern ein Tofuspießchen zu wenden. Dabei sage ich so oft zu ihm, iss weniger Fleisch, dafür aber gutes Fleisch. Frauen neigen viel eher dazu, mehr auf Gemüse und Salat zu setzen.

Dieser Zwiespalt zwischen den Geschlechtern ist im Alltag nicht immer einfach zu handeln. Ich kenne Ehen, die daran gescheitert sind. Man hatte sich auseinandergegessen.

Superfood

Spirulina, Maca, Lucuma, Goji, Acai, Quinoa und Chia. Ohne sie kommen heute kein Discounter und keine Gastronomie mehr aus. Aldi verkauft es, und selbst McDonald's hat seit Längerem den Veggieburger TS mit Quinoabratling im Programm. Den entdeckte ich neulich dort, weil mein Arzt mir geraten hatte, mehr von McDonald's zu essen. Also, genau genommen hat er gesagt, weniger von Burger King, deren Cheeseburger ich liebe. Aber nach dieser Entdeckung war mir klar, was er gemeint hat. Viel gesünder kann es doch gar nicht mehr werden. Oder doch?

Es stimmt, dass die exotischen Nahrungsmittel über einen überdurchschnittlich hohen Anteil an Vitaminen, Mineralstoffen und Antioxidantien verfügen. Dennoch rät Harald Seitz, Ernährungswissenschaftler, dazu, den Genuss dieser Beeren, Samen und Getreidesorten ganzheitlich zu betrachten. Denn was nützt es, wenn man Chiasamen isst, weil ihnen ein fünfmal höherer Calciumwert als Milch nachgesagt wird, der Körper aber Calcium viel besser aufnehmen kann, wenn es zusammen mit Phosphaten konsumiert wird, diese aber in Milch deutlich mehr enthalten sind? Hinzu kommt, dass lange Transportwege bei diesen Neo-Nahrungsergänzungsmitteln oft Nährstoffverluste von bis zu 70 Prozent verursachen.

Heimische Alternativen stehen den Exoten in nichts nach. Leinsamen sind den Chiasamen in der Zusammensetzung sehr ähnlich. Heidelbeeren und Sauerkirschen haben mindestens genauso viele Antioxidantien wie Acaibeeren. Nur wenn eine Acai-Bowl (Bowl = Futterschale) mit einem Topping aus Hanfsamen daherkommt, wirkt das natürlich deutlich hipper als ein Kirschkompott. Was kommt als Nächstes? Ein Kotelett mit Cannabiskruste? Maultaschen in Mohnmantel? Aus der Haute Cuisine könnte also bald eine High Cuisine werden. Foodblogger könnten dann ganz offen von Stoner-Food sprechen. Ich sehe die Headlines schon vor mir: Cross with Cannabis Mohn-Moods Hanf is healthy.

Transparenz

Was ich bei der Betrachtung dessen, was wir essen, besonders gut finde, ist die Transparenz, die uns Verbrauchern heute zuteilwird. Eine umfangreiche Lebensmitteldeklaration ist hierzulande Standard, damit es keinem Unternehmen gelingt, unseren Buletten unbemerkt rumänisches Eselshack oder österreichische Fiaker-Fragmente unterzujubeln.

Ausgenommen ist Geflügel, speziell das, was beim Discounter zu einem absoluten Hammerpreis von 1,99 Euro für fünf Kilo angeboten wird: Mehr Geld spart man wirklich nur noch, wenn man, anstatt sich in der Kassenschlange einzureihen, direkt zu seinem Wagen läuft, vor allem, wenn man zu Fuß gekommen ist. Aber das nur am Rande. Für Suppenhühner dieser Gewichtsklasse reicht kein handelsübliches Etikett, um alle Inhaltsstoffe aufzuführen. Da ist man schon selbst gefordert und sollte mal darüber nachdenken, warum Hühnerbrühe bei Grippe helfen soll. Liegt es vielleicht an den Impfstoffen und den Antibiotika, mit denen die armen Wiesenhof-Opfer vollgepumpt werden?

Jeder REWE-Rettich erzählt mittlerweile seine eigene Geschichte. Denn so können Missverständnisse vermieden werden, z. B. wenn ein Supermarkt mitten im Ruhrgebiet mit dem Claim wirbt »Tiefseegarnelen aus der Region«. Neulich ging der Schuss allerdings nach hinten los. Als ich den Satz »Gefangen im Ochotskischen Meer (Ostsibirien)« las, fand ich das weniger appetitanregend. Es erinnerte mich an die Geschichten meines Opas, der im 2. Weltkrieg bei der Marine stationiert und mit einem U-Boot in russische Kriegsgefangenschaft geraten war. Die Seelachsfilets, deren Packung mit diesem Hinweis werbewirksam versehen war, konnten mir trotz trendiger Quinoapanade den vergangenen Appetit nicht zurückzaubern.

Auch bei Eiern gibt es ja schon viel Transparenz. Erzeugerland, Haltungsform, Legebetrieb. Bei Ökoprodukten steht sogar noch: »Bio-Ei aus Freilandhaltung«. Wobei ich finde, dass hier durchaus noch Luft nach oben ist. Im Zeitalter der Achtsamkeit sollte konsequenterweise noch ergänzt werden: »Es war ein Wunsch-Ei. Hahn war bei der Geburt dabei.«

Angefangen hat es mit dem schlichten Mindesthaltbarkeitsdatum. Wobei ich diese bei Lebensmitteln wie Schokolade z. B. völlig überflüssig finde. Neulich las ich in einem Rezept: Die Reste einer Tafel Schokolade können Sie auch prima für ein Schokoladenfondue verwenden.

Hallo? Welche Reste? Aber es gibt ja noch andere Grundnahrungsmittel auf dieser Welt: Milch, Käse, Joghurts … Bei denen musste ich meiner peniblen, neunmalklugen Tochter mal ganz deutlich sagen, dass »mindestens haltbar bis« nicht dasselbe meint wie »definitiv tödlich ab«, denn ich finde nichts schlimmer, als wenn Lebensmittel im Müll landen, obwohl sie noch absolut genießbar sind.

Auch 2017 wurden wieder 20 Millionen Tonnen Lebensmittel weggeworfen. Das sind 82 Kilo pro Haushalt. Andererseits gibt es in Deutschland mehr als 930 Tafeln, die Lebensmittel an bis zu 1,5 Millionen Bedürftige verteilen. Ich friere Reste gerne ein. Von den Beständen selbst gemachter Frikadellen, die sich noch in meiner Gefriertruhe befinden, könnte auch die nachfolgende Generation noch bis an ihr Lebensende zehren. Und vielleicht auch noch die Kinder meiner Kinder. Eventuell könnten sogar in 500 Jahren pfiffige Evolutionsforscher anhand meiner Frikadellen, also anhand dieses Ex-Biorindes, Rückschlüsse auf den damals üblichen Körperfettanteil seiner glücklichen Artgenossen ziehen.

Je intensiver ich mich mit dem Thema Ernährung und

Genuss beschäftigte, desto verwirrter wurde ich. Zu jeder Studie gibt es eine noch umfassendere, zu jeder Experten- erkenntnis eine noch bessere von noch besser informierter Stelle. Ich wollte gerade schon wieder meiner Ernährungs- philosophie nachgehen, die vorsieht, das zu essen, worauf man gerade Lust hat – von amerikanischen Forschern auch Intuitive Eating genannt –, da stieß ich plötzlich auf einen Artikel über die Speisekammer der Zukunft.

Dieser Bericht ließ alles bisher Geglaubte, Erforschte und Propagierte völlig alt aussehen. Selbst Quinoa, Chia und Co. wirkten auf einmal total gestrig, überholt und retro. Es ging um Food-Innovationen wie künstlichen Fisch, der aus Stammzellen gewonnen wird, was in letzter Konsequenz so viel bedeutet wie Sushi ohne Fangnetze. Das Hamburger Labor in Maastricht entwickelt eine Frikadelle, für die Mus- kelstammzellen von Rindern in Bio-Reaktoren herange- züchtet werden. Da stellt sich die Frage: Ist man noch Vege- tarier, wenn man sich das Fleisch aus der Retorte schme- cken lässt? Ist die zellbasierte Landwirtschaft die Antwort auf die Massentierhaltung? Und welche Rolle werden gerös- tete Insekten bei den Alternativen zum Fleisch spielen? Pro- teinreich sind sie und umweltschonender allemal. Aber ein Steak aus Mehlwurmpaste …

Morgen, Kinder, wird's was geben – so viel steht fest. Und ihr braucht viel Food-Mut dafür. Da heißt es nämlich dann: Reagenzglas statt Jena-Auflaufform, Petrischale statt Bratpfanne. Da darf man dann wählen zwischen einer Stammzellen-Bulette, einem In-vitro-Kotelett und einer

Retorten-Roulade. Die Zeiten, in denen ich mich fragte: Nimmst du lieber ein südamerikanisches Steak, das möglicherweise als Drogenschmuggler unterwegs ist, oder einen rheinischen Sauerbraten, der schunkelt, wenn er im Magen auf ein Kölsch trifft?, diese Zeiten sind dann wohl endgültig vorbei.

3   Wer tagelang auskommt, ohne etwas zu trinken, ist ein Kamel

301,1 Liter alkoholfreie Getränke konsumieren wir pro Kopf jährlich in Deutschland. Der größte Anteil dabei entfällt auf Wasser. Das wundert mich, da die beängstigenden Fakten, die über Wasser kursieren, doch mittlerweile jedem bekannt sein dürften: Wasser kann hergestellt werden, in dem man Raketenbenzin verbrennt. Zu viel Wasser kann zu erhöhter Schweißproduktion und in extremen Fällen sogar zu Harndrang führen. Wasser ist die Hauptursache für Ertrinken. Wasser ist Hauptbestandteil von Pestiziden. 100 Prozent aller Verbrecher trinken Wasser, und 100 Prozent aller Menschen, die mit Wasser in Berührung kommen, sterben irgendwann.

Lassen Sie uns lieber über etwas Schönes reden, z. B. über die mehr als 130 Liter alkoholischer Getränke, die wir pro Kopf im Jahr zu uns nehmen. 20,8 Liter entfallen dabei auf mein Lieblingsgetränk, den Wein. 107,3 Liter entfallen auf Bier, den Favoriten vieler deutscher Männer.

An diesen Vorlieben, da bin ich mir sicher, wird sich auch so schnell nichts ändern. Auch nicht, wenn die WHO mal wieder davor warnt. So, wie sie auch vor BSE, EHEC, SARS, ISDN, HDTV, WSV oder »Rücken« regelmäßig warnt. Ich möchte bei den vielen Warnungen auch mal eine loswerden. Ich warne hiermit eindringlich vor LMAA ...

Aber die WHO hat ja recht, alkoholische Getränke markieren den Vorhof zur Hölle – und Leute wie ich schauen da immer mal wieder gerne vorbei. »Immer mal wieder« ist gut. So oft, wie ich nun schon dort war, hätte ich mittlerweile Anspruch auf ein VIP-Armbändchen und ein Freigetränk. Dass es doch noch zu diesem Buch gekommen ist, haben Sie ausschließlich der Tatsache zu verdanken, dass ich jedes Mal wieder umgedreht habe. Warum? Weil es mir in der Hölle immer zu voll war.

Neulich las ich wieder mal so einen Artikel, in dem die tödlichen Gefahren, die von einem Feierabendweinchen oder -bierchen ausgehen, beschrieben wurden. Es hieß sinngemäß, wer sich mittags im Büro schon auf Wein oder Weizen freut, hat ein Alkoholproblem. Ich habe mich sofort gefragt, ob auch der, der mittags überlegt, ob er abends zum Italiener oder Inder geht, eine Essstörung hat.

Es wird einem tatsächlich nicht mehr leicht gemacht, Lebensmittel zu genießen, die vorrangig nicht wegen ihres Nährwertes, sondern wegen ihres Geschmacks und ihrer Wirkung konsumiert werden. Bier und Wein stehen da ganz oben auf der Liste. Das war lange Zeit anders. Denn bei diesen Getränken handelt es sich um zwei der ältesten, die Mutter Erde zu bieten hat.

2.500 Jahre vor Christus lagerte König Dschamschid aus

dem Schiraz Trauben in seinem Keller. Als die Königin von den vergorenen Trauben trank, hatte sie plötzlich keine Kopfschmerzen mehr, und die beiden wurden tagelang nicht mehr gesichtet. Der Wein war erfunden, und der König ab diesem Zeitpunkt immer ausgeglichen. Ob das am Wein oder an der jetzt willigen Königin lag, ist nicht überliefert.

Heute lagern Prominente wie Günther Jauch, Sting oder Antonio Banderas ebenfalls Trauben in den Kellern ihrer ansehnlichen Weingüter. Die prominenten Namen sagen aber nicht zwingend etwas über die Qualität ihrer Weine aus. Einen Tropfen von Brad Pitt und Angelina Jolie durfte ich während einer Probe einmal verkosten. Bei mir wirkte er wie bei der Königin, nur umgekehrt. Ich bekam Kopfschmerzen davon. Aber das muss wohl an der Menge gelegen haben ...

Den ältesten noch trinkbaren Wein fand Jacques Cousteau, der mich als Kind 13 Jahre lang mit der Sendung »Geheimnisse des Meeres« begeistert hat. Sie erinnern sich? Der mit der roten Pudelmütze. Allein dieser Fund hätte mir und allen anderen Weinliebhabern auf der Welt vermutlich als Grund für alle weiteren seiner oft kostspieligen Expeditionen mit der Calypso gereicht.

Der Ursprung vom Bier lässt sich noch viel früher vermuten. Es waren nämlich nicht die Mönche im Mittelalter, die in ihren Klosterbrauereien das Bier erfunden haben, wie vielfach angenommen wird, sondern die alten Ägypter vor 6.000 Jahren. Bis zu vier Litern Bier wurden täglich getrunken. Beamte wurden sogar teilweise in Bier bezahlt, was natürlich erklärt, warum Baugenehmigungen für Gebäude wie die Pyramiden durchgewunken wurden, obwohl sie weder einen Rauchmelder in der Spitze noch einen Feuerlöscher pro Zwischengeschoss vorsahen. Aufgrund seiner nahrhaften und stärkenden Wirkung galt es zudem auch als Grundnahrungsmittel und wurde in verdünnter Form auch an Kinder verabreicht. Also eigentlich genau wie heute, nur dass man heute in diesem Zusammenhang von Alcopops spricht.

Vor diesem Hintergrund haben es sich diese jahrhundertealten, altehrwürdigen Getränke meines Erachtens auch mal verdient, mit Respekt und Freude betrachtet zu werden. Ich möchte hier einmal einen Ansatz wagen.

Wein

Irgendein Gesundheitsexperte verkündete jüngst die neueste Erkenntnis, nämlich, dass jede getrunkene Flasche Wein das Leben angeblich um 13 Minuten verkürzt. Das hat mich ernsthaft beschäftigt, da ich bislang mit einer Flasche Wein ausschließlich Positives verbunden habe. Ich habe lange nachgerechnet und bin zu dem Ergebnis gekommen, dass ich demnach 1497 gestorben bin.

Dabei munkelte man doch lange Zeit, dass das tägliche Glas Rotwein Arteriosklerose vorbeugen soll und das Herzinfarktrisiko senkt. Grund dafür sei der in den Trauben enthaltene Stoff Resveratrol, der die Blutfettwerte verbessert. Eine niederländische Forschergruppe soll diese erstaunliche Erkenntnis gewonnen haben. Zeitzeugen zufolge geschah dies während eines ausgiebigen Kneipenbesuchs. Der Artikel darüber beginnt mit dem Satz: Holländische Forscher hatten herausgefunden – sind dann aber wieder hereingekommen. Vermutlich, um ihre Expertisen immer wieder fortzusetzen. Wie sympathisch. Ich sage ja immer, nicht alle Holländer sind Nulpen aus Amsterdam. Ihrem Engagement gebührt höchster Respekt, nicht zuletzt, weil es endlich mal ein willkommenes Pendant zur gängigen Berichterstattung darstellt, die oft genug die negativen Seiten in Richtung Alkoholmissbrauch thematisiert.

Manchmal wird in der Debatte über Alkoholkonsum sogar mit zweierlei Maß gemessen. Ein Beispiel dafür ist die »Health Claims«-Verordnung der EU, in der z. B. steht, dass Getränke mit mehr als 1,2 Volumenprozent nicht mit gesundheitsbezogenen Angaben beworben werden dürfen. Aber Klosterfrau Melissengeist mit, man höre und staune, 79 Umdrehungen wird als Naturarzneimittel mit 13 Heilpflanzen durchgewunken. Eine Schnapsidee, wenn Sie mich fragen.

Man stellt den Wein oft in eine Ecke, wo er nicht hingehört. Wenn ich mich an all das erinnere, was ich mit einem Glas Wein intus erlebt habe, möchte ich ehrlich gesagt kein einziges Glas davon missen. Keine einzige romantische Geschichte, in der ich eine tragende oder tragische Rolle gespielt habe, hat mit einem Glas Milch begonnen. Und apropos. Viele halten Milch heutzutage für viel gefährlicher als Alkohol. Wegen der Laktose. So weit würde ich nicht gehen, aber ich frage mich schon, ob es einen Zusammenhang zwischen den ersten Lebensmonaten gibt, an die man sich nie so richtig erinnern kann, und der Milch, von der man sich in dieser Zeit fast ausschließlich ernährt hat.

Auch wenn ich ein Fürsprecher des Weins bin, halten Sie mich bitte nicht für eine Turniertrinkerin. Dann hätte ich nämlich tatsächlich ein Problem mit Alkohol. So habe ich nur eins ohne. Ich meine damit, wenn ich den Rest meines Lebens auf dieses Genussmittel verzichten müsste, würde mir etwas fehlen. Glücklicherweise verlangt das keiner von mir. Noch nicht einmal mein Arzt. Im Gegenteil: Das Schönste, was mein Arzt mal zu mir gesagt hat, war: »Sie müssen mehr trinken.«

Bisher darf ich von mir behaupten, einen durchaus verantwortungsvollen Umgang mit Sekt, Wein, Bier und den üblichen Verdächtigen zu pflegen. Dass mein Kühlschrank im Keller mit diesen Getränken gefüllt ist, beweist ja eigentlich, dass ich mit Maß trinke. Sonst wäre er ja ständig leer. Ich trinke zum Beispiel nur an Tagen, die mit »g« enden – und mittwochs. Aber erst ab 17 Uhr. Pünktlich um diese Zeit entfährt mir dann ein verzücktes: »Oh, it's wine o'clock!« Am Wochenende köpfe ich aber auch schon mal mittags um 12 ein Fläschchen Rosé. Aber dann sage ich mir: Ach, komm, in Nowosibirsk zum Beispiel ist es jetzt Punkt fünf.

Ich trinke auch immer sehr bewusst und mit Genuss. Zwischendurch sogar auch mal ein Glas Wasser – allein schon, um meine Leber zu überraschen. Ich käme nie auf die Idee, mir Wein unkontrolliert und ohne zu schlucken in den Magen zu kippen, nur um mich hemmungslos zu berauschen. Das wäre voll daneben. Dafür ist er mir viel zu wertvoll, und auf einen Vollrausch mit anschließender Rekonvaleszenz, die mit zunehmendem Alter immer zeitintensiver wird, habe ich keine Lust. Aber diese wohligen Momente, die mir eine sorgfältig bedacht kalkulierte Menge Wein beschert, genieße ich hingegen sehr. Durch jahrelanges Training bin ich mittlerweile ein Meister des punktgenau kalkulierten Schwipses geworden.

Denn auch der will gelernt sein: Das Glas Wein nach einem hektischen, anstrengenden Tag voller Termine und Telefonate markiert für mich den Übergang zwischen Arbeit und Feierabend. Es wirkt wie ein Weichzeichner, der bereits in der Anflutungsphase so manche Ecken im Alltag runder erscheinen lässt und dadurch die Welt zu einem besseren Ort macht. Von Joachim Ringelnatz stammt das wunderbare Zitat: »Die besten Vergrößerungsgläser für die Freuden dieser Welt, sind die, aus denen man trinkt.« Recht hat er. Vor allem im Zeitraum April bis Oktober. Jeden Freitag gegen 18 Uhr weiß ich ganz genau, was er damit meint: Dieser Moment, wenn ich den Rasen gemäht habe und alles nach frischem Gras riecht, diese Minuten, in denen ich dann auf meiner Holzbank in meinem kleinen Garten sitze, die Sonne über den Pfälzer Bergen untergehen sehe und denke: »Thank God, it's Friday.« Diese Augenblicke bekommen mit einem Glas Grauburgunder ein wunderbares Gewicht.

Schon nach dem ersten Schluck vernehme ich diese innere Stimme, die mir dann so etwas Schönes zuraunt wie: Der Weißwein wurde erfolgreich hinzugefügt. Ihr Wochenende kann jetzt gestartet werden. Der Genuss, der in diesen Minuten entsteht, ist so plastisch, so greifbar und geht schon beim zweiten Glas in eine Art Glückseligkeit über. Dann ist die Welt für mich im Döschen und verdient es, noch ein klein wenig gehypt zu werden. Das dritte Glas ist dann eine Art Brandbeschleuniger fürs eigene Ego. Spätestens danach fühle ich mich wie eine bessere Version von mir selbst. Gut, in dem Moment bin ich dann schon ein wenig alkoholisiert. Wobei mir dieses Wort für den ausnehmend schönen Augenblick, den man da gerade durchlebt, zu hart klingt. Lassen Sie es mich lieber keep cool mit spirituosem Hintergrund nennen.

Das beste Glas Wein ist jedoch für mich das, welches ich beim Kochen trinke. Daher lautet mein Lieblingsrezept auch: Man nehme ein Glas Wein und gebe es ... in die Köchin! Und warum eigentlich nur ein Glas? Im Wein liegt die Wahrheit – so heißt es doch. Und wer die ergründen will, darf nicht schon beim ersten Glas aufgeben. Nun bin ich keine wirklich gute Köchin. Mir persönlich reicht es, dass ich Wein kalt stellen kann – das ist doch auch irgendwie wie kochen, oder?

Beim eigentlichen Essen gibt's dann noch mal reichlich Wein. »A meal without wine is called breakfast«, da bin ich ausnahmsweise mit den Engländern mal einer Meinung. Und ich gehe sogar noch weiter. Ein guter Tropfen ist nicht nur »nice to have«, sondern er gehört zwingend dazu, denn er lenkt von gewissen Kochdefiziten ab. Wie übrigens eine üppige Tischdekoration auch. Also, sollten noch Gäste im Spiel sein, stelle ich mit meiner Tafel jede Deko bei »Das Depot« in den Schatten. Und das zu jeder Jahreszeit.

Wenn ich jedoch alleine zu Hause bin, ohne Familie und Freunde, und mir eine Mahlzeit zubereite, kann es dank meines Lieblingsrezepts auch vorkommen, dass das Abendessen nur aus Obst besteht, fermentiertem Obst. Okay, das Obst sind nur Trauben. Gut, machen wir es kurz: Wein. Es gibt dann nur Wein. Glücklicherweise steht auf so einer Flasche ja nicht drauf, für wie viele Personen so eine Portion à 0,75 l gedacht ist. Da muss ich mir also keinen Kopf machen, wenn ich diese Mengenangabe nur auf eine Person beziehe, nämlich mich.

Aber da Weintrinken ja nun mal als soziales Ereignis gilt, trinke ich auch gerne in Gesellschaft. Am liebsten mit meiner Katze Hermine. Seit 2013 gibt es nämlich auch einen Rotwein für Katzen. Zeitgleich mit dem Verkauf des Beaujolais Nouveau hat ein japanisches Unternehmen im November dieses Getränk mit dem Namen Nyan Nyan, was übersetzt so viel heißt wie Miau Miau, herausgebracht. Das funktioniert aber nur, wenn Hermine nicht gerade wieder am Detoxen ist. Leider passiert das in letzter Zeit immer häufiger, weil ihr Lebensgefährte, der Findus, so ein Achtsamkeitsapostel ist.

In diesem Fall trinke ich dann eben mit Menschen zusammen, die ich mag. Denn bei Menschen, die ich nicht mag, trinke ich schon vorher. Aber über diese nicht so schönen Dinge möchte ich gar nicht reden. Ich konzentriere mich lieber auf die zahlreichen Weinfeste in der Region. Das größte Weinfest der Welt findet in meiner unmittelbaren Nachbarschaft statt, was ich jahrelang als Wink des Schicksals gewertet habe. Jedes Jahr im September öffnet in Bad Dürkheim der Wurstmarkt seine Tore. Dort steht auch das größte Weinfass der Welt. Mit 13,5 Metern Durchmesser hat es ein Fassungsvermögen von 1,7 Millionen Liter Wein.

Der Ehrlichkeit halber sei aber erwähnt, dass es für mich schönere Weinfeste als den Wurstmarkt gibt. Mir sind dort zu viele Menschen, die sich nicht für betrunken halten, solange sie noch am Boden liegen können, ohne sich festzuhalten. Leider sind auch immer wieder viele Jugendliche darunter, die in der jeweiligen Altersklasse um den Titel »Tagesvollster« ringen. Hält sich der durchschnittlich intelligente Mensch an die Regel »Bier auf Wein, das lass sein«, lautet hier oft die Devise: »Wein auf Bier, das lob ich mir. Gin auf Wein passt auch mal rein. Tequila auf Gin macht auch noch Sinn.« Als besorgte Mutter möchte man dem ein oder anderen dann gerne mal zurufen: Trink nicht so viel! Die letzte Flasche, die umfällt, könntest du selbst sein.

Vor diesem Hintergrund markiert der Wurstmarkt in meinen Augen einen eher traurigen Höhepunkt im Pfälzer Woifescht-Kalender. Aber für junge Leute wie meine Tochter ist er ein Pflichttermin.

Das letzte Mal, als ich den Wurstmarkt besuchte, ist mittlerweile zwei Jahre her. Ich traf dort zu vorgerückter

Stunde auf meinen 17-jährigen Ableger, der mit Jan-Philipp, einem Schulkameraden, unterwegs war. Jan-Philipp hatte sich bereits ordentlich die Rüstung lackiert und bot mir sein Schorleglas an. Das ist in der Pfalz völlig normal und lässt keine Rückschlüsse in Richtung gesunkener Hemmschwelle oder Ähnliches zu. In der Pfalz teilt man den Inhalt seines 0,5-l-Dubbeglases mit Leuten, die man kennt, nicht kennt oder zufällig gerade kennengelernt hat. Jeder darf mal seine Zunge reinhängen – die Pfälzer Variante eines Cuvées. Diese wird dann von Runde zu Runde lockerer und führte bei Jan-Philipp im späteren Verlauf des Abends sogar noch zu einer lustigen Performance. Er lieferte spontan eine mir bis dato unbekannte Interpretation von Goethes Erlkönig: »Wer schwankt so spät durch Nacht und Wind. Es ist der Jan-Philipp, vor Schwips fast blind. Er hält sie sicher, er hält sie warm, die letzte Schorle in seinem Arm.«

Der Umgang mit Alkohol war damals, als ich in die Pfalz zog, für mich zugegebenermaßen etwas gewöhnungsbedürftig. Als gebürtige Rheinländerin liebte ich Kölsch. Und das aus Gläsern, die im Vergleich zu den Pfälzer Dubbegläsern wie Reagenzgläser wirken. Ein Glas mit einem Inhalt von 0,2 Litern, eben genau ein Kölschglas, geht in der Pfalz als Mundspülung durch. Ich hingegen empfand das Schorleglas mit 0,5 Liter Fassungsvermögen wie eine Blumenvase. Ist es komplett befüllt, besteht es zu 80 Prozent aus Wein und zu 20 Prozent aus Wasser. Ich habe mehrere Wochen gebraucht, um herauszufinden, dass das Zauberwort Autofahrerschorle heißt, denn nur die weist ein Mischungsverhältnis von gleichen Teilen auf. Und apropos Autofahren – auch das musste ich lernen: Ich outete mich ziemlich schnell als Zugezogene, indem ich völlig unbedachte Kommentare wie: »Ich habe ein Schlückchen Schorle probiert; ich darf jetzt auf keinen Fall mehr fahren«, von mir gab. Es fand sich daraufhin immer ein Pfälzer, der dann rief: »Ich habe noch Puls. Wo sind die Schlüssel?« Irgendwann war mir der Unterschied dann auch klar: Wenn du in einer Bar in Mannheim drei Gläser Weißwein trinkst, bist du für manche ein Alkoholiker. 20 Kilometer weiter Richtung Pfalz bist du der Fahrer.

Die schöneren Weinfeste sind für mich die kleineren. In geselliger Runde an langen Holztischen sitzen, den Gesprächen Aufmerksamkeit schenken und den Menschen einschenken, ausschenken und nachschenken. Diese Feste, auch Kerwe genannt, erst weit nach Mitternacht und weit nach nüchtern verlassen ... Herrlich!

Aber dann, am nächsten Morgen, wenn man völlig zerschreddert aufwacht, der erste Gedanke: Leere Gläser sind voller Geschichten. Auweia. Es waren mal wieder viele leere Gläser bei mir. Was mag ich wieder alles erzählt haben! Je voller ich war, desto weniger wurde ich von den anderen womöglich für voll genommen. Peinlich. Die Rekonstruktion des Gesagten klappt nicht und endet resigniert mit der Feststellung: Nüchtern betrachtet war besoffen alles besser. Danach maßregele ich mich selbst, indem ich sage: Elfriede, ab morgen trinkst du nichts mehr. Nie wieder! Es braucht dann oft bis zur Mittagszeit, bis ich wieder zu einer gesunden Einstellung zurückfinde. Diese äußert sich dann in einer für mich so typischen Trotzhaltung wie dieser: Ich gehöre lieber zu den Menschen, bei denen es peinlich wird, wenn sie betrunken werden, als zu denjenigen, bei denen es peinlich wird, wenn sie wieder nüchtern werden. Und Gott sei Dank: Elfriede heiße ich ja auch nicht.

Meinen Platz in diesem immer wiederkehrenden Szenario zu finden war nicht leicht, aber es lohnte sich, danach zu suchen, weil es einfach so häufig auftritt. Ich komme mit der geltenden Positionierung auch prima zurecht. Ich denke, sie wird noch so lange Gültigkeit haben, wie Wein ein Teil meiner DNA ist.

Aber es gibt sie tatsächlich, Leute, die sich an einem solchen Abend nur an Wasser »festhalten«. Die nicht schwanger sind, einfach so. Daran zerbricht so manche Freundschaft. Bei diesen sogenannten Passivtrinkern bin ich ganz vorsichtig, denn es sind immer genau die, die sich am nächsten Tag bis ins Detail daran erinnern, was die anderen am Abend zuvor gesagt haben. Für mich ein unvorstellbarer Zustand: Beim Winzer sitzen – mit einem Glas Wasser! Also, jetzt nur mal, weil es sich gerade so anbietet: Solltet ihr mich jemals in einem Weingut bei einem Glas Wasser sitzen sehen, dann wurde ich vermutlich gekidnappt und versuche euch ein Signal zu senden! Bitte vergesst das nicht! Das würde in einer Region, in der lediglich drei Prozent der Bevölkerung behaupten, nie Wein zu trinken, sofort auffallen. Die restlichen 97 Prozent waren bei der Erhebung noch unsicher, ob sie antworten sollten. Sie schwankten noch.

Aber wie heißt es so schön: Wer schwankt, hat mehr vom Weg.

Im August findet immer das Deidesheimer Weinfest statt. Da schwanken immer viele, da dieses Fest weit über die Grenzen der Pfalz bekannt ist und auch Menschen anlockt, die normalerweise nicht viel vertragen. Jedes Jahr nehme ich davon ein paar lustige Anekdoten mit. Letztes Jahr entdeckte ich so gegen neun Uhr abends ein umschlungenes Pärchen, beide in meinem Alter. Er hatte seinen Arm um ihre Taille gelegt, sie ihren Kopf auf seine Schulter. »Wie schön, wie verliebt, wie süß, und das in dem Alter noch«, dachte ich noch, bis ich hörte, wie er zu ihr sagte: »Hätteste nicht so viel g'soffe, könnteste jetzt alleine loffe.« Dabei hat die Frau vermutlich nur dem Pfälzer Grundgesetz gehorcht, das da lautet: »Hör auf dein Herz. Außer der Winzer sagt, nimm den Riesling. Dann hör auf den Winzer.«

Es gibt Weine hier in der Pfalz, die sind so gut, dass man sich einen Hals wie Vogel Strauß wünscht – inklusive eingebauter Kamikaze-Rutsche mit krassen Curves und coolen Loops. Mein derzeitiger Favorit ist ein Blanc de Noir vom Weingut Stern aus der Südpfalz. Der Gott unter den Weinen in meinem Ikea-Flaschenregal im Keller. Es vergeht kaum ein Tag, an dem ich nicht auf dem Weg zur Waschmaschine noch mal kurz vorher links abbiege, um nachzuschauen, ob er noch da ist, und wenn ja, um mich vor diesem großartigen Gewächs zu verneigen.

Bei diesem Wein fällt es einem nicht leicht, ihn stets als Genussmittel zu betrachten. Es fehlt nicht mehr viel, und er könnte für mich zu einer Droge werden. Da muss ich aufpassen. Dann würde nämlich aus meinem Lieblingswinzer der Dealer meines Vertrauens. Und diese Berufsbezeichnung hätte keiner der mir bekannten Winzer verdient. Und ich kenne viele, sehr viele. Umgekehrt gilt das übrigens auch. Manche kennen mich so gut, dass die Telefonate, die ich führe, um mir ein paar Fläschchen zurücklegen zu lassen, immer gleich ablaufen: »Ach, Frau Vogd, Sie schon wieder ... Ja, haben Sie denn schon wieder all Ihre Bestände runtergetrunken? Aber ja ... Machen Sie sich keine Sorgen, wir hatten für Sie noch was beiseitegelegt. Ja, ja, wir kennen ja unsere Kundschaft. Es war uns schon klar, dass Sie mit acht 6er-Kartons nicht über den Monat kommen ... Was? So viel dieses Mal? Also, bei der Menge liefern wir auch gerne an.«

Brauchen sie aber nicht, denn ich genieße es, meinen Wein direkt beim Winzer zu kaufen und auch persönlich dort abzuholen.

Das macht man in einer Weinregion so. Selbst wenn sie teurer sind als die Weine vom Discounter, kauft man hier immer beim Winzer.

2,99 Euro gab der Deutsche 2016 durchschnittlich für eine Flasche Wein aus. Ich finde das beschämend wenig, zumal davon ausgegangen werden muss, dass die drei Liter Tetra Pak für 1,99 Euro beim Discounter bei dieser Betrachtung nicht nur einfließen, sondern mengenmäßig auch eine nicht unerhebliche Rolle spielen. Aber vielleicht wurden sie auch nur genutzt, um darin die Fotos vom letzten Kroati-

enurlaub zu entwickeln oder um Nagellack zu entfernen ...
oder was weiß ich ...

Gut, nicht jeder kann sich eine Flasche 1869er Lafitte-Rothschild leisten. Diese wurde 2010 für 170.000 Euro in Hongkong versteigert. Auch ein Chateau Petrus, den Russen gerne in Nobelrestaurants bestellen, um ihn dann mit Cola zu mischen, ist nicht jedermanns Sache. Aber dass der Konsum von Discounterweinen kontinuierlich wächst, während der Gesamtkonsum in Deutschland seit 2007 relativ konstant ist, tut mir persönlich leid für alle Winzer, die ihren Beruf mit viel Liebe und Begeisterung ausüben.

Markus Schneider aus Ellerstadt/Pfalz ist so einer. Von ihm stammt das denkwürdige Zitat: »Ein Leben vor dem Wein gab es nicht.« Allein die Namen, die er seinen Weinen gibt, zeugen von Kreativität und Innovationsgeist – zwei Charaktereigenschaften, die selbstverständlich auch beim Inhalt der Flaschen zum Ausdruck kommen. Tohuwabohu, Hullabaloo oder Holy Moly, um nur einige zu nennen, lösen in mir stets Lust auf mehr aus. Dieses Verlangen verspüre ich beim Oppenheimer Krötenbrunnen, Sausenheimer Honigsack oder Kröver Nacktarsch nicht so direkt.

Ich kenne Markus Schneider nicht näher. Aber ich kenne eine Winzerin aus Gimmeldingen, einem Nachbarort, die ähnlich innovativ ist. An einem Spätsommernachmittag unternahm ich mal eine kleine Fahrradtour zu ihr. Wir hatten einen netten Plausch, und zum Abschied schenkte sie mir eine teure Flasche Wein, ein sogenanntes Großes Gewächs. Ich hatte etwas Angst vor dem Rückweg, der mich bei Dunkelheit mitten durch die Weinfelder führte. Meine Sorge galt den unbefestigten Stellen des Radweges. Ich befürchtete hinzufallen und dabei die Flasche zu ruinieren. Also habe ich mir kurz nach Verlassen des Weinguts ein lauschiges Plätzchen auf einer Sandsteinmauer am Wegesrand gesucht, in den Sternenhimmel geschaut und währenddessen die Flasche leer getrunken. Im Nachhinein betrachtet war es das Beste, was ich tun konnte, denn ich bin tatsächlich siebenmal vom Fahrrad gefallen.

Sie produziert übrigens auch Bioweine – also Weine aus Trauben, die glücklicher sind als Käfigtrauben, die in irgendeiner Massentraubenhaltung auf engstem Raum ein trostloses Leben mit gestressten Artgenossen fristen müssen.

Trotz meiner Vorliebe für dieses Getränk würde ich es mir dennoch nicht anmaßen, mich als Weinexpertin zu bezeichnen. Ich habe stets das Gefühl, dass die Önologie, so nennt man die Weinwissenschaft, ein besonders dünnes Eis für mich darstellt, auf das ich mich lieber nicht trauen sollte. Den Wein und seine Rituale umweht ja immer noch etwas Elitäres. Und bei diesem Wort wird es bei mir per se schon eng. In Gegenwart selbst ernannter Experten fühle ich mich immer ungebildet und unsicher. Für mich zählt allein der Geschmack, aber wenn ich dann doch mal in Expertenrunde mutig, überzeugt und mit lauter, fester Stimme entschlossene Kommentare raushaue, wie: »Jawoll!! Der läuft! Mehr davon! Nach der Flasche ist vor der Flasche«, dann beschleicht mich sofort das Gefühl, das Niveau der Degustation mit Karacho in die doppelt unterkellerte Talsohle eines Weinkellers gezogen zu haben. Literatur hilft da auch nicht viel weiter. Sie ist mir oft zu theoretisch, zu wissenschaftlich, zu trocken, zu wenig modern. Die Herausgeber von Weinführern, Weinatlanten oder Weinratgebern könnten in Sachen zeitgemäßer Umgang mit ihrem Wissen ruhig mal zur neuesten Ausgabe des Knigge rüberschielen. Die haben es verstanden und punkten durch Praxisnähe, wenn sie sich Fragen widmen wie: Wo liegt das Handy auf dem Tisch? Links oder rechts vom Besteck? Aber vielleicht liegt es auch an mir. Vielleicht bin ich schlichtweg zu blöd für die Weinfachliteratur bzw. um mich dem Knigge entsprechend auszudrücken. Vielleicht ignoriere ich einfach den intellektuellen Erwartungshorizont, den diese Literatur an den Leser hat.

In der *Welt am Sonntag* sprach der Weinforscher Markus Herderich vom Mikroreaktor Mund, in dem Bakterien und Hefen im Speichel, in den Zahnzwischenräumen und auf dem Zahnfleisch dafür sorgen, dass der Mensch mit seiner Zunge einen besonderen Geschmack wahrnehmen kann. Jetzt endlich habe ich eine Erklärung für die Aromaexplosion, die regelmäßig in meinem Mund beim Genuss meines Blanc de Noir stattfindet. Denn mein Mund bietet für diese Organismen nicht nur Wohnraum in Zahnzwischenräumen, sondern auch innen drin. Beim letzten Zahnarztbesuch fragte ich meinen Bohrmeister: »Wie groß ist denn das Loch, das Sie gerade unten rechts hinten identifiziert haben?« Worauf mein Zahnarzt meinte: »Moment bitte, ich gebe Ihnen gleich einen Spiegel. Lassen Sie mich eben noch die Pylone um den Behandlungsstuhl aufstellen.«

Ein ganz besonderes Erlebnis, das sich kein Weingenießer entgehen lassen sollte, ist der Besuch eines Weinseminars. Das, welches ich vor einigen Monaten besucht habe, wurde geleitet von Frau Prof. Dr. Gesine Scheurebe, sehr trocken ausgebaut. Mit von der Partie war glücklicherweise aber auch Jean-Baptiste Dornfelder, ein sympathischer Kellermeister aus der Pfalz mit eher süffigem Charakter. Jeder Wein wurde von ihm kommentiert, was sehr zur Unterhaltung des Abends beitrug. Als Erstes wurde uns ein Riesling kredenzt, der ja bis weit über die Grenzen der Pfalz hinaus angebaut wird. Dieser stammte aus Baden-Württemberg, aus der Nähe von Karlsruhe. »Ja, und so schmeckt er denn auch«, befand das Pfälzer Unikum und ergänzte mit deutlichem Seitenhieb auf das konkurrierende benachbarte Weingebiet: »Ein 2015er Wörther Brückenpfeiler, QBA-Südtangente, einspurig, Baustelle, Lkw-frei.«

Bei einem Rotwein mit intensiven Aromen, dichter Textur, süßen Holznoten und Nuancen von Waldboden und Harz fügte er kurzerhand noch seine persönliche Assoziation hinzu: »Etwas lederig, hat was von nassen Sandalen – ich denke, ein perfekter Begleiter für das Dschungelcamp oder den Jakobsweg.«

Als zum Abschluss ein süßlicher Rosé gereicht wurde, überzeugte er uns mit echtem Profiwissen. Nicht nur, dass er die Rebsorte auf Anhieb erkannte und auch prompt den Jahrgang herausschmeckte, nein, er konnte sogar mit an

Sicherheit grenzender Wahrscheinlichkeit sagen, dass nicht alle Trauben aus dem Eigenanbau des Winzers stammten, sondern hinzugekauft worden waren. Seinem letzten Schluck folgte dann ein echter Paukenschlag. Sein finaler Kommentar lautete: »Und im Übrigen ist der Winzer schwul. Das hätte ich Ihnen aber auch schon gleich zu Anfang sagen können.« Allen Anwesenden verschlug es die Sprache aufgrund eines solchen Fachwissens. Nur nicht Frau Prof. Dr. Gesine Scheurebe. Sie erwiderte spürbar gereizt: »Das herauszufinden ist keine große Kunst. Der Wein ist ja auch warm.«

Ihr unterlag mehr der didaktische, etwas trockenere Bereich rund um den Wein. Wir wurden mit umfangreichen, nicht enden wollenden Beschreibungen konfrontiert. Von »dicht, voller Schmelz, mit heftigen Noten« über »würzige Frucht, ausbalancierte Säure« bis hin zu »raffiniertem Tannin, Aromen dunkler Kirschen und schwarzem Pfeffer«. Ich wurde den ganzen Abend das Gefühl nicht los, dass so manche ausschweifende Beschreibung nur davon ablenken wollte, dass der Kaiser nackt ist, denn je mehr ein Tropfen von ihr gehypt wurde, desto weniger konnte er mich in Verzückung versetzen.

Ein Weißwein wurde als lebendig, temperamentvoll, frisch, fruchtig und leicht säuerlich gelobt. »Ein fulminanter Tropfen«, befand Frau Prof. Dr. Scheurebe, »mit hervorragenden analytischen Werten.« Mein erster Gedanke: So etwas hat mich noch nie interessiert. Das Einzige, was zählt, ist doch, dass der Wein schmeckt und bekömmlich ist. Ich hatte noch nie was mit Analysen am Hut. Auch als Studentin nicht, als mein Weißweinkonsum noch deutlich höher war, weil ich mir so manche Partybekanntschaft schön getrunken habe. Analyse ... Hätte ich jemals auf Analyse Wert gelegt, hätte ich auch jeden Typen, der sich jemals für mich interessiert hat, zunächst nach seinem Röntgenbild fragen müssen ... Analyse ... phh ...

Der einzige Expertenrat, den ich gelten lasse und selbst auch stets befolge, ist, dass ich einen Rotwein zunächst im Glas atmen lasse, da sich durch die Oxidation die Gerbstoffe verändern und er danach noch runder schmeckt. Sollte ich allerdings nach zwei Minuten immer noch keine Atembewegung beim Wein feststellen, setze ich sofort zur Mund-zu-Mund-Beatmung an. Da kann es dann auch mal vorkommen, dass mein Tischnachbar verwundert fragt: »Haben Sie den Wein gesehen?« Und ich dann ehrlich antworte: »Nur kurz.«

Einen abschließenden Rat möchte ich allerdings noch geben. Aus Erfahrung weiß ich, dass es keine gute Idee ist, aus Frust zu trinken. Auch nicht beim schlimmsten Liebeskummer. Innere Verletzungen lassen sich nicht mit Alkohol desinfizieren. Meine Cousine hat es versucht, nachdem ihr Mann sie verlassen hatte.

Jeden Abend ist sie um die Häuser gezogen, hat sich alle elf Minuten in einen neuen Drink verliebt und mir am Telefon erzählt: »Ich barshippe jetzt.« Einmal habe ich sie begleitet. Es war ganz offensichtlich, ihre Verfassung war besäufniserregend. Sie wollte nicht ihre neu gewonnene

Freiheit feiern, sondern vergessen. Wir saßen noch nicht ganz auf dem Barhocker, da fragte sie mich schon: »Was meinst du, wie lange muss ich wohl trinken, bis ich meine 1,2 Promille habe?« Zieltrinken! Was für eine Einstellung! Ich habe sie daraufhin völlig entgeistert angesehen und geantwortet: »Ich glaube, erst mal drei Tage gar nicht.«

Der Wein sollte ein Genussmittel bleiben und keine Flüssigkeit darstellen, mit der man sich die Festplatte löscht. Die Gefahren eines zu häufigen und zu hohen Alkoholkonsums werden ja oft genug beschrieben. Daher möchte ich an dieser Stelle darauf nicht weiter eingehen. Sie betreffen mich auch nicht. Noch nicht. Was mich hingegen betrifft und was ich am Alkohol wirklich etwas unglücklich finde, ist die Tatsache, dass man es mir ansieht, wenn ich am Abend zuvor mehr als ein Glas getrunken habe. Mein Gesicht wirkt am nächsten Tag dann immer etwas aufgequollen. Das hängt mit den Flüssigkeitsansammlungen unter der Haut zusammen. Also, dass ich auf einer richtig guten Party war – und das sind bekanntlich die, an die man sich nicht erinnert –, merke ich daran, dass ich am Morgen danach in meinen Hamsterbacken und Augendeckeln mehr Wasser habe, als die Rolling Stones jemals getrunken haben.

Und apropos Haut: Der im Wein enthaltene Zucker ist auch so ein Problem. Je mehr Zucker im Wein ist, desto stärker altert man durch ihn. Die Zuckeraufnahme durch den Körper wird durch den Alkohol noch gesteigert und somit auch alle schädlichen Wirkungen, die Zucker auf die Haut hat, wie z. B. Kollagenschäden, aus denen dann Falten entstehen. Schönsaufen kann man sich also leider nur andere.

Und noch etwas: Ein 0,2-l-Glas Wein hat 120 Kalorien. Zum Vergleich: der Supermodel-Drink Skinny Bitch aus Wodka, Limette und Soda hat nur 43 Kalorien. Jedes Jahr im Frühjahr nehme ich mir vor, auf meinen Wein zu verzichten, damit die Menschen im Sommer meinen erschlankten Körper bewundern können. Aber, was soll ich sagen, es ist immer dasselbe: Ich mag Wein mehr als Menschen! Ein Tag ohne ein Glas Wein, das ist für mich … Ach, woher soll ausgerechnet ich das wissen?

Bier

»WIRTSCHAFTSFLÜCHTLINGE – Immer mehr Männer fliehen vor ihren Frauen in die Wirtschaft.« Diesen Satz las ich neulich in einer großen Tageszeitung und dachte sofort, na irgendwo müssen die 107 Liter pro Kopf und Jahr ja auch herkommen. Bier ist unumstritten das liebste Getränk der Deutschen. Es gibt hierzulande 1.300 Brauereien und über 5.000 Biermarken, wobei jede Region für sich beansprucht, das beste Bier zu brauen, was folgende Anekdote belegt:

Ein Düsseldorfer, ein Kölner und ein Münchener sitzen friedlich in einer Kneipe zusammen, bis sich der Düsseldorfer ein Alt und der Kölner ein Kölsch bestellen. Der Münchener schaut die beiden an und bestellt eine Cola, worauf sie ihn fragen: »Sag mal, warum hast du denn kein Bier bestellt?« Der Münchener antwortet: »Wenn ihr kein Bier trinkt, dann trinke ich auch keines.«

Auch mein Mann liebt Bier. Schon immer. Als ich ihn damals im Aachener Karneval kennenlernte, saß er alleine an einem Tisch in einer Kneipe am Markt. Ich bin zu ihm rübergegangen und habe ihn angesprochen, wie man das im Karneval so macht. Ich habe ihm in die Augen geschaut und gefragt: »Entschuldigen Sie, sind Sie Brillenträger?« Und er hat damals geantwortet: »Nee, das ist der Abdruck vom Pilsglas.«

Heute denke ich manchmal, er liebt Bier sogar mehr als mich. Neulich waren wir wieder in dieser uralten Kneipe. Es war rappelvoll. Ein Freund feierte seinen 60. Geburtstag. Als mein Mann sich bis in Hörweite des Barkeepers durchgekämpft hatte, rief ihm dieser, in meine Richtung schauend, entgegen: »Möchten Sie ein Bier für Ihre Frau?« Und ich hörte meinen Mann über die Köpfe der umstehenden Leute zurückrufen: »Das klingt nach einem interessanten Angebot.«

Aber gut, er ist halt Sauerländer. Und als solcher hat man nun mal eine ausgeprägte Schwäche für dieses Getränk. Aus dem Sauerland stammen bekannte Biere wie Veltins, Warsteiner und Krombacher. Und keins davon kann man als Plörre bezeichnen. Es sind Biere von internationalem Ruf. Das Wort Durststrecke steht im Sauerland für die Distanz, die man dort von Kneipe zu Kneipe zurücklegen muss, in der dann auch gerne mal nach dem Prinzip der Mengenlehre getrunken wird. Als Sauerländer ist man stolz darauf, eine Region als Heimat bezeichnen zu können, die viele nur aus der Bierwerbung im Fernsehen kennen. Grundschulkinder aus Finnentrop müssen erst mal lernen, dass Veltins nicht die Hauptstadt von Deutschland ist.

Aus den Geschichten meines Mannes weiß ich, dass bei Sauerländer Schützenfesten Lebensweisheiten wie »das Leben ist ein Geben und Nehmen« auch mal wörtlich genommen werden: Mal übernimmt man sich, mal übergibt man sich. Was aber nicht zwingend mit der Quantität zu tun haben muss, denn ein Sauerländer kann gut was vertragen. Möglicherweise liegt es an der Qualität der Getränke, die nicht immer nur auf Bier in Reinkultur beruhen. Mit Limonade mixt, als Radler oder Alsterwasser ist das ja noch okay. Aber mit Cola? Bier mit Cola? Igitt! Also mich wundert es nicht, dass der ein oder andere Schützenfestbesucher bei so einem Gesöff kola-biert.

Das könnte mir nie passieren. Ich hätte dabei viel zu viel Angst, genau die Gehirnzelle zu versaufen, unter der meine Adresse abgespeichert ist.

Aber auch die Sauerländer können nicht darüber hinwegtäuschen, dass der Bierkonsum in Deutschland seit zehn Jahren rückläufig ist. 2017 wurde wieder weniger getrunken als 2016. Gerade auch die jungen Leute trinken weniger. Ich frage mich warum. Schmeckt ihnen Bier nicht mehr? Oder trinken die Älteren etwa so viel, dass für die Jüngeren nichts mehr übrig bleibt?

An mir kann der rückläufige Bierumsatz jedenfalls nicht festgemacht werden. Ich liebe Kölsch. Am liebsten Früh

Kölsch, aus einem typischen 0,2-l-Kölschglas. Auch in meiner neuen Heimat an der Weinstraße habe ich immer eine Kiste Früh Kölsch im Keller. Es steht zwischen dem Kasten Veltins und dem Warsteiner. Kein Kasten wird aufgrund seiner Herkunft bevorzugt positioniert. Schließlich haben ja alle drei Migrationshintergrund. Aber am besten schmeckt mir Kölsch immer noch frisch gezapft. Das ist purer Genuss. Deshalb beende ich auch einen gelungenen Vortrag im Kölner Karneval gerne mal mit den Worten: »Also, wenn ich jetzt 0,2 Wünsche offen hätte, ich täte jenau wissen, wat ich nähme ...«

Vielleicht ließe sich diese unerfreuliche Entwicklung stoppen, wenn die Industrie endlich mit einer anderen, dem herrschenden Zeitgeist angepassten Namensgebung für dieses traditionelle, urdeutsche Volksgetränk aufwarten würde: Flüssigschnitzel wird von Männern gerne mal als Bezeichnung für Bier verwendet, ist aber in meinen Augen im Zeitalter des Veganismus ein absolutes No-Go. Maurer-Brause bedient das gängige Klischee, dass auf dem Bau immer viel Bier getrunken wird. Das stimmt auch und liefert gleichzeitig die Erklärung, warum im Winter kaum gebaut wird: Die Bierflaschen würden alle platzen. Hopfen-Smoothie, Gerstenkaltschale? Ich weiß nicht. Man könnte sich doch mal bei den Weinbauern inspirieren lassen. Sex sells, heißt es da bei Flaschen, deren Etiketten Namen tragen wie »Leider geil«, »Sexy Biest«, »Quickie« oder »First Kiss«.

Aber selbst die Bayern, denen nun wirklich die Liebe zum Bier mit in die Wiege gelegt wird, konnten den

Abwärtstrend nicht stoppen. Auch auf das Oktoberfest ist kein Verlass mehr. Ca. sechs Millionen Besucher haben im vergangenen Jahr weit über 50.000 Hektoliter Bier getrunken. Liebe Bayern, das muss dieses Jahr definitiv mehr werden. Da geht noch was! Lasst euch nicht hängen!

Wir Rheinländer schaffen eine Trendwende nicht alleine, obwohl wir uns mit dem Karneval ja redlich bemühen. Ganze Städte kommen an Abenden mit Prunk-, Gala-, Kostüm-, Damen- oder Herrensitzung zum Erliegen. Und auch am darauffolgenden Morgen legen wir noch mal nach, wenn wir zwecks Katerbekämpfung zum Konterbier greifen.

Jeder einzelne Rheinländer ist sich seiner Verantwortung diesbezüglich bewusst. Sollte jemand dennoch versuchen, diesen Anspruch zu unterwandern, lernt er die Köbesse kennen. Ich wurde in der letzten Session Zeuge, wie ein Mann, vermutlich ein Ostwestfale, in einer typischen Kölner Eckkneipe ein kleines alkoholfreies Radler bestellte, worauf der Köbes kopfschüttelnd durch die ganze Kneipe rief: »Nee, nee, ich habe ett noch nie erlebt, datt jemand en Bier in einem Satz dreimal beleidigt hat.«

Seit Monaten diskutiert man über das selbstfahrende Auto. Wie wäre es mal mit dem autonomen Kölschglas oder dem autonomen Wiesnkrug, der dir das urdeutsche Grundnahrungsmittel nolens volens in den Rachen hineinlitert?

Mancher wird sich jetzt fragen, ob ich noch ganz dicht bin. Ich beantworte die Frage, indem ich sie an Leute weiterleite, die für ein 0,1 Gläschen Bier in Berlin-Mitte bereit sind, sieben Euro zu bezahlen. So viel zahlt man nämlich dort für eines der modernen Craft-Biere. Das meine ich bierernst, was bekanntlich eine Steigerung von ernst ist.

Ausgerechnet das einfachste Getränk der Welt, das seit Hunderten von Jahren für alle gedacht war, wird jetzt eins für die Elite. Biergenuss de luxe. In Berlin ist das kein Problem. Denn Craft bedeutet Handwerkskunst und liegt damit im Trend. Es ist vermutlich nur noch eine Frage der Zeit, wann es neben der Weinkarte auch eine Bierkarte gibt. Karten, die ausschließlich Tonic Water und Ginsorten beinhalten, gibt es ja auch schon. Auf einer las ich mal: Tonic Water ohne Alkohol wäre so ginlos.

Als mein Mann und ich das letzte Mal in Berlin waren, beschlossen wir, eine dieser neuen Brauereien zu besuchen. Auf dem Weg zum Auto sah ich schon vor meinem geistigen Auge eine Trilogie der Top Drei Pale Ales. Die Vorfreude wuchs. In freudiger Erwartung schaute ich verzückt zu meinem Mann herüber. Er schien rumzudrucksen, was er immer tut, wenn ihn etwas beschäftigt. Er schien zu überlegen. Sein Gesichtsausdruck dabei: undefinierbar, irgendwas zwischen Opferrolle und Gönnermiene. Am Eingang der kalifornischen Brauerei Stone Brewing brach es dann aus ihm heraus: »Weißt du was, Schatz, heute ist dein Tag. Heute machen wir es mal so: Ich trinke. Da kannst du fahren.«

4 Lessons in Love

Diejenigen, die an dieser Stelle Ratschläge für eine glückliche Partnerschaft erwarten, muss ich leider enttäuschen. Sich bei mir Beziehungstipps holen zu wollen, ist ungefähr so, wie sich im Drogeriemarkt einen Schwingschleifer erklären zu lassen. Ich bin da wirklich nicht die richtige Ansprechpartnerin. Ich habe selbst erst neulich wieder eine langjährige Beziehung beendet. Gut, es war nicht meine, sondern die langjährige Ehe meiner Freundin Jutta, aber trotzdem.

Ich bin zwar das, was man glücklich verheiratet nennt, aber glücklich ist ja auch nur ein relativer Begriff. Also sagen wir lieber, ich bin verheiratet, und das seit über 25 Jahren. Ich bin sozusagen ein Ehefrau-Profi. Und das genieße ich – mal mehr und mal weniger. Während andere in meinem Alter längst wieder Single sind und regelmäßig parshippen, spricht man in unserem Fall von paarschimmeln. Aber nicht, dass Sie jetzt glauben, es hätte mir in meinem bisherigen Leben an Männern gemangelt! Keinesfalls! Ich kann mit Fug und Recht behaupten, genug gehabt zu haben. Zwar weniger als Lindsay Lohan, aber immerhin mehr als Prinzessin Diana. Laut Focus online liegt die perfekte Anzahl an Liebhabern zwischen acht und zwölf. Ich habe bei drei aufgehört zu zählen.

Mein amtlich zugelassener Ehemann und ich haben es uns nicht leicht gemacht, ein Paar zu werden. Wir haben uns mehrmals aneinander vorbei verliebt, bevor einer von uns endlich gesagt hat: »Entweder raus aus meiner Fantasie oder rein in meine Federn.« Wer von uns das war, weiß ich nicht mehr. Ich weiß nur noch, dass wir uns in dieser Phase irgendwann mal samstagmorgens zum Brunch verabredet haben. Und damit da auch bloß nichts dazwischenkam, haben wir uns sicherheitshalber schon freitagabends getroffen. Wir haben über Jute statt Plastik diskutiert, dabei Persiko mit Apfelsaft getrunken und anschließend von Soft Cell »Tainted Love« mit einem Walkman gehört, dessen Kopfhörer wir uns geteilt haben. So oder so ähnlich wurden wir ein Paar, das sich Jahre später sogar entschloss, zu heiraten. Er war nicht der erste Mann, der mein Herz höher schlagen ließ. Das hatten schon zig Fahrkartenkontrolleure vor ihm geschafft. Er war auch nicht mein erstes »Willst du mit mir gehen?« oder mein erster leidenschaftlicher Kuss, aber er wird in allem wohl der Letzte sein, wenn es so weiterläuft wie bisher. Aber wer weiß das schon. Wenn man heiratet, kennt man ja nur den Menschen, dem man gerade das Jawort gibt. Nicht den, der er später mal sein wird. Menschen verändern sich nun mal mit den Jahren. Die Richtung, in die sie sich verändern, und das Ausmaß, mit dem das geschieht, kann keiner kennen. Das kann man zum Zeitpunkt der Hochzeit allenfalls versuchen zu erraten. Deshalb heißt es ja auch nicht heikennen, sondern heiraten.

Ich bilde mir ein, dass wir ein ganz normales Paar sind, von der Stange sozusagen. Nullachtfünfzehn. Wir hatten in all den Jahren nicht ständig das Gefühl, vor Glück und Euphorie auszurasten. Vom Motto »Schrei vor Glück oder gib's zurück« habe ich nur bei Schuhen Gebrauch gemacht – und bei einem seiner Vorgänger. Volker habe ich tatsächlich an Mutti retourniert. Der Grund: seine mangelnde Fähigkeit, zwischen der Frau fürs Leben und dem Mädchen für alles unterscheiden zu können. Eigentlich ist er sogar selbst gegangen. Es war an einem Sonntagnachmittag, als mir die Hutschnur riss. Er saß in der Badewanne und rief: »Mein Badewasser ist nicht mehr richtig heiß«, worauf ich aus der Küche zurückgerufen habe: »Moment, ich hol einen Fön.«

Es war eine Art von gesundem Optimismus, die meinen Mann und mich zumindest bis dahin getragen hat, wo wir jetzt, nach über 25 Jahren, sind. Und das, obwohl doch seit Loriot bekannt ist, dass Männer und Frauen eigentlich gar nicht zusammenpassen. Sich auf Dauer einen Partner zuzulegen, heißt auch, sich für dauerhafte Probleme zu entscheiden, denn diese beiden Chromosomenbündel sind de facto einfach wahnsinnig unterschiedlich: Eine Frau weiß, was sie will, und sie weiß auch, was sie nicht will. Manchmal kann sie sich allerdings zwischen diesen beiden Optionen nicht entscheiden und will beides, dafür aber jeweils nur halbherzig. Schwierig! Ein Mann hingegen weiß nicht immer, was er will. Aber im Gegensatz zur Frau ist er nolens volens darauf erpicht, dies durchzuboxen. Vor diesem Hintergrund überrascht es schon ein bisschen, dass es überhaupt noch Lebensgemeinschaften zwischen den unterschiedlichen Geschlechtern gibt, oder? Andererseits gibt es ja genügend Singles, die Loriots These stützen.

Dabei sind Menschen doch eigentlich Beziehungswesen. Einsamkeit, so heißt es von Expertenseite, ist so gefährlich wie Alkoholmissbrauch und Zigarettenkonsum. Nicht umsonst hat die Regierung 2017 die Ehe für alle eingeführt. Ich weiß auch gar nicht, warum das so lange gedauert hat. Ich war ja von Anfang an dafür. Während die im Bundestag noch darüber diskutierten, habe ich zu meinem Mann schon gesagt: »Ich finde die Ehe für alle nicht mehr als gerecht. Warum sollen es andere denn besser haben als wir?«

Mittlerweile bin ich allerdings etwas skeptisch, was die Umsetzung angeht. Denn ich kenne einige Singles, die bis zum heutigen Tag noch Single geblieben sind. Da stellt sich doch die Frage, ab wann man denn nun genau einen Partner zugewiesen bekommt. Und vor allem: Wer weist da wem was zu? Und was ist, wenn es nachher nicht passt? Werden die gesetzlichen Krankenkassen dann Therapien bezahlen müssen, bei denen passend gemacht wird, was sich für nicht kompatibel hält? Ich glaube, der fixen Idee Ehe-für-alle hat der antiquierte Irrglaube zugrunde gelegen, dass jeder Topf schon irgendwann seinen Deckel findet. Aber heute, in den Wirren des Genderzeitalters, kann diese Topf-Deckel-

Geschichte doch gar nicht mehr gelten. Heute darf es nicht mehr heißen, jeder Topf findet seinen Deckel. Heute müsste es heißen: Der Topf ist ein Wok, der Deckel wäre gerne ein Topf, und der Topf hält sich für eine Bratpfanne, las ich kürzlich auf Twitter.

Fakt ist, dass die Anzahl der Singlehaushalte kontinuierlich steigt. Der Schriftsteller Michael Nast spricht sogar schon von einer ganzen Generation, die er für nicht bindungsfähig hält: Generation Beziehungsunfähig. Warum ist das so? Gerne wird das rastlose Rotieren ums eigene Ich, das heutzutage auch als Sinnsuche definiert wird, als möglicher Grund angeführt. »Wie schön, dass es mich gibt« ist eine durchaus positive und lobenswerte Lebenseinstellung, die schon einen eigenen Trend ausgelöst hat, nämlich den, sich selbst zu heiraten, nach der Devise: Glücklich wird man nur mit sich selbst.

Aber wenn es um die gegenseitige Liebe geht, dann gehört zum »Ich« eben auch ein »Du«, damit es irgendwann zu einem »Wir« werden kann. Wer sich nur um sich selbst dreht, verpasst vieles um sich herum. Das Leben findet nun mal in einer Gemeinschaft statt. Das macht es ja so reich. Aber der moderne risiko- und verpflichtungsscheue Deutsche will möglichst flexibel durchs Leben mäandern. Ein hohes Maß an Beweglichkeit wird ja auch sonst immer und überall von ihm eingefordert. Er fühlt sich in vielen Lebensfragen hin- und hergerissen: Festanstellung, Freelancer oder als Gründer in die Höhle des Löwen? Will er Familie oder doch lieber seine Freiheit? Was passt besser in sein durchoptimiertes Leben? Ein Ehepartner oder ein Tagesabschnittsgefährte?

Was die Bindungsangst vieler junger Leute betrifft, hätte ich vielleicht eine Lösung: Sich auf eine Ehe einzulassen, würde diesen Menschen bestimmt viel leichter fallen, wenn das Eheversprechen endlich den heutigen Bedürfnissen angepasst und zeitgemäß umgetextet würde:

»Und so frage ich euch: Möchtet ihr euch die Treue halten, in guten und in schlechten Tagen, in Gesundheit und Krankheit, wollt ihr euch lieben, achten und ehren, bis ans Ende eurer Tage? Ja? Nein? Dreißig Tage kostenlos testen.«

Oder hundert Tage. Bietet Zalando ja schließlich auch. Das würde im ein oder anderen Fall vielleicht verhindern, dass aus einem anfänglichen Schnurren ein späteres Knurren wird. Das soll jedoch nicht heißen, dass gewisse Dissonanzen nicht zu jeder Beziehung gehören. Ich finde, man muss unbedingt auch mal unterschiedliche Ansichten haben. Auch mein Mann sollte mal anderer Meinung sein als ich. Es wäre ja auch unheimlich, wenn er immer richtigliegen würde.

Aber ich gebe zu, Turbulenzen sind nicht immer angenehm. Viele davon würde ich gerne vermeiden, denn ich bin ein sensibler Mensch. Bei Streitereien komme ich mir immer ganz schnell ganz unverstanden vor. Ich fühle mich dann immer sehr einsam, so als einzige Frau in unserer Ehe. Aber es gibt ja nun mal leider keine Anleitung für den Umgang mit Männern. Und selbst wenn, ich würde sie vermutlich nicht lesen, denn jemand wie ich liest keine Anleitungen. Ich verlasse mich lieber auf meine Sinne. Ganz oft kommen dabei der Frohsinn, Leichtsinn und Irrsinn zum Einsatz, dicht gefolgt vom Blödsinn und Unsinn. Davon habe ich am meisten. Als der liebe Gott die verteilt hat, musste er vermutlich eine Doppelschicht fahren, weil ich mich immer wieder hinten angestellt habe.

Alles hat vor über dreißig Jahren begonnen. Ich war krank vor Liebeskummer, weil ich verlassen worden war. Ich brauchte ein spezielles Medikament, im Volksmund auch Flirt genannt. Risiken und Nebenwirkungen waren mir egal. Hauptsache, her damit. Wir ließen uns völlig unbekümmert aufeinander ein. Wir haben uns nicht gesucht. Wir haben uns einfach gefunden. Als wir uns kennenlernten, haben wir keine Zukunftspläne geschmiedet – mit Ausnahme eines Kinobesuches, für den wir uns drei Wochen später verabredeten. Keiner von uns hat gedanklich irgendwas abgewogen, wir waren planlos. Heute würde man sagen, ergebnisoffen. Wir haben uns einfach treiben lassen, verliebt wie wir waren, zu allem fähig und zu nichts zu gebrauchen. Strategische Fragen, wie man sie sich heute bei der Partnersuche oft stellt – wie zum Beispiel: Passt dieser Mensch auch gut in mein bestehendes Leben, hat er die gleichen Werte wie ich, wird sich mit ihm der Traum vom Eigenheim in bevorzugter Wohnlage erfüllen, wird er im Scheidungsfall auch Unterhalt zahlen, könnte ich als Witwe von seiner Rente leben? –, habe ich mir so nie gestellt. Ich hätte dabei das Gefühl gehabt, das Pferd von hinten aufzuzäumen. Ich war verliebt und verblendet. So, wie es sein muss. Nicht mehr und nicht weniger. Mein schlichter Gedanke lautete: Lass mich in dein Leben, ich biete Chaos und Kuchen und suche Zuneigung und Zweisamkeit.

Warum es ausgerechnet dieser Sauerländer war, in den ich mich verliebt hatte, wurde mir erst viel später bewusst. Am ersten Eindruck hat es definitiv nicht gelegen: Ich war gerade volljährig, genoss die neu gewonnene Freiheit und lernte in dieser Zeit viele junge Männer kennen. Einer schöner als der andere. Und meiner war immer der andere. Aber das hat mich nicht gestört. Im Gegenteil. Ich wollte es so und nicht anders. Kerle vom Typus Chippendale mit V-förmigem Oberkörper, Sixpack und epilierten Beinen wie aus der Serie Baywatch, für die andere Frauen gerne kurz mal ertrinken würden, haben mich nie interessiert. Ich habe mich immer zu Männern hingezogen gefühlt, bei denen es rundlief, denn man munkelte schon damals, dass übergewichtige Männer treuer sind als normalgewichtige. Aber ich will ganz ehrlich sein. Der entscheidende Grund war ein anderer: Je dicker mein Partner war, desto schlanker wirkte ich an seiner Seite.

Nun sagen Verhaltensforscher und Evolutionsbiologen ja, dass die Wahrscheinlichkeit, dass sich zwei ineinander verlieben, bei den Menschen am höchsten ist, die sich sehr ähnlich sind. Demnach sind mein Mann und ich epochale evolutionäre Querschläger. Wir widerlegen diese These bis ins kleinste Detail: Er ist Sauerländer, ich Rheinländerin. Er ein engagierter Hochleistungsbedenkenträger, ich der Inbegriff rheinischer Lebensfreude. Mit anderen Worten: Ich, optimistisch, immer schnell Licht am Ende des Tunnels sehend, während er dazu neigt, den Tunnel zu verlängern. Er: immer wohlüberlegt und besonnen in seinem Vorgehen; ich: spontan, gerne auch mal mit Anlauf was verbockend. Ich impulsiv, ein Mensch gewordenes Feuerwerk an Emotionen, während er zwar auch nichts gegen Gefühle hat und auch gerne mal betont, selbst sogar schon mal eins gehabt und dies sogar als angenehm empfunden zu haben. Ich eine, die mit wildfremden Menschen alles niederwitzelt, was sich in den Weg stellt; er, der gerne etwas privater rüberkommt. Ich, die *Bunte*-Leserin; er liest FAZ. Ich U2, er G20. Wären wir Lebensmittel, dann wäre er ein Vollkornmehl, die gesunde und nachhaltige Basis für ein bewährtes und allseits beliebtes, aber unspektakuläres Grundnahrungsmittel. Und ich wäre ein Korianderblatt, ein Leichtgewicht unter den Kräutern, zunächst etwas laut und intensiv im Geschmack, aber nach kürzester Zeit im Aroma verflogen, ein Modegewürz halt, das oft überschätzt wird und deshalb längst nicht jedermanns Sache ist.

Trotzdem hat es damals gefunkt. Demnach heißt Gefallen aneinander zu finden nicht zwangsläufig, in der gleichen Spur zu laufen. Erst recht nicht, wenn man dann auch noch heiratet. Einige Frauen, die ich kenne, funktionierten vor ihrer Hochzeit noch als eigenständiges »Ich«, machten aber dann oft den Fehler, danach nur noch im Doppelpack zu existieren. Sie sehen darin ein notwendiges Opfer für ihre Partnerschaft, der man ja nachsagt, irgendwie immer ein Kompromiss zu sein. Aber auf Dauer das eigene Ich aus den

Augen verlieren? Ich glaube, eine ausgeglichene Unausgeglichenheit, die ein Kompromiss in dem Fall dann bedeutet, wird langfristig nicht funktionieren. Kein Unglück ist noch kein Glück. Das kann schnell in einem Desaster enden, bei dem zumindest einer der beiden irgendwann »Ich gehe mit dir bis ans Ende der Welt, und dann schubs ich dich« denkt.

Ich wäre mit dieser Art von Disziplin überfordert. Meine Eigenständigkeit war mir immer wichtig. Wenn ein Mann damit nicht zurechtkam, ist er direkt im Halbfinale ausgeschieden – ohne Aussicht auf einen Relegationsplatz. Ein gewisses Maß an Autonomie ist die grundlegende Basis, um die Faszination füreinander zu erhalten, raten zahlreiche Experten. Bei aller Zweisamkeit sich auch Freiräume bewahren, in denen eigene Pläne gelebt werden, gilt heute als wichtiger Baustein für eine funktionierende Beziehung. Selbstaufgabe als Liebesbeweis gehört nicht dazu. Über so was muss man sich Gedanken machen, wenn man heiratet, denn so eine Ehe zieht sich. Und sie zieht sich noch mehr, wenn man seine eigenen Bedürfnisse immer hintanstellt. Dann entspricht ein Ehejahr auch ganz schnell schon mal sieben Menschenjahren. Als ich an der Reihe war, habe ich es mir wahrlich nicht leicht gemacht. Ich habe sehr wohl über den Satz nachgedacht: »Drum prüfe, wer sich durch Heirat bindet, ob er nicht was Besseres findet.«

Ich ließ mir Zeit. In unserem Fall war es anders als bei anderen Paaren. Meistens sagt ja die Frau: »Ich will heiraten und glücklich werden.« Und der Mann fragt dann: »Ja, was denn jetzt ...?« Bei uns war es mein Mann, der irgendwann

»den Sack zumachen« wollte. Das erste Mal fragte er mich im Monat Dezember, kurz vor Jahresschluss, ob wir heiraten wollten. Seine Begründung: Wegen der Steuer. Ich reagierte ausweichend: »Geht's vielleicht mit etwas mehr Romantik?« Seine ungeduldige Antwort: »Romantik ist aus, kommt erst nächstes Jahr wieder rein.« Worauf ich sagte: »Verständnis ist aus. Es gibt nur noch ›So nicht‹ auf Lager.« Er war verärgert, weil mir offensichtlich die Einsicht in Bezug auf die Vorzüge einer Zusammenveranlagung mit Splittingtarif fehlte. Menschen wie ihn, mit einer Vorliebe für einen sehr bewussten Umgang mit Geld, kann so was in den Wahnsinn treiben. Die entgangenen Frei- und Pauschbeträge ließen ihn nicht in Ruhe. In den folgenden Wochen gab er sich daher alle erdenkliche Mühe, seine romantische Ader zu zeigen. Im März fand ich mal eine Tulpe – im Putzeimer; im April ein Ferrero-Küsschen – auf einem Berg ungebügelter Hemden. Im Juni dann der nächste Versuch, der in seiner Formulierung keinen Zweifel an seiner Erwartungshaltung offenließ: »Hatten wir nicht darüber nachgedacht, in diesem Frühling zu heiraten?« Ich blieb gelassen und antwortete diplomatisch: »Bärchen, ganz ehrlich, war das in diesem Jahr denn ein Frühling?«

Heute würde ich mich vermutlich nicht mehr so lange bitten lassen. Denn auch wenn meine Ehe von heute im Vergleich zum Verliebtsein von damals eher so mittelmäßig abschneidet, weiß ich, was ich an ihm habe: Einmal im Leben lernst du einen Menschen kennen und hast das Gefühl, dir niemand anderen mehr an deiner Seite vorstellen zu können. Ich genieße es, ihn zu haben. Er ist mein Hafen, in den ich nach stürmischem Seegang einfahre, meine Klagemauer, die sich meine Selbstzweifel und Zukunftsängste anhört, und meine Zapfsäule, bei der ich volltanke. Unsere Beziehung ist für mich, um jetzt vollends ins »Soap Wording« abzudriften, mein Zuhause. Und das ist da, wo nicht nur der Schlüssel passt, sondern auch das Herz. Ich würde mich lieber tagelang mit ihm streiten, als jemand anderen zu lieben.

Paartherapeuten finden diese Einstellung klasse. Mein Mann nicht, denn ich mache regelmäßig Gebrauch davon. Aber wo viel Nähe ist, muss auch viel Reibung sein. So lautet die Erklärung von zahlreichen Experten dafür, dass es langfristige Beziehungen mit viel gewachsener Nähe in einer schnelllebigen Zeit wie der heutigen nur geben kann, wenn man auch ein Interesse am Reparieren von kleinen Defekten hat. Und das verursacht nun mal Reibung. Was einen bei so einem handfesten Streit durchrüttelt, bringt alles an die richtige Stelle, so ihre Sichtweise. Denn sich zu lieben heißt auch gleichzeitig, sich aneinander abzuarbeiten, nie miteinander fertig zu sein. Eine langjährige Beziehung ist wie ein nicht mehr ganz neues Auto: wartungsintensiv.

Jane Birkin sagte einst nach ihrer Trennung von Serge Gainsbourg: »Die Streitereien vermisse ich am meisten.« Das würde mir ähnlich gehen. Und ich spreche von richtigem Streit, nicht von vorsichtig formulierten Nachfragen. Nein, ich rede von Wort & Totschlag, nicht von verbalem Blümchensex. Ich rede von Vorwürfen und Anschuldigungen in einem Ton, für den sich allenfalls Bushido begeistern könnte. Und wir natürlich. Alles in Zimmerlautstärke, d. h. so laut, dass man uns in jedem Zimmer gut hören kann. Beim Dampfablassen darf Leidenschaft im Spiel sein, die einen aus der Komfortzone herauskatapultiert. Allerdings darf man nie die Beherrschung verlieren. Das tue ich auch nicht. Ich kann sie manchmal nur nicht so schnell finden, wie die Fetzen hin und her fliegen. Einen Streit zu führen, der von einer Standardpöbelei nicht in ein irreparables Verletztsein des anderen mündet, ist eine schwierige Gratwanderung. Er muss streng durchchoreografiert werden, wie eine Helene-Fischer-Show, was umso schwieriger ist, weil ja bei einem Streit Emotionen im Spiel sind. Man muss das üben. Das tun wir auch. Wir sind über die Jahre richtig gut darin geworden. Manche Paare trennen sich wegen Streitereien, die mein Mann und ich bereits morgens verfrühstücken.

Wie entsteht so ein Streit? Bei uns ganz einfach: Es gibt immer zwei Standpunkte – meinen und den falschen. Der meines Mannes zeugt meistens von viel Meinung bei gleichzeitig wenig Ahnung, was nach wenigen Augenblicken dazu führt, dass mir zum Schweigen einfach die richtigen Worte fehlen. Und schon beginnt sich die Spirale zu drehen. Wenn er mein Gesagtes dann nicht einfach hinnimmt, sondern darauf etwas erwidert, ist das der Beginn eines neuen Streits.

Unsere Streitereien basieren auf banalen alltäglichen Dingen wie z. B. dem Einräumen der Spülmaschine. Mein

Mann räumt die Spülmaschine ein, wenn genau zwei Voraussetzungen erfüllt sind. Erstens, wenn unaufschiebbarer Bedarf nach sauberem Geschirr besteht, weil kein einziges Messer zum Suppelöffeln mehr da ist. Das passiert meist dann, wenn ich für zwei oder drei Tage verreist bin. Dann räumt er sie ein, lässt sie laufen und räumt auch wieder aus – es sei denn, meine Ankunft steht unmittelbar bevor. Dann überlässt er das Ausräumen mir, damit ich mich möglichst schnell wieder akklimatisiere. Der zweite Grund ist didaktischer Natur. Ich räume die Spülmaschine täglich ein und plane das nicht jedes Mal wie einen Hindukusch-Einsatz. Dies reicht aus, damit er sich veranlasst fühlt, dogmatische Vorträge über Effizienz im Alltag zu halten – inklusive Schritt-für-Schritt-Anleitung. Die Ingenieurhaftigkeit, mit der er dann umräumt oder, besser gesagt, die Gläser, Tassen und Teller ineinanderschachtelt, erinnert an ein Tetris-Spiel. In der Zeit, die er darauf verwendet, habe ich den Teppich gefüttert, die Katze gesaugt, den Bofrost-Mann angemacht und mit dem Salat geschwätzt. Kein Mehrwert, weil nicht alltagstauglich, lautet dann mein Resümee, das ich gerne auch mal mit den Worten unterstreiche: Deine Technik macht im Alltag genauso viel Sinn wie ein Brennholzverleih im Winter. Das ist dann wieder der Beginn eines neuen Streits. Aber damit kommen wir ganz gut zurecht.

Nicht als ganz so banal empfinde ich die Wortgefechte, mit denen ich regelmäßig ein Minimum an Romantik einfordere. Ich will nicht leugnen, dass es in der Dynamik einer Beziehung liegt, dass die Romantik irgendwann nachlässt.

Und es soll ja auch Frauen geben, die sich damit abgefunden haben, die ein Leben lang darauf verzichten, diesbezüglich etwas einzufordern. Nach dem Motto: Muss man denn wirklich alle zwei Jahre diese drei magischen Wörter »Ich liebe dich« sagen, oder reichen nicht auch die anderen drei Wörter: »Ist Bier kalt?« Diese hört man ja schließlich regelmäßig. Ich gehöre nicht zu dieser genügsamen Spezies. Ich glaube einfach nicht, dass eine Liebe jahrelang auf Autopilot fahren kann. Man muss etwas dafür tun. Und ich finde, jede Frau hat es verdient, diesbezüglich verwöhnt zu werden. Kleine Aufmerksamkeiten und Überraschungen sind doch das Salz in der Suppe der Liebe.

Meine Freundin Anja hat es in dieser Hinsicht gut getroffen: Sie hat auch keinen Romantiker geheiratet, aber kleine, aufmerksame Gesten im Alltag gibt es dort auch nach 20 Jahren noch. Mal findet sie eine Schwimmkerze im Spülbecken, um die sich das schmutzige Geschirr türmt, mal hält er ihr die Wohnungstür auf, wenn sie das Fünf-Liter-Bierfass für seine abendliche Doppelkopfrunde reinwuchtet. Ein Ansatz wenigstens ...

Und was passiert bei mir? Nichts. Selbst eindeutiges Anschauungsmaterial, auf das ich zu Erklärungszwecken gerne zurückgreife, stößt bei ihm auf Unverständnis. Es ist noch kein halbes Jahr her, da nahm ich meinen Mann einmal morgens um acht beiseite und zeigte auf unseren Nachbarn, der gerade das Haus verließ. »Jetzt guck dir doch mal diesen Mann an. Wenn der morgens das Haus verlässt, da küsst der seine Frau immer, streichelt ihr noch mal über die Wange. Warum machst du das eigentlich nicht?« Worauf mein Mann mich völlig entgeistert ansah und bellte: »Ich kenne die Frau doch gar nicht!«

Es ist, wie es ist, und ich habe beschlossen, mit dem vorhandenen Material zurechtkommen zu wollen. Es gibt Schlimmeres. Jeder von uns verfügt über ein inneres Benutzerhandbuch mit unterschiedlichen Schwerpunkten. Das Kapitel Romantik hat beim einen den Umfang einer Brühwürfelkochanleitung und beim anderen das Ausmaß einer Brockhaus-Enzyklopädie. Was man schnell bei seinem Partner als Fehlkonstruktion wahrnimmt, ist in Wahrheit das ganz normale Leben. Der Irrglaube, in das Mosaik unseres perfekten Lebens mit perfektem Job, perfekter Wohnung und perfektem Augenbrauenschwung jetzt noch das perfekte Puzzleteil in Form eines perfekten Partners einfügen zu müssen, wird nicht funktionieren. Man sollte Menschen so wahrnehmen, wie sie sind, und nicht, was wir gerne aus ihnen machen würden. Wohin das Dressieren und Domptieren des Partners führen kann, zeigt die folgende Geschichte von Robert Betz, nachzulesen auf robert-betz.com:

Ich war männlich, verwegen, ich war frei und hatte lange Haare. Meine Frau lernte mich kennen, nicht umgekehrt. Sie stellte mir förmlich nach. Egal wo ich hinkam, sie war schon da. Es ist nun 12 Jahre her. Damals war ich eingefleischter Motorradfahrer, trug nur schwarze Sweatshirts, ausgefranste Jeans und Biker-Stiefel, und ich trug langes Haar. Selbstverständlich hatte ich auch ein Outfit für besondere

Anlässe. Dann trug ich ein schwarzes Sweatshirt, ausgefranste Jeans und weiße Turnschuhe. Hausarbeit war ein Übel, dem ich, wann immer es möglich war, aus dem Weg ging. Aber ich mochte mich und mein Leben. So also lernte sie mich kennen. Du bist mein Traummann, du bist so männlich, so verwegen und so frei. Mit der Freiheit war es alsbald vorbei, da wir beschlossen zu heiraten. Warum auch nicht, ich war männlich, verwegen, fast frei, und ich hatte lange Haare. Allerdings nur bis zur Hochzeit. Kurz vorher hörte ich sie sagen: Du könntest wenigstens zum Friseur gehen, schließlich kommen meine Eltern zur Trauung. Stunden, nein, Tage später und endlose Tränen weiter gab ich nach und ließ mir eine modische Kurzhaarfrisur verpassen, denn schließlich liebte ich sie, und was soll's, ich war männlich, verwegen, fast frei, und es zog auf meinem Kopf. Und ich war soooo lieb. Schatz, ich liebe dich so, wie du bist, hauchte sie. Das Leben war in Ordnung, obwohl es auf dem Kopf etwas kühl war. Es folgten Wochen friedlichen Zusammenseins, bis meine Frau eines Tages mit einer großen Tüte unterm Arm vor der Tür stand. Sie holte ein Hemd, einen Pullunder und eine neue Hose hervor und sagte: Probier das bitte mal an. Tage, Wochen, nein, Monate später und endlose Papiertaschentücher weiter gab ich nach und trug Hemden, Pullunder und Stoffhosen. Es folgten schwarze Schuhe, Sakkos, Krawatten und Designermäntel. Aber ich war männlich, verwegen, todschick, und es zog auf meinem Kopf. Dann folgte der größte Kampf. Der Kampf ums Motorrad. Allerdings dauerte er nicht sehr lange, denn im schwarzen Anzug, der ständig kneift, lässt es sich nicht sehr gut kämpfen. Außerdem drückten die Lackschuhe, was mich auch mürbe machte. Aber was soll's, ich war männlich, spießig, fast frei, ich fuhr einen Kombi, und es zog auf meinem Kopf. Mit den Jahren folgten viele Kämpfe, die ich allesamt in einem Meer von Tränen verlor. Ich spülte, bügelte, kaufte ein, lernte deutsche Schlager auswendig und trank lieblichen Rotwein und ging sonntags spazieren. Was soll's, dachte ich. Ich war ein Weichei, gefangen, fühlte mich scheiße, und es zog auf dem Kopf. Eines schönen Tages stand meine Frau mit gepackten Koffern vor mir und sagte: Ich verlasse dich. Völlig erstaunt fragte ich sie nach dem Grund. Ich liebe dich nicht mehr, denn du hast dich so verändert. Du bist nicht mehr der Mann, den ich mal kennengelernt habe. Vor Kurzem traf ich sie wieder. Ihr Neuer ist ein langhaariger Biker mit zerrissenen Jeans und Tätowierungen, der mich mitleidig ansah. Ich glaube, ich werde ihm eine Mütze schicken.

Nach dieser Geschichte versuchte ich aufzuhören, an meinem Mann rumzuschrauben. Aber nicht aus Frust, sondern weil ich verstanden hatte, dass man nicht alles perfekt passend machen kann, was nicht perfekt passend ist. Das muss man auch nicht, denn kein Mensch ist perfekt und die Welt um uns herum ist es auch nicht. Ein liebevoller Umgang mit den Defiziten des anderen, ein neugieriger Blick auf seine Potenziale, eine gehörige Portion Empathie und Humor helfen, damit klarzukommen. Alles andere ist zermürbend, denn zumindest was meinen Mann angeht, weiß ich, dass er einen Fehler auch ein zehntes Mal macht, wenn er der Überzeugung ist, dass er richtig war. Ich habe gelernt, dass man aus einem Schifffahrtsklavier keinen Konzertflügel machen kann. Aber mittlerweile weiß ich auch, dass das nicht wirklich wichtig ist. Was zählt, ist der Resonanzboden, der das, was eine glückliche Beziehung ausmacht, nämlich Vertrauen, Verlässlichkeit, Zuwendung und Zärtlichkeit, erwidern sollte. Wenn der einwandfrei funktioniert und die Klaviatur nicht hart, sondern harmonisch klingt, relativiert sich der Rest.

Ich finde diese Erkenntnis toll, aber ich arbeite immer noch an ihrer konsequenten Umsetzung. Wirklich verinnerlicht habe ich sie nämlich noch nicht. Und da ich mir dessen bewusst bin, beschleicht mich dann und wann ein mulmiges Gefühl: Ob mein ständiges Kritisieren schon Spuren hinterlassen hat? Ist er möglicherweise für ein Abwerben mittlerweile anfälliger als früher? Trennung liegt im Trend und ist für manchen heutzutage ein genauso großes Ding, wie ein Wechsel von E.ON zu Vattenfall oder von der Telekom zu Vodafone. Schließlich ist mein Mann viel unterwegs, beruflich wie privat, sieht gut aus, ist sportlich und gebildet – gut, eine blühende Humorlandschaft ist er jetzt nicht, aber für Frauen, die denken, er ist zwar nicht mein Mann, aber ich will ihn ja auch nur probeweise mal ausprobieren, ist er durchaus ein interessantes Objekt. Sand ins Getriebe einer funktionierenden Ehe zu streuen, ist doch in

Zeiten, in denen das Wort Egoismus nicht mehr per se negativ besetzt ist, sondern vielmehr als Achtsamkeit in Bezug auf die eigenen Bedürfnisse definiert wird, völlig legitim. Sozusagen ein Zeitgeistphänomen – mit dem ich selbstverständlich nicht leben könnte.

Oder was wäre, wenn ich ihm als permanente Quengel-Queen irgendwann zu anstrengend werde und er auch ohne aktive äußere Einwirkung übers Gatter springt? Allein der Gedanke macht mich fertig. Ich glaube, wenn er irgendwann mal sagt: »Ich verlasse dich«, würde ich ihn in meiner Hilflosigkeit fragen: »Darf ich mitkommen?« Denn mittlerweile weiß ich sehr wohl, dass ein Mann seines Kalibers so schnell nicht nachwächst. Ich kenne keinen anderen Mann, der sich mich vom Nervenkostüm her leisten könnte. Das erklärt auch ein Stück weit meine Eifersucht auf andere Frauen. Dieser Charakterzug ist bei mir genauso stark ausgeprägt wie meine Neigung zu Cellulite. Und das will was heißen. Kellnerinnen, die nicht nur attraktiv, sondern auch freundlich und zuvorkommend sind, können mir den ganzen Abend verderben. Talkshow-Queens, die nicht nur intelligente, sondern auch humorvolle Fragen stellen, lassen mich augenblicklich in ein anderes Programm wechseln. Ich behalte andere Frauen, die sich mit meinem Mann unterhalten, immer argwöhnisch im Blick. Vertrauen ist gut, Stalken ist besser. Meine Eifersucht ist legendär, denn ich habe in meinem Umfeld nicht nur einmal erlebt, dass die Konstellation alte Treue und neue Lust schwierig ist.

Als mein Mann letztes Frühjahr übers Wochenende ohne

mich Skilaufen war, hatte er einen schweren Unfall auf der Piste. Erst nach einem Tag konnten wir telefonieren. Seine Stimme klang gebrochen und sehr schwach, als er mich von der Intensivstation aus anrief und bruchstückhaft erzählte. »Eisplatte, weggerutscht, hohe Geschwindigkeit, 50 Meter weit geschleudert, um einen Baum gewickelt, Helm durchgebrochen, Kopfverletzungen, bewusstlos, viel Blut verloren, Klinik. Moni hat meine Ski mit runtergenommen.« Bei diesen Worten zog mein Kleinhirn augenblicklich die Reißleine und verkabelte sich unverzüglich mit den Synapsen des Sprachzentrums, welches sofort völlig unkontrolliert die Frage heraushaute: »Wer – ist – Moni?« Es war die Hüttenwirtin, bei der seine Freunde seine Skier deponiert hatten, während er im Heli abtransportiert wurde. Wäre effizientes Reinsteigern eine Sportart – ich würde Gold holen.

Ich weiß, dass ihn meine Eifersucht nervt. Aber eine schlechte Eigenschaft sehe ich in ihr trotzdem nicht. Man zeigt dadurch, dass einem der andere nicht egal ist. Für mich wäre eine Ehe, wie Rainer und Birgit sie führen, unvorstellbar: Er hat eine gut gehende Zahnarztpraxis, und sie ist die klassische Zahnarztfrau: genagelte Kostümchen, Burberry-Halstuch, Louis-Vuitton-Täschchen, Helmfrisur, Hausfrauenfrühstück, Tennisverein, Rotary Club. Das volle Programm. Die Ehe der beiden beruht auf dem Prinzip »Workshop«. Er arbeitet und sie shoppt. Das Sexleben hingegen beruht auf dem Team-Gedanken: Toll, eine andere macht's. Beide machen nach außen einen ausgeglichenen Eindruck. Mich interessierte, wie so etwas funktionieren kann. Birgit hat es mir erklärt. Sie erzählte, dass sie vor einigen Wochen einen Artikel gelesen habe, in dem behauptet wurde, dass jeder zweite Mensch schon mal fremdgegangen sei. Somit sei eine Affäre ja etwas völlig Normales. Die einzige Frage, die sie sich beim Lesen des Artikels gestellt habe, sei gewesen, ob ihr Mann oder ihr Tennistrainer sie betrügt.

Meine Eifersucht würde mir einen derart souveränen Umgang mit dem Gedanken, dass mein Partner noch was anderes neben mir am Laufen hat, ordentlich verhageln. Aber ich kann sie nun mal nicht einfach abschalten. Auch wenn ich dadurch unbequem und anstrengend bin. Sie ist ein wesentlicher Teil meines Naturells. Ich tröste mich dann immer mit dem Gedanken: Nobody is perfect. Und eine Liebesbeziehung sollte der Ort sein, an dem man nicht trotz, sondern wegen seiner Unvollkommenheit geliebt wird.

Man sollte es jedoch nicht übertreiben. Wenn aus der Eifersucht ein strenges Führen und engmaschiges Kontrollieren wird oder aus einer Beziehung eine Autokratie, dann wird es gefährlich. Denn neben der monogam und der polygam geprägten Beziehung gibt es nämlich auch noch die origame Form. Origam ist eine Beziehung dann, wenn der Mann regelmäßig von seiner Frau zusammengefaltet wird. Ein Beispiel: Meine Cousine Sybille unterrichtet Latein und Altgriechisch. Sie ist das, was man eine gestandene Frau nennt. Sie sagt, wo es langgeht. Der »Sybillator« verfügt über eine stabile Statur und eine Stimme, mit der sie auch prima einen Frauenknast führen könnte. Im Sommer vor drei Jahren erzählte sie mir von einem Albtraum, aus dem sie durch ihren eigenen schrillen Schrei mitten in der Nacht hochgeschreckt war. Und schloss mit den Worten: »Ich konnte gar nicht so schnell gucken, wie der Jochen neben mir hochgeschnellt ist und reflexartig den Müll runtergebracht hat.«

Das lässt tief blicken, habe ich gedacht und zu einem Paar-Seminar geraten, das sie auch tatsächlich besucht haben. Die erste von zahlreichen psychologischen Fangfragen, die der Therapeut stellte, richtete sich an Jochen: »Stellen Sie sich vor, Sie sind im Wald und ein Bär würde Ihre Frau angreifen. Was würden Sie tun?« Jochen drehte sich daraufhin zunächst zu seiner Frau um. Als diese zustimmend nickte, stammelte er mit brüchiger Stimme: »Nichts. Gar nichts! Der Bär hat sie selbst angegriffen. Da soll er sich auch selbst verteidigen.« Ein Jahr später hatten die beiden Blumenhochzeit: Sie war verwelkt, und er war verduftet.

Origame Beziehungen sind häufiger, als man denkt. Von einem besonders tragischen Fall erfuhr ich neulich aus der Tageszeitung.

Es handelte sich um einen Auszug aus einem Polizeiprotokoll: »Hallo Zentrale, hier Wagen 42, wir haben einen Mordfall in der Kaiser-Wilhelm-Straße. Eine Frau hat ihren Mann umgebracht. Das Tatmotiv ist noch nicht ganz geklärt, aber angeblich ist die Frau ausgerastet, weil ihr Mann über den frisch gewischten Boden gelaufen ist.« Antwort der Zentrale: »Haben Sie die Frau festnehmen können?« Antwort aus dem Einsatzwagen: »Nee, konnten wir noch nicht.« Frage der Zentrale: »Warum nicht?« Antwort der Streife: »Der Boden ist noch nicht ganz trocken.«

Auch mein Mann fühlt sich manchmal betroffen. Autofahrten, bei denen er fährt und ich danebensitze, sind solche Momente, in denen er meint, origam zu leben. Dabei bin ich gar kein nerviger Beifahrer. Gut, ich mache schon mal einen Blink- oder Bremsvorschlag, ich gebe auch mal eine Schaltempfehlung oder einen Abstandshinweis, aber daraus direkt eine origame Beziehung abzuleiten, finde ich völlig übertrieben. Wissen Sie, was übertrieben ist? Neulich kam er in die Küche, als ich gerade dabei war, Steaks zu braten, und fing an zu schreien: »Achtung, mehr Öl, du musst mehr Öl nehmen, das Steak wird anbrennen, mein Gott, jetzt umdrehen! UMDREHEN!! Sonst ist es nicht mehr rare. Und vergiss das Salz nicht, um Himmels willen, du hättest es vergessen, hätte ich es nicht gesagt.« Als ich mich völlig entnervt umdrehte und ihn fragte: »Sag mal, geht's noch? Meinst du, ich könnte keine Steaks braten?«, antwortete er seelenruhig: »Ich wollte dir nur mal zeigen, wie es ist, wenn ich Auto fahre und du danebensitzt.«

Dabei muss ich manchmal einfach einschreiten. Ihm fehlt beim Autofahren einfach die Übersicht. Ich kann es besser. Es geht ja schon los, bevor wir überhaupt losgefahren sind. Das Navi sagt: »Sie erreichen Ihr Ziel um 18.56 Uhr.« Mein Mann versteht: »Unterbieten Sie 18.56 Uhr um 20 Minuten.«

Ich empfinde es dann als meine Pflicht zu intervenieren. Man weiß doch, wie gefährlich zu schnelles Fahren ist. Die meisten Unfälle passieren so. Mittlerweile achte ich schon beim Anziehen darauf, dass der BH zur Unterhose passt, wenn mein Mann morgens zu mir sagt: »Komm, Schatz, heute fahre ich dich mal zu deinen Auftritten.« Man kann ja nie wissen, wer sich wo möglicherweise um meine Wiederherstellung kümmern wird. Es könnte ja ein adretter Assistenzarzt sein.

Ich sagte ja eingangs schon, dass ich kein Patentrezept für eine gute Beziehung auf Lager habe, aber ich glaube, wenn man versucht, nicht origam zu leben, kann das schon ein Stück weit dazu beitragen, zumindest nicht ganz so schnell Amors persönliches Mobbingopfer zu werden. Ein ausgewogenes Machtverhältnis, bei dem jeder seine Stärken einbringt, um so das Optimum für die Beziehung rauszuholen, sollte das gemeinsame Ziel sein. Mein Mann und ich machen seit Jahren Gebrauch von diesem Mechanismus. Wir respektieren die Neigungen und Schwerpunkte des anderen. Wir leben sozusagen seit Langem das Ideal: ER muss tun, was er meint, tun zu müssen, und ICH sage ihm, was das ist.

Bei polygamen Beziehungen ist es schwieriger zu beurteilen, wann sie zum Lebensglück beitragen. Da muss man genauer hinschauen, denn polygam bedeutet, dass mehrere Kandidaten im Spiel sind. Bei der Variante offene Beziehung weiß jeder von jedem. Sie funktionieren nach dem Prinzip: Beziehungen brauchen maximale Freiheit, damit die Lust sich maximal entfalten kann.

Verheiratet zu sein und sich außerhalb dieser Zweierkonstellation weitere Liebe und weiteren Sex zu gönnen, kann das gut gehen? Die Antwort lautet entschieden: Jein! Birgits und Rainers Ehe ging nicht gut, weil man sich über die Anzahl der Beteiligten eben nicht einig war. Sie akzeptierte seine Liebesabenteuer – warum auch immer. Vielleicht, weil sie dachte, was die anderen machen, muss ich nicht mehr machen. Birgit war so ein Typ.

Ihre Affäre mit dem Tennislehrer wurde von IHM jedoch nicht durchgewunken. Er wollte der einzige Gott in Weiß sein. Es kam zur Scheidung. Aber manchmal kann Mehrsamkeit tatsächlich funktionieren. Stars wie Tilda Swinton machen es vor. Sie posiert abwechselnd mit ihrem Mann und ihrem Lover und genießt dafür allgemeine Anerkennung. Drei ist in diesem Fall eben keiner zu viel.

Mit Quality Time wird in polygamen Beziehungen auch mal gerne die Zeit beschrieben, die sich übrigens auch nicht zwingend auf einen Partner außerhalb der Beziehung beschränkt. Es können auch zwei oder drei sein, mit denen man außerhalb der Ehe und mit Wissen des Ehepartners seine Freizeit verbringt. Mir persönlich wäre ein solcher Mix zu anstrengend. Ich würde vermutlich auch den Überblick verlieren.

Schwierig wird es ja nur dann, wenn polygame Beziehungen nur von einem Partner und ohne Wissen des anderen geführt werden. Als ich im Februar in einem Schreibwarengeschäft war, stand ein Mann vor mir in der Schlange. Er wandte mir den Rücken zu und konnte mich daher nicht erkennen. Ich hingegen erkannte ihn direkt. Es war Bernhard, der Mann meiner Freundin Jutta. Ich habe Bernhard nie gemocht. Zu eitel, zu dominant, mit dem Charme einer Planierraupe. Wäre er meiner gewesen, ich hätte ihn schon längst an einer Autobahnraststätte ausgesetzt oder in einer Männerklappe deponiert. Bernhard verlangte nach einer Valentinskarte mit der Aufschrift: Baby, you are the one and only for me.

Ich war perplex und gleichzeitig verspürte ich so was wie ein schlechtes Gewissen. Hatte ich mich in ihm etwa all die Jahre derart getäuscht? Der Verkäufer griff an den kleinen Kartenrundständer neben der Kasse, auf dem diese Karte neben Geburtstags-, Hochzeits- und Trauerkarten steckte. Ohne der Karte mehr Beachtung zu schenken, fragte er gewohnheitsmäßig, wie vermutlich immer: »Wie viele hätten Sie denn gerne davon?« Worauf Bernhard ohne eine Sekunde zu zögern, ohne einen leisen Anflug von peinlicher Berührung, sondern mit süffisanter Stimme, zufrieden in sich hineinlächelnd antwortete: »Zwölf bitte.«

Nun ist meine Jutta Gutmensch durch und durch. Ein Typus, wie man ihn in kommunalen Diskussionsforen im Kreise fair produzierter und dialogbereiter Multi-Kulti-Buntilogen antrifft. Sie hat mich schon so manches Mal mit ihrem verblendeten, alles umarmenden Anthropo-Alternativ-Geschwätz auf die Palme gebracht. Aber sie hat ihre Werte. Und das schätze ich an Menschen. Und da das in unserer Gesellschaft eh immer seltener wird, mag ich Jutta doppelt. Treue steht auf ihrer Liste ganz weit oben. Und jetzt das.

Was mir seit Jahren schwante, hatte nun endlich Gewissheit erlangt. Bernhard lebte seine Ehe offensichtlich schon lange nach der Devise »vergeben und vergessen« – er war vergeben und hat es oft vergessen. Er hatte sich zwar Mühe gegeben, seine amourösen Abenteuer geheim zu halten, indem er sie auf dem Smartphone unter den Synonymen Kalle, Monti und Harry abspeicherte, aber rückblickend betrachtet war sein Vorgehen, was das diskrete Handling seines Doppellebens anging, doch schamlos halbherzig. Ich finde für die Organisation einer Parallelwelt dieses Ausmaßes hätte er sich zumindest ein Zweithandy anschaffen sollen. Alles andere hielt ich für respektlos. Bei der Anzahl seiner Kurzzeitaffären und One-Night-Stands – oder spricht man im letzteren Fall besser von Stichproben? – hätte es sich allemal gelohnt. Die Wahrscheinlichkeit, dass Jutta irgendwann in einem unbedachten Moment einen Anruf von Monti auf seinem Handy annimmt oder einen Chatverlauf mit Harry mitbekommt, billigend in Kauf zu nehmen, passte perfekt zu dem rücksichtslosen, egoistischen Charakter dieses fleischgewordenen Mähdreschers.

Ich riet Jutta sofort zur Scheidung, und zwar zu der verschärften Version, die nach Ivana Trumps Regel abläuft: Nimm ihm nichts übel, nimm ihm alles! Aber Jutta ist anders als ich. Sie wollte lieber mit ihrem Bernhard bei einer Tasse Brennnesseltee und Dinkel-Vollkornkeksen die ganze Angelegenheit nochmals diskutieren. Ich wurde als Mediatorin wegen Befangenheit von Bernhard abgelehnt. Und so erfuhr ich von Jutta, wie eindringlich und fundiert sie in diesem Gespräch an seine Treue appellierte. Sie hatte sich sogar die Mühe gemacht, anerkannte Fachliteratur nach zitierfähigem Material zu durchforsten. Sie stieß auf ein Beispiel aus dem Tierreich und nutzte es für ihre Zwecke. Es ging darin um Schwäne, die, wenn sie mal einen Partner gefunden haben, diesem auch ein Leben lang treu bleiben. Bernhards nüchterne Reaktion darauf: »Ja, und deshalb haben die auch alle so einen Hals.«

Mir tat Jutta sehr leid, denn sie litt wie ein Hund. Ich hätte mir gewünscht, sie hätte etwas mehr von der Chuzpe meiner Tante Hedwig gehabt. Als die 1987 hinter die monatelange Affäre ihres Mannes kam, buchte sie kurzerhand im Bonner Generalanzeiger eine komplette Seite, auf die sie in fetten Buchstaben drucken ließ: Marianne und Hermann, ihr habt euch verdient, denn ihr steht euch in eurer Verlogenheit in nichts nach. Ihr könnt jetzt mit eurem Versteckspiel aufhören, denn mein Herz wird nicht weiter euer Spielplatz sein. Adé Hermann. Deine baldige Ex-Ehefrau Hedwig.

Affären und Seitensprünge haben eine lange Tradition. Sogar in der Bibel wird schon auf sie Bezug genommen. Aus dem Alten Testament ist überliefert, dass Moses mit seinen Steintafeln vom Berg herabstieg und zum Volk sprach: »Ich habe zwei Nachrichten für euch. Eine gute und eine schlechte. Die gute lautet: Ich habe ihn auf zehn Gebote runterhandeln können. Die schlechte: Ehebruch ist immer noch dabei.«

Der Umgang mit dem Thema hat sich jedoch gewandelt. Und gerade in den letzten zehn Jahren noch mal einen richtigen Kick erfahren. Früher konnten sich gehörnte Ehepartner Ratschläge holen, wie sie am besten mit ihren verletzten Gefühlen umgehen. Heute lernen sie, ihre eigenen Abenteuer so zu organisieren, dass der andere erst gar nicht dahinterkommt. Seitensprünge sind beliebter denn je, auch wenn statistisch belegt ist, dass 60 Prozent aller Affären irgendwann auffliegen. Jede dritte Beziehung geht durch ein amouröses Abenteuer in die Binsen. Dennoch gibt es mittlerweile zahlreiche Casualdating-Portale, die sehr erfolgreich frustrierten Männern und Frauen sinnliche Treffen ohne weitere Verpflichtungen vermitteln. Der professionell organisierte und gemanagte Seitensprung ist zu einem attraktiven Business im Netz geworden. Aber Vorsicht. Das Internet kann in Sachen Liebe Fluch und Segen zugleich sein, denn es weiß alles und vergisst nichts.

Vor ein paar Monaten waren wir bei unseren Nachbarn zum Grillen eingeladen. Die Familie hat eine Tochter im Alter unserer Tochter, die ebenso technikaffin ist wie unsere. Diese Familie besaß einen digitalen Assistenten, dessen unglaubliche Fähigkeiten das Mädchen nun in großer Runde demonstrieren wollte. Jessica fragte: »Alexa, wo ist mein Vater?« Antwort: »Dein Vater sitzt in einem Striplokal auf der Hamburger Reeperbahn.« Jessica war enttäuscht und sah sich als Opfer eines Vorführeffektes: »Falsch, Alexa! Wie kann das passieren? Mein Vater steht gerade neben mir am Grill.« Antwort von Alexa: »Der Gatte deiner Mutter steht gerade neben dir am Grill. Dein Vater sitzt in einem Striplokal auf der Hamburger Reeperbahn.«

Aber auch banalste menschliche Schwächen können Projekte, die über Tinder & Co mit viel Liebe zum Detail geplant und bereits mehrfach erfolgreich umgesetzt wurden, ein harsches Ende bereiten.

Willi ist ein enger Freund von mir. Ihm gehört eine kleine IT-Klitsche, die auch mir schon das ein oder andere verloren geglaubte Textdokument wieder auf die Festplatte gezaubert hat. Er wohnt auf Facebook und liebt seinen Job so sehr, dass er am liebsten ausschließlich in einer Programmiersprache kommunizieren würde. Damit tat sich schon so manche Partnerin schwer.

Vor vier Jahren hatte dies auch zum Aus mit Yvonne geführt, weil sie, mit Ende dreißig, endlich über Familienplanung reden wollte. Willi wich aus. Mal gab er vor, nicht zu wissen, wo er anklicken müsse, um ein Kind downzuloaden, mal wollte er warten, bis es eine App gab, die erst mal Familienleben simuliert. Man konnte einfach nicht vernünftig mit ihm reden. Yvonne muss irgendwann verzweifelt gewesen sein, denn plötzlich stand Willi abends vor meiner Tür und schien völlig ratlos: »Ich habe eben einen Zettel von Yvonne am Kühlschrank gefunden. Da stand drauf: *Sorry, es funktioniert einfach nicht mehr.* Ich weiß beim besten Willen nicht, was sie schon wieder hat. Das Licht ging noch, das Bier war kalt.«

Willi suchte eine neue Freundin. Natürlich über das Internet. Lange Zeit fand der Algorithmus niemanden, der zu seinen Vorstellungen passte. Immer wieder hieß es: »Der gewünschte Lebenspartner ist derzeit nicht verfügbar. Bitte verlieben Sie sich zu einem späteren Zeitpunkt nochmals.« Erst ein halbes Jahr später füllte sich sein Warenkorb.

Ich mochte Nathalie nie. Sie hatte etwas Berechenbares an sich. Sie lebte auf großem Fuß, und das auch noch auf Willis Kosten. Aber in einer Hinsicht bewunderte ich sie. Ich fand es erstaunlich, wie gelassen sie über Willis nicht sonderlich ausgeprägtes Interesse an Zweisamkeit hinwegsah, wie wenig sie sich an seiner Neigung zu Digitalspielen und Dosenbier störte, wie sie die Nächte, die er tüftelnd in seiner EDV-Bude verbrachte, in Kauf nahm und damit klarkam, dass er ein verlängertes Wochenende lieber allein auf der Cebit in Hannover als mit ihr im Centerpark im Sauerland verbrachte.

Doch dann stand er wieder mal vor meiner Tür und erzählte total frustriert: »Gestern Morgen wollte ich, ohne Nathalie zu wecken, sehr früh mit meinem Fahrrad in mein Büro fahren. Ich zog mich an, setzte meinen Helm auf, schnappte mir meine Porter-Bag und trug auf Zehenspitzen mein Fahrrad durchs Treppenhaus runter auf die Straße. Ich fuhr los, und schon nach fünf Minuten fing es derart an zu regnen, dass ich dachte, Frau Holle wäre die Blase geplatzt. Ich bin an der Tanke rangefahren und habe übers Handy die Wettervorhersage gecheckt. Es sollte bis mittags weiterregnen. Ich habe daraufhin beschlossen, einen Homeoffice-Tag einzulegen, und bin wieder zurückgefahren. Ich habe mich noch unten im Hausflur meiner nassen Stretchpelle entledigt und bin dann ganz leise hoch in die Wohnung getapst, hab mich ins Schlafzimmer geschlichen, von hinten an Nathalie rangekuschelt und ihr ins Ohr geflüstert: ›Es schüttet wie aus Kübeln!‹ Worauf sie schlaftrunken geantwortet hat: ›Und stell dir mal vor, bei dem Sauwetter ist mein Freund mit dem Fahrrad ins Büro gefahren.‹« Willi war völlig fertig. Er fühlte sich hintergangen und betrogen. Ich versuchte ihn mit einem Artikel zu besänftigen, den ich kurz vorher in einer Frauenzeitschrift gefunden hatte.

Darin sagt der Paartherapeut Michael Mary, dass Monogamie ein Relikt patriarchalischer Gesellschaftssystems ist. Und somit nichts Natürliches. Diese Aussage hat mich beschäftigt. Ich recherchierte und stieß auf das katholische Eherecht. Es basiert auf der Monogamie und stammt aus dem 12. Jahrhundert, also einer Zeit, in der das Patriarchat die vorherrschende Lebensform war. In dieser Zeit war es völlig normal, dass die Menschen mit Mitte zwanzig schon Richtung Grube wanderten. Das Zeitfenster zwischen Adoleszenz und Ableben war also ziemlich überschaubar. Für diese paar Jahre konnte man sich ja nun wirklich mal am Riemen reißen. Womit man damals, bei der Erfindung der Monogamie, jedoch nicht gerechnet hatte, war, dass die Menschen irgendwann so alt werden, dass sie auf eine gute Matratze, Haftcreme und auf SAT 1 Gold Wert legen würden. Ich folgerte aus Michael Marys Statement, dass die Monogamie für die heutige Zeit mit einer Lebenserwartung, die bald viermal so hoch ist wie damals, einfach nicht gedacht war. Und die Ehe als Institution, die auf ihr beruht, auch nicht. Folglich bräuchte sie dringend ein Update, philosophierte ich weiter. Somit hatte Nathalie, so meine auf Trost abzielende Interpretation, im Prinzip nur das für sich in Anspruch genommen, was nach Expertenmeinung sowieso längst hätte offiziell legitimiert werden sollen.

Ich fand, das hätte Willi trösten sollen. Herr Mary ist immerhin ein angesehener Experte auf seinem Gebiet. Mit seinem Statement und meiner wohlwollenden Interpretation wäre es doch für Willi wirklich nur noch ein kleiner Schritt gewesen, seiner Nathalie die Absolution zu erteilen. Dann wäre doch alles wieder in Ordnung – dachte ich. Aber Willi sah das anders. Er wollte den Begriff Monogamie nicht nur auf die sexuelle Ebene beschränkt sehen. Er war der Ansicht, dass Monogamie auch ein exklusives Verhältnis zwischen zwei Menschen beschreibt, das auf Vertrauen beruht. Und Vertrauen, so meinte Willi, ist kein Rohstoff, der von alleine nachwächst. Wenn es zerstört ist, ist es zerstört. Treue und das Versprechen, füreinander Verantwortung zu übernehmen, erschienen ihm gerade heute, in Zeiten des Werteverfalls, kostbarer und schützenswerter denn je. Ich mochte Willi da einfach nicht widersprechen, auch wenn ich mich dadurch zu einem Relikt vergangener Zeiten machte. Und glauben Sie mir, leicht ist das nicht für mich. Ich bin gerne ein moderner Mensch. Aber auch für mich ist Treue ein Nonplusultra. Egal ob es sich um eine homo- oder heterosexuelle Partnerschaft handelt. Man hat sie sich ja nun einmal versprochen.

Natürlich ist Liebe Erotik, Lust und Abenteuer, aber sie ist auch Respekt gegenüber dem anderen, Fürsorge, Empathie und Verlässlichkeit. Body & Soul lässt sich für die meisten Menschen nicht trennen. Auch bei mir musste immer erst diese Chemie stimmen, bevor ich mit Biologie weitergemacht habe. Aber die Menschen sind ja nun mal unterschiedlich. Und das ist auch gut so. Daher kann es auch kein Patentrezept für das Funktionieren einer Beziehung geben. Aber es gibt etwas, das eine glückliche Partnerschaft wahrscheinlicher macht: gemeinsame Werte. Und darauf kommt es ja eigentlich an. Also, werden Sie glücklich, und genießen Sie die Liebe zu Ihrem(n) Partner(n). Egal ob Sie monogam oder polygam leben, wichtig ist immer ein hohes Maß an Empathie Ihrem Partner gegenüber. Aber vermeiden Sie auf alle Fälle eine origame Beziehung, weil die noch nicht einmal ein Relikt vergangener Zeiten ist, sondern einfach nur ein No-Go.

Ansonsten müssen Sie sich nicht wundern, wenn das Gute-Nacht-Gebet Ihres Ehemanns irgendwann so abläuft:

Gütiger Gott,

Deine Menschenliebe bescherte mir unbeschwerte Kindheitstage. Nach 12 Jahren nahmst Du sie mir wieder.
Deine Milde bescherte mir glückliche Jugendjahre. Nach sechs Jahren nahmst Du sie mir wieder.
Deine Güte bescherte mir ein holdes Eheweib. Das ist nun über 25 Jahre her. Nur so als kleiner Denkanstoß …

5   Liebe Lust, wir müssen reden

Wir kommen jetzt zu einem Kapitel, das ich möglichst kurz halten werde, weil ich mit der Thematik einfach überfordert bin. Da aber Sex nun mal für die meisten von uns zu einem erfüllten Liebesleben dazugehört, werde ich mich, koste es, was es wolle, auf den folgenden Seiten daran abarbeiten. Aber wie, wo mir doch schon das Wort Sex so schwer über die Lippen kommt, dass ich es am liebsten durch eine Umschreibung wie »körperlich diskutieren« oder etwas ähnlich Sperriges ersetzen würde. Ach, ich habe ja jetzt schon keine Lust mehr. Und Kopfschmerzen auch – sozusagen Muskelkater vom Nachdenken.

Nein, ich habe es wirklich nicht leicht mit mir und diesem Thema. Zumal ich an dieser Stelle schon all die enttäuschten Gesichter vor mir sehe, weil man sich hier einen umfassenden Einblick in die Palette deutscher Lustpraktiken erhofft hatte. Vielleicht hat der ein oder andere aber auch ein paar deftige Zoten erwartet, mit denen er gerne beim nächsten Stammtisch für Schenkelklopfer und Lachlawinen gesorgt hätte. Jetzt wird daraus nichts. Aber glauben Sie mir, es ist besser so. Ich stoße bei der Materie Sex immer schnell an meine Grenzen, genauer gesagt: an meine Schamgrenze. Alles, was sich unterhalb der Gürtellinie abspielt, nenne ich nicht gerne beim Namen. Ich kann es einfach nicht. Seien Sie mir deshalb bitte nicht böse. Es macht mich ja selbst manchmal nervös, dass ich nicht pornös sein kann. Glauben Sie mir, als Rednerin im Karneval verschenkt man dadurch schon mal wertvolle Lacher. Was habe ich mich in der letzten Session in Köln gewunden, als ich einen Witz erzählen wollte, der dummerweise genau in diese Richtung zielte, der aber ein derart gigantisches Potenzial hatte, dass ich ihn unbedingt bringen wollte. Folglich erzählte ich ihn mit angezogener Handbremse. Das Ergebnis: Er hätte besser in den Sachkundeunterricht einer Grundschule als in eine Prunksitzung im Gürzenich gepasst.

Es ging um einen 70-jährigen Mann, der nicht in Würde, sondern nur in Gesellschaft einer 25-jährigen Gespielin altern konnte. Irgendwann bekam dieser Mann Probleme und suchte seinen Arzt auf: »Herr Doktor, Sie müssen mir helfen. Ich habe eine sehr junge Freundin ... Und der da unten, der will nicht mehr so, wie ich gerne will. Gibt es da vielleicht was von Ratiopharm?« Der Arzt antwortet: »Ach, hören Sie doch auf mit diesen Pillen. Da gibt es ein ganz einfaches Rezept. Wenn es mal wieder so weit ist, dann binden Sie sich einfach ein Lineal unter Ihr bestes Stück. Sie werden sehen, das funktioniert ausgezeichnet.« Nach einigen Wochen ist es mal wieder so weit. Gesagt, getan, das

Lineal kommt zum Einsatz, und das Liebesspiel nimmt seinen Lauf. Als die beiden fertig sind und völlig erschöpft in den Kissen liegen, schubst der eine Eierstock den anderen an und sagt: »Ey, du, ich hab ja schon vieles erlebt. Lange, kurze, dicke, dünne. Aber dass sie hier einen auf der Bahre reingetragen haben, das ist auch mir neu.«

Man kann diesen Witz auch ganz anders erzählen. Man kann. Ich nicht. Ich verstehe mich da selbst nicht so ganz. Ich bin weder prüde, noch ist Sex heutzutage ein intimes Thema. Das war es vielleicht mal. Aber heute ist Sex omnipräsent: Es gibt tonnenweise Sexratgeber. Die liegen auch nicht mehr in den hinteren Ecken der großen Buchhandlungen, sondern auf Warenträgern direkt in der Laufzone. Eins-a-Lage sozusagen für Titel wie *Die Top 100 der besten Stellungen für IHN* oder *Die Top 100 der besten Ausreden für SIE*. Und viele weitere Bücher, deren Einbände so bebildert sind, dass ich sie nur in einer blickdichten Tüte aus dem Laden tragen würde. RTL 2 unterhält uns regelmäßig mit nackten Wahrheiten williger Knatter-Kabinette aus hauseigenen Trash-Kisten wie *Adam sucht Eva* oder *Naked Attraction*. Es gibt Tutorials im Internet mit Fessel- und Unterwerfungsspielen. Für Büroangestellte gibt es den guten alten Telefonsex, sozusagen für die kleine Ekstase zwischen Meeting und Mittagessen. Es gibt Gruppensex-Orgien und Sexmessen. Es gibt Seminare zum *orgasm gap*, in denen beschrieben wird, wie man diesen evolutionären Programmierfehler in den Griff bekommt, damit jeder auf seine Kosten kommt und keiner frustriert in die Kissen boxt. Und über allem schwebt natürlich das zeitgenössische Emanzipationsdiktat, um das Thema salonfähig und talkshowtauglich zu machen. Es gibt sogar hochseriöse Kongresse über Love & Sex mit Robotern. Der letzte fand 2016 in London statt. Nicht zu vergessen die zahlreichen Fetisch-Shops und natürlich die Sex-Toys. Dieser ganze autoerotische Kram, mit dem Sex als Selbsterfahrungserlebnis vermarktet wird. Wie hat man das früher noch genannt? Sex mit Gegenständen? Dieses Dingsbums? Ach, Sie wissen schon, ich meine die Praktiken, bei denen mit vollem Körpereinsatz hantiert wird, weil man so endlich mal wieder die Möglichkeit hat, sich voll zu spüren, was in einer ansonsten so virtuell geprägten Welt oft zu kurz kommt. Es ist also sozusagen Yoga für »untenrum« oder Martial Arts – je nachdem. Heute ist man mit Vibratoren, Liebeskugeln und Dildos gleichzeitig Regisseur und Schauspieler auf der eigenen Bett-Bühne. Nur das applaudierende Publikum fehlt noch. Wird es aber bestimmt demnächst als App zum Herunterladen geben.

Habe ich noch etwas vergessen? Natürlich. Laut Funke Mediengruppe waren die Deutschen 2013 mal wieder Weltmeister – im Konsum von Pornos. Wir waren weltweiter Porno-Spitzenreiter im Netz. 12,47 Prozent der Seitenaufrufe hierzulande führten im Juni 2013 auf Seiten mit pornografischem Bild- und Videomaterial. Ähnlich großes Interesse an Nacktinhalten hatten nur noch die Spanier mit 9,58 Prozent Traffic-Anteil. Die Briten waren laut statista.com 2013 mit 8,5 Prozent vergleichsweise wenig auf Pornoseiten unterwegs. Die Spitzenposition behaupten die Deutschen aber nur, wenn nicht gerade ein Champions-League-Finale läuft. In Christian Heynens Buch *Jeder dritte Deutsche bügelt seine Unterwäsche* habe ich gelernt, dass 2013 während des Spiels Bayern München gegen Borussia Dortmund die Zugriffszahlen um 40 % einbrachen.

Das war 2013. Heute genießen neben dem üblichen Mainstream-Material auch (Soft-)Pornos speziell für Frauen eine hohe Aufmerksamkeit. Und zur hart umkämpften Zielgruppe gehören nicht nur liebestolle Nymphomaninnen, sondern seit Neuestem auch Frauen, die sich in längeren Beziehungen befinden. Denn Experten sagen, je länger eine Beziehung andauert, desto mehr ist die Erotik eine Frage der aktiven Gestaltung. Sex ist nun mal kein Perpetuum mobile. Sex braucht eine gewisse Energiezufuhr. Dem stimme ich zu. Und es stimmt auch, dass das Kopfkino, das in diesen Filmen in Gang gesetzt wird, in den meisten Fällen um ein Vielfaches besser ist als die Realität, die viele Frauen zu Hause erleben. Aber als einigermaßen logisch denkender Mensch frage ich mich schon: Was ist an diesem Mechanismus »Appetit holen darf man sich woanders, verhungern kann man ja immer noch zu Hause« so toll? Speichert man die fantasievollen Szenen, in denen Protagonisten ihre makellosen Körper in ästhetischen Bildern zur Schau stellen, im Kleinhirn ab, um sich beim nächsten Durch-die-Laken-Wühlen mit dem Partner einfach in diese Welt zu beamen? Wenn es so funktioniert, sollte man nur hoffen, dass der Partner gerade auf demselben Trip ist. Ich male mir gerade folgende Situation aus: Eine Frau hat sich mit ihren

Freundinnen zusammen eine kunstvoll inszenierte Holly-wood-Produktion über Liebe, Lust und Leidenschaft angesehen. So was wie 50 *Shades of Grey* eben. Als sie nach Hause kommt, ist sie immer noch von den brillanten Bildern ästhetischer Nacktheit völlig betört und zerrt ihren Mann auf der Stelle auf den Küchentisch. Bett wäre zu langweilig. Auch während des Liebesspiels schwelgt sie gedanklich in der lüstern aufgeladenen Atmosphäre dieses Erotikstreifens und raunt ihrem Partner voller Erregung ins Ohr: »Woran denkst du gerade?« Und er antwortet mechanisch: »Kennst du nicht.«

Es gibt de facto nichts, was es nicht gibt, um das Liebesleben in Schwung zu bringen. Im Internet findet man zu jeder Lustmöglichkeit Anleitungen, Kontakte und Bewertungen, bei denen »befriedigend«, anders als in der Schule, kein Mittelmaß meint. Männer mit Männern, Frauen mit Frauen, alles ist erlaubt, nichts ist unmöglich. Ich werde mein Bild von mir ändern: Ab sofort bin ich eine famose, fulminante, fantasievolle Sexgöttin, gefangen im Körper einer fünfzigjährigen deutschen Durchschnittsfrau.

Von dieser innerlichen Haltung versprach ich mir einen gewissen Motivationsschub bei der Recherche zu diesem Kapitel. Sie sollte mir das Gefühl vermitteln, in diese Zeit zu passen, sozusagen als Teil einer Gesellschaft, in der das Thema Sex allgegenwärtig ist. Die Hochstimmung hielt genau bis zu dem Moment, als ich einen Bericht über den hedonistischen Hotspot Hauptstadt las. In Berlin darf selbst ein experimentierfreudiger Mensch oft mehr, als er will. In

Amüsierfabriken wie dem Sexclub Kit Kat geht es um maximale Freiheit und höchste Ekstase. Der Sex, den man dort findet, wird ausschließlich um seiner selbst willen praktiziert. Da finden organisierte Orgien und sogenannte sexpositive Partys statt, bei denen sich eine völlig losgelöste Crowd in einer bis zum Anschlag aufgeladenen erotischen Atmosphäre gegenseitig befummeln darf. Und noch mehr. Der »öffentliche Nahverkehr« ist hier so selbstverständlich wie Proseccotrinken – inklusive Stößchen. Latexkerle und Sklavenmädchen in Lederkluft, Pet- und Ponyplays, das volle Repertoire an Sexualpraktiken kommt hier zum Einsatz. Ich könnte so einen Ort nur in Begleitung eines Therapeuten besuchen, bei dem ich eine Flatrate hätte. Ein einziges Gespräch – die Sitzung für danach – würde mir nicht reichen.

Ich hatte so viel über Sinneserfahrungen gelesen, die gewohnte Grenzen der Erotik überschreiten, dass mir mein eigenes Sexleben schnell marode vorkam. Es ist ja tatsächlich so: Je mehr man über extreme sexuelle Neigungen und Vorlieben liest (und Sie glauben ja gar nicht, wie viel Literatur es dazu gibt), desto mehr gewinnt man den Eindruck, dass das die Normalität ist. Nach der Devise: Die Mitte wird größer und schluckt die Ränder. Mit meinen sexuellen Vorlieben kam ich mir relativ schnell relativ armselig vor. Dabei habe auch ich welche. Würden Sie mich heute nach meinen sexuellen Vorlieben fragen, würde ich antworten: Wenn es losgeht, will ich mitmachen. Punkt.

Aber nicht, dass Sie mich jetzt für einfältig halten, weil

ich mit so wenig zufrieden bin. Nein, ich kann auch anders. Nehmen wir das weite Feld der sexuellen Fantasien. Auch ich habe sie. Es geht bei mir dabei immer direkt um mehrere Männer. Mit einem Dreier muss man mir gar nicht erst kommen. Meine Fantasien kreisen mindestens um fünf Männer: Der erste putzt, der zweite saugt, der dritte bügelt, der vierte kocht und der fünfte ... das wäre dann der Mann für gewisse Stunden. Eine andere Fantasie ergreift regelmäßig von mir Besitz, wenn es auf den Sonntagmorgen zugeht. Sie ist ziemlich verwegen und wenig opportun. Sie lautet: In allen möglichen Stellungen möglichst lange schlafen. Aber was ist das schon im Vergleich zu den Menschen, die im Kit Kat feiern oder sich von einer als Pony verkleideten Frau in einer Kutsche nachmittags durch den Tiergarten ziehen lassen oder eine Sexmesse in Finnentrop im Sauerland besuchen? Oder im Vergleich zu Laura, der Freundin meiner 18-jährigen Tochter. Die hörte ich neulich durch die geschlossene Kinderzimmertür erzählen: »Meinen ersten Sex hatte ich mit 16.« Mein Gedanke in dem Moment: ... und ich nur mit einem.

Nein, Schluss jetzt, ich möchte mich nicht über sexuelle Vorlieben und Praktiken anderer lustig machen, nur um von meinen eigenen Problemen mit dem Sex abzulenken. Denn die gibt es tatsächlich. Mir ist das Thema einfach zu omnipräsent geworden. Es wurde mir zu viel, was da immer und überall über Sex geschrieben und gezeigt wird, in Zeitschriften, im Fernsehen und im Internet. Ich fühlte mich vom Sex sexuell belästigt. Erstens, weil ich, was mein Lustempfinden angeht, da nicht mithalten kann und mich durch dieses Allzeit-bereit-Geschwätz diskriminiert fühle, und zweitens, weil ich finde, dass der Sex damit verramscht wird. Wenn wieder mal eine Frauenzeitschrift mit einem 20-seitigen Dossier über die neuesten Sextrends um die Leserschaft buhlt, dann denke ich mittlerweile: Mensch Leute, ihr immer mit eurem Sex. Man könnte meinen, ihr hattet noch nie einen warmen Toast mit dick Nutella drauf. Die Vehemenz und Impertinenz, mit der der Sex in unser tägliches Leben gepusht wird, hat auf mich die Wirkung eines Verhütungsmittels.

Sex ist zusammen mit Zärtlichkeit die intimste Sprache zwischen zwei Menschen. Das ist doch etwas sehr Kostbares! Der Sex hat es nicht verdient, wie eine Discounterware überall angepriesen und vermarktet zu werden. Sex ist zur Leistung verkommen. Öfter, länger, verrückter – Sex ist zum Rädchen im Getriebe der Selbstoptimierung geworden und befindet sich dort in bester Gesellschaft mit den üblichen Verdächtigen Fitness, Attraktivität, Gesundheit, Erfolg und Beliebtheit. Ein britisches Unternehmen hat jetzt einen Ring entwickelt, den »Mann« über sein bestes Stück streift. Dieser leitet während des Liebesspiels alle möglichen Daten über Bluetooth an eine App auf dem Smartphone weiter. Der kleine Assistent kann den Kalorienverbrauch messen, Dezibelwerte aufzeichnen, Hampeleien aus der Rubrik »Mal oben, mal unten« registrieren, Umbaupausen festhalten usw. Sex bekommt ein messbares Ziel. Der Trieb wird somit passend zum restlichen Lifestyle gemacht. Und wie gut

Mann im Bett performt hat, entscheidet demnächst nicht mehr die Frau, sondern das iPhone. Oder der Mann, wenn er mit den gewonnenen Daten ins Ranking mit seinen Kumpels einsteigt. Da setzt bei mir die Kernschmelze ein. Wo hat der, der sich das ausgedacht hat, seine Luft angesaugt? Guter Sex darf doch nicht an nackten Zahlen festgemacht werden. Guter Sex ist eine Frage vom Fallenlassen, Sichvergessen, guter Sex heißt, Gefühle in höchste Lust verwandeln.

Wir bräuchten dringend so etwas wie damals, in den 68ern: eine sexuelle Revolution. Aber als Rolle rückwärts, bei der man Märchen wie das von der stets vorhandenen Libido auf ein der Wahrheit entsprechendes Maß zurechtstutzt, bei der man den ganzen Effektivitäts- und Optimierungskram über Bord wirft, bei der man sich von der von allen Seiten geforderten Maxime Dranbleiben und Mithalten frei macht und dem Sex am Ende mehr Ehrlichkeit und Achtsamkeit schenkt. Er hätte es verdient.

Die Behauptung, Sex und die Lust darauf veränderten sich mit zunehmendem Alter nicht, ist eine der größten Lügen unserer Zeit. Frauen wollen irgendwann weniger, was oft dazu führt, dass sich ihre Männer in der zweiten Lebenshälfte notorisch unterbelästigt fühlen. Das sagen zumindest einige Studien. Ich glaube das auch. Sonst gäbe es ja Witze wie diesen gar nicht: Ein Ehemann schleicht sich vorsichtig ins Bett und flüstert sanft und voller Leidenschaft ins Ohr seiner Frau: »Ich bin ohne Unterhose.« Die Frau antwortet: »Morgen wasche ich dir eine.«

Ich persönlich kenne auch nur eine einzige Ausnahme, die diese Studien widerlegt. Sie heißt Tante Renate. Sie genoss Sex noch bis ins hohe Alter. Ihr Hausarzt meinte bei einer Routineuntersuchung zwar einmal vorsichtig: »Gute Frau, Sie sind jetzt sechsundachtzig und Ihr junger Freund ist zweiundfünfzig. Ich möchte Sie darauf hinweisen, dass in diesem Alter jeder Geschlechtsverkehr zum plötzlichen Tod führen kann.« Sie reagierte ziemlich ungerührt und antwortete trocken: »Na und, Herr Doktor, dann stirbt er halt.«

Sex kann in langjährigen Beziehungen nicht die gleiche Rolle spielen wie in der Phase des Verliebtseins. Lust und Begehren funktionieren nun mal anders, wenn der Reiz des Neuen nicht mehr gegeben ist. Die Zeiten ändern sich, und der Sex verändert sich auch. Gäbe es für mein Sexleben ein Konto, so wurde die Habenseite während der ersten Jahre so gut gefüllt, dass man einen Eimer drunterstellen musste. Was habe ich im Schlafzimmer reüssiert, nichts war zu wild, nichts zu verwegen; ich habe Kunststücke vollführt – ja, ich war ein Luder im Laken. Und heute? Heute findet Sex seltener statt, aber dafür inniger und einfühlsamer. Die Leidenschaft ist nach über 25 Jahren zu einer Art sinnlichen Erotik geworden, die nicht mehr in einer wilden, schnellen Nummer zum Einsatz kommt, sondern bei einem ausgiebigen Fest Hof hält, bei dem ich, um noch mal auf die Kunststücke zurückzukommen, auch heute mit Ü-50 noch nicht daliege, als würde ich gerade in ein MRT geschoben.

Ich sehe Sex mittlerweile so, wie er sein soll: als eine Option, frei von Zwängen und frei von einer öffentlichen

Erwartungshaltung, bei der ich sowieso nicht mithalten kann, so oft und so umfangreich und so bizarr, wie einem manchmal dieses Thema über die Medien hinterhergetragen wird, denn Sex ist ja nun mal auch etwas Individuelles. Wie eine erfüllende Sexualität aussieht, muss jede(r) für sich definieren. Ich zum Beispiel musste in meinen wilden Zeiten immer wenigstens ansatzweise verliebt sein, um intim werden zu können. Ein Mann, der nur bereit war, seine Hose und nicht sein Herz zu öffnen, hat mich nie interessiert. Heute lege ich Wert auf einen entspannten Umgang mit dem Thema Sex, und den genieße ich. Aber es gibt auch Tage, an denen ich nach meinem Aldieinkauf den Einkaufswagen in die Schlange im Unterstand zurückschiebe und denke: Erotischer wird es heute nicht mehr. Ist aber auch okay. Es ist eine Art erotische Gelassenheit, die da aus mir spricht. Sie ist meine lässige und unverkrampfte Antwort auf die Omnipräsenz von Sex im täglichen Leben. Glauben Sie mir, die Souveränität, Sex so sehen zu können, ist immer wieder ein verdammt geiles Gefühl.

6 Mütter, diese Wahnsinnsweiber

Ein Kind fragt seinen Vater: »Papa, was macht einen richtigen Mann aus?« Der Vater antwortet: »Ein richtiger Mann ist jemand, der die volle Verantwortung für seine Familie trägt, sie beschützt und alles für die Familie tut, damit es ihr gut geht.« Daraufhin meint das Kind: »Wenn ich groß bin, werde ich auch ein richtiger Mann – so wie Mama.«

Mutter zu sein, ist zweifelsohne eine tolle Sache. Niemand prägt uns so sehr wie die eigene Mutter. Diese gestalterische Aufgabe übernehmen zu dürfen, mit Lebenserfahrung, Geduld und der Gewissheit, dass am Ende alles gut wird, bereichert ein Leben ungemein.

Dennoch: Man ist als Mutter kein besserer Mensch, nur ein anderer – aber das permanent. Wenn man so will, eine multiple Persönlichkeit, die sich mal für eine Köchin hält, mal für eine Putzfrau, mal für einen Chauffeur, Nachhilfelehrerin, Eventmanagerin, Lebenscoach oder für eine Servicekraft für diverse Botengänge. Man fühlt sich als Mutter wie jemand, die mehrere Berufe auf einmal ausübt, nur ohne

Streikrecht, wie eine Beamtin eben, und auch auf Lebenszeit.

Alles begann damit, dass ich einfach mal wissen wollte, wie man Nächte ohne trockenen Weißwein, coole Musik und wilde Tanzerei durchmacht. Das Ergebnis dieses Prozesses war dann die Nichte meiner Schwester – also meine Tochter. Bis zu diesem Zeitpunkt verliefen meine Wochenenden immer gleich: hell, dunkel, hell, dunkel, Montag. Die Augenringe, mit denen ich dann morgens im Büro aufkreuzte, habe ich immer stolz als Schatten großer Ereignisse bezeichnet. Sie hatten es sich verdient.

Mit dem Muttersein war auf einmal alles anders. Ein Baby, das sich zwei- bis dreimal pro Nacht in Erinnerung brachte, führte dazu, dass ich keine Motte mehr war, die des Abends die Lichter der Clubs umschwirrte, aber auch kein früher Vogel, der morgens als Erster im Büro war. Ich war eher so eine dauernd erledigte Taube, die lieber auf dem Sofa eskalierte, als auszugehen. Und wenn ich mich doch mal bewegte, dann torkelte ich behäbig in die Küche. Warum das? Weil mein Körper in dieser Zeit zu 80 Prozent aus Schlafbedürfnis bestand – der Rest war Lust auf Nutella.

Dennoch muss ich rückblickend ein Stück weit eingestehen, dass diese Nächte auch was für sich hatten. Ja, einige meiner besten Tage waren tatsächlich Nächte. Denn wenn meine frisch geschlüpfte Tochter dann wach wurde und alles um uns herum still war, gab es keine Ablenkungsmanöver mehr, und ich konnte mich voll und ganz auf sie konzentrieren. Früh fing ich an, ihre intellektuellen Fähigkeiten zu beobachten, zu analysieren und zu protokollieren, um dann zu überlegen, in welcher Form das Kind ab jetzt gefördert werden muss. Für eine gewissenhafte Mutter gehört sich das schließlich so. Unzählige Bücher nehmen sich der Sorge an, sein Kind nicht früh und artgerecht genug zu fördern. Allein mit der Anzahl der Ratgeber, die ich zu diesem Thema auf meinem Nachttisch liegen hatte, hätten sämtliche Mutter-und-Kind-Beratungsstellen im Rhein-Main-Gebiet über mehrere Generationen hinweg versorgt werden können. Meine Sorge, etwas falsch zu machen oder meinem Kind in diesem Alter wichtige, nicht wiedergutzumachende Bildungschancen vorzuenthalten, war irre groß.

Als sie eines Nachts beim Wickeln dem Entenmobile, das über ihr hing, mit den Augen folgen konnte, sah ich den ersten dringenden Handlungsbedarf, denn ich hatte erkannt: Mein Kind ist hochbegabt. Wie sollte es anders sein. Daher zog ich tags drauf in Erwägung, eine Mitgliedschaft im Mensa-Verein, dem Club für Superhirne, zu beantragen, parallel dazu umfassendes Informationsmaterial von mindestens zwei Elite-Universitäten anzufordern, Stipendienangebote abzuwägen, infrage kommende Doktorväter für ihre Promotion im Bereich der Astrophysik in Oxford zu evaluieren, wenn nicht sogar gleich in Stockholm anzurufen.

Mein Mann brauchte gar nicht erst zu versuchen, mich davon abzuhalten. Meist erledigte sich mein Vorhaben bereits am nächsten Morgen ganz von alleine, nämlich genau dann, wenn der Wecker klingelte. Dass dieser Wecker zu jener Zeit schon in meinem Handy wohnte, war für ihn ein Glücksfall und hat ihm vermutlich des Öfteren sein erbärmliches Leben gerettet. Wäre er ein normaler Wecker gewesen, hätte er regelmäßig schreckliche Wandunfälle gehabt. Garantiert!

Nicht selten sah ich am Ende einer Woche so aus, als hätte ich Tokio-Frankfurt in der Holzklasse eines Billigfliegers hinter mir. Mein Mann bot mir dann ab und an mal an, während eines mittäglichen Schönheitsschlafes die Bespaßung des Babys zu übernehmen. Ob das aus Mitgefühl mir gegenüber geschah oder aus Eigeninteresse, weil er sich bei meinem Anblick jedes Mal fürchterlich erschrak, konnte bis heute nicht geklärt werden. Ich versuchte dann, das Schlafdefizit einer ganzen Woche an einem Sonntagnachmittag auf einmal nachzuholen, was natürlich nicht funktionierte, weil ich von vorneherein mit so viel Druck ins Bett ging, als würde jede einzelne meiner Schlafphasen bei Amazon bewertet. In diesen Momenten denkt man oft an seine eigene Kindheit zurück und fragt sich kopfschüttelnd, wie man sich damals gegen einen Mittagsschlaf wehren konnte. Wobei, ganz ehrlich, selbst wenn er bei mir als junger Mutter funktioniert hätte, wäre er nur ein Tropfen auf dem heißen Stein gewesen. Ein jahrelanges, schweres Koma hätte es mindestens gebraucht, um mich einigermaßen wieder auf die Reihe zu bringen.

Verabredungen am Sonntagnachmittag ging ich in der Babyphase nur noch ein, wenn ich sie liegend und in Jogginghose absolvieren konnte. Klingelte es außer der Reihe, ging ich immer in Hut und Mantel zur Tür. Je nach dem, wer mich da gerade meinte stören zu müssen, war ich gerade erst nach Hause gekommen oder auf dem Sprung, das Haus zu verlassen.

Ich hatte es mit dem Muttersein nicht immer leicht. Im Gegenteil, ein Hauptgewinn sieht anders aus, dachte ich nicht nur einmal, denn die Lostrommel eines ganz normalen Tages hielt nicht selten außer einem »kraftlos« auch ein »antriebslos, lustlos und motivationslos« für mich bereit. Ich wollte und konnte nicht direkt wieder arbeiten. Meine gesamte Energie floss in die Bewältigung eines Alltags, der sich zwischen Babyschwimmen, Möhrenbrei, unbedingtem Wachbleiben und Krabbelgruppen abspielte. Das Schöne daran: Ich lernte Mütter kennen, die schon weiter waren als ich, die sich so sehr mit ihrer Rolle identifizierten, dass sie sogar ihren alten Namen abgelegt hatten. Das tat ich dann auch schleunigst und nahm im gleichen Zug einen neuen an. Einen Adelstitel. Seit dieser Zeit war ich »die Mama von«.

Apropos: Drei-Wort-Satzfragmente, wie man ihnen in dieser Phase des Mutterseins oft begegnet, stehen für viele für innere Verdummung und werden damit systematisch unterschätzt. Ich wurde im Supermarkt einmal Zeugin, welche Durchsetzungskraft von solch einem simplen, grammatikalischen Konstrukt ausgehen kann. Ein dreijähriges Mädchen warf sich vor seiner Mutter brüllend auf den Boden und keifte: »Ich will aber!« Die umstehenden Leute guckten. Natürlich bekam sie den auf diese Weise erpressten Lolli von der Mutter, und das, obwohl diese Göre eh schon aussah, als könnte sie mit allen Lutscherstengeln, die sie jemals abgeknabbert hatte, die Deutzer Brücke von Köln nachbauen. Was denkt man da als halbwegs intelligenter Mensch? Mein erster Gedanke war: Das versuche ich nächste Woche bei meinem Finanzberater von der Sparkasse auch mal.

Kurzum: Meine körperliche und seelische Verfassung war lange Zeit suboptimal. Eine vorzeitige Rückkehr in meinen Beruf wurde dadurch obsolet. Jemanden wie mich hätte sich kein Mittelständler leisten können, es sei denn, er hätte Mittelstand und Mittelmaß gleichgesetzt. Hätte ich trotzdem auf einem Arbeitsverhältnis bestanden, hätte ich meine Karriere mit Sicherheit in regelmäßigen Abständen auf Werkseinstellung zurücksetzen dürfen. Ich war schlichtweg untragbar. Also wartete ich, bis mein Zustand wieder stabil war. Das war erst nach drei Jahren der Fall. Dann kehrte ich in die Modebranche zurück und wurde endlich zur Working Mom. Binnen weniger Tage fühlte ich mich schon wie eine olympische Siebenkämpferin, die in der Leichtathletik um Goldmedaillen kämpft. Meine Disziplinen hießen nur anders, und geklatscht hat am Ende auch niemand. Aber das erwartet so eine Wonder Woman auch gar nicht. Dafür ist sie viel zu sehr damit beschäftigt, sich wie eine Erdbeere im Smoothiemaker zu fühlen, die versucht heile zu bleiben. Gelingt dies, ist sie am Ende eines Tages einfach nur unendlich dankbar. Mehr Selbstreflektion ist beim besten Willen nicht drin. Ich habe das früher nie so gesehen, aber arbeitenden Müttern gebührt allerhöchster Respekt. Sie verdienen davon mindestens so viel wie ein männliches Vorstands-mitglied eines DAX-notierten Unternehmens. Working Moms sind der Thermomix unter den Frauen.

Höchstleistungen im Alltag scheinen unser Schicksal zu sein. Zahlreiche Dossiers diverser Frauenzeitschriften the-matisieren in regelmäßigen Abständen das Leben der Teil-zeitengel und Vollzeitverrückten. Das bestätigt einen, denn man bekommt somit das Gefühl, dass das moderne Mutter-sein zwar so etwas wie ein Unheil von der Stange ist, aber halt ein Phänomen unserer Zeit, mit dem viele zu kämpfen haben. Ähnlich wie im Stau zu stehen. Staus gelten auch als Dilemma, sind aber aus dem Straßenbild nicht mehr wegzu-denken, und wer drinsteht, fühlt sich auch nie alleine. Wie wäre es also dann, wenn der Staat uns modernen Müttern eine Aufwandsentschädigung für Nervenverschleiß zubilli-gen würde, ähnlich wie die Entfernungspauschale bei den Pendlern? Die Parallelen liegen doch auf der Hand: Beide Gruppen teilen ein selbst gewähltes Schicksal, unter dem sie zwar leiden, das aber bis auf Weiteres alternativlos ist.

Nicht umsonst steckt im Wort Mutter das Wort Mut. Den Fokus von Job, Cellulite, Candle-Light-Dinner und elektri-schen Lockenwicklern auf Themenkreise wie Teletubbies, Turngruppen und Tupperdosen zu verlagern, ist eine Sache. Eine andere ist es, jahrelang den Alltag minutiös durchcho-reografieren zu wollen, um allen Anforderungen gerecht werden zu können. Dafür braucht man großen Mut, denn es kostet viel Kraft. Und mit der sollte man haushalten, denn das Leben ist ein Marathon, kein Sprint.

Den meisten Mut brauchte ich jedoch völlig unerwartet an einer anderen Front: Als ich das Mandat Mutter übernahm, musste ich erst mal lernen, dass ein Kind Allgemeingut ist. Bei Erziehungsfragen haben alle einen Rat und eine Meinung. Alle Mütter meinen mitreden zu müssen, und das häufig mit einem unerhörten Absolutheitsanspruch. Die Schwiegermütter sind da noch das geringste Problem. In diesem Fall reicht meist der Hinweis, mit einem ihrer Ableger seit Jahren unter einem Dach zu wohnen und daher ein begründetes Recht zu haben, ihre Erziehungstipps anzuzweifeln.

Ich meine die Mütter in meinem Alter, denen man im Alltag einfach nicht aus dem Weg gehen kann. Es lauert einfach immer irgendwo eine, die meint, ihr Kind besser zu ernähren, zu ermutigen, zu erziehen oder was weiß ich. Jede dieser Frauen glaubt über ein Maximum an Kompetenz als Mutter zu verfügen, nur weil sie sich erfolgreich fortgepflanzt hat. Das ist ungefähr so, als meinte man, Fregattenkapitän bei der Marine werden zu können, nur weil man als Kind mal mit dem Kopf gegen eine Schleuse geschwommen ist.

Was haben mich damals die Mütter genervt, die sich von allem, was mit ethno-, eso- oder anthropo- begann, unweigerlich angezogen fühlten. Dieser Typ Aussteiger-Alpakahirte aus Peru, mit mildem, buddhahaftem Lächeln als Ausdruck latent vorhandener, aber nachsichtiger und daher höflich unterdrückter Aggression Andersdenkenden gegenüber. Nicht nur in Ernährungsfragen. Aber da besonders.

Ich habe es erlebt, dass Kinder, die zum Geburtstag bei uns eingeladen waren, eine Tupperdose mit Apfelschnitzen und Gemüsesticks mitbrachten. Lud ich die dazugehörigen Mütter mal ein und der Kuchen war nicht selbst gebacken, wurde diese Dreistigkeit in Form einer hochgezogenen Augenbraue kommentiert. Eigentlich hätte diesen Müttern eins vor den biologisch abbaubaren Latz gehört. Aber dazu kam es nie. Ich gehöre zu den Menschen, denen in solchen Momenten die Worte fehlen, die sich aber noch Jahre später, vor allem in Nächten mit unruhigem Schlaf, ergiebig in die Ideenfindung reinsteigern können, was man damals hätte sagen sollen: Hätte man das Gesprächsthema galant auf die neue Spülmaschine lenken und die Leistungsstärke dieses Fabrikats mit den Worten beschreiben sollen: »Nach einer Runde in dieser Spülmaschine ist die Toilettenbürstengarnitur wie neu, es ist wirklich unglaublich ... Apropos, möchte noch jemand von euch Kuchen ...?« Ach ja, hätte, hätte Fahrradkette.

Fakt ist, dass ich in so einer Situation mit aggressiver Belanglosigkeit gesagt habe: »Ja, bitte entschuldigt, es wurde gestern wieder spät im Büro«, und gedacht habe: »Was für eine verfluchte Scheiße.«

Ein anderer Punkt war die antiautoritäre Erziehung, die die Ökomütter ihren Maltes und Mayas zukommen ließen. Pardon, antiautoritär ist ein antiquierter Begriff aus den 60er- und 70er-Jahren. Aber wie nennt man es denn, wenn ein Kai-Kasimir meiner Tochter im Sandkasten mit der Schippe eins überbrät, die Mutter aber nicht eingreift, weil sie aufgrund einer eigens für sich definierten liberalen Gesellschaftsordnung meint, ihr Erziehungsauftrag würde an dessen Holzeinfassung enden? Ich habe als Kind in einer vergleichbaren Situation von meiner Mutter noch gelernt, was wahre Vorfreude heißt, indem sie sagte: »Wenn wir nach Hause kommen, kannst du was erleben.«

Gegen Mehrfachmütter habe ich nichts. Also nichts, was hilft. Sie kennen schon alles, haben alles schon einmal erlebt und wissen daher auch alles. Sie tingeln routiniert lässig Buggy schiebend zwischen Biomarkt, Blockflötenstunde und bilingualem Infoabend für Eltern irgendeiner Blaumeisengruppe, nicht ohne ihr Wissen ungefragt, dafür aber mit einer gehörigen Portion Überlegenheit an die Frau zu bringen. Ständig wird einem von ihnen reinregiert. Sie leiten in der Kita meist irgendwelche Neigungsgruppen, verdonnern weniger engagierte Menschen wie mich gerne am Tag der offenen Tür zur ganztägigen Präsenz am Waffeleisen und melden sich wenige Jahre später als Elternpflegschaftsvorsitzende, um mich dann wieder vorzuladen – dieses Mal als Anstreicherin im Rahmen der Klassenrenovierung oder als Organisatorin einer Nachtwanderung im Rahmen von Projekttagen, ein besonders undankbarer Job. Man wird sie 15 Jahre einfach nicht los. Irgendwo ploppen sie immer wieder hoch wie eine nervige Pop-up-Werbung. Aber eins muss ich ihnen dennoch zugutehalten. Sie sind engagiert. Sie kümmern sich. Immer. Aber es lohnt sich für sie ja auch. Sie haben ja reichlich Synergien.

Die hatte ich mit einem Einzelkind nicht. Aber ich bilde

mir ein, mich dennoch vorbildlich gekümmert zu haben. Ich war gleichermaßen streng und nachsichtig, großzügig und gleichzeitig zur Sparsamkeit anhaltend. Vor allem war ich aber eins: fürsorglich. Das lag mir besonders. Schon immer. Ich habe älteren Damen schon den Einkaufstrolley aus dem Bus auf den Bordstein gesetzt, obwohl sie noch gar nicht aussteigen wollten. Also wenn Sie das nächste Mal im Radio hören, dass in der Innenstadt ein unbeaufsichtigtes Gepäckstück mit verdächtigem Inhalt gefunden wurde und die Polizei das Gebiet weiträumig abgesperrt hat, dann könnte dies auf meine Fürsorge zurückzuführen sein. Ich werde diese Eigenschaft wohl auch behalten. Ich glaube, wenn meine Tochter mich in zwanzig Jahren in Resis Runzel-Residenz besucht (weil es fürs Savelsberg auf dem Aachener Lousberg nicht reichen wird), dann bitte ich sie beim Abschied garantiert wieder, vorsichtig zu fahren und mir eine WhatsApp zu schicken, wenn sie zu Hause ist. Das machen fast alle Mütter so. Meine Tochter wird dann allerdings fast vierzig sein und seit zweiundzwanzig Jahren den Führerschein haben. Und sie wird dann sagen: »Mama, jetzt chill mal. Was glaubst du, was passieren würde, wenn du mich nicht immer ermahnen würdest? Meinst du, ich würde dann mit 150 Sachen über die Deutsche Weinstraße fegen und sämtliche Vollernter der Winzergenossenschaften vor mir vom Asphalt blasen? Mann, ey, du nervst.«

Ich war eine Kontrollinstanz in den Ressorts Ausbildung, gesunde Ernährung, soziale Kontakte, den Witterungsverhältnissen angepasste Kleidung und genau getaktete Bettzeiten. Mein Ziel war es, eine Off-stage-Mutter zu sein, die über allem schwebt, auch wenn sie mal nicht da ist. Mein Matriarchat machte vor nichts und niemandem halt und schreckte auch nicht vor Sanktionen zurück. Ich gehörte zu den Müttern, die ihrem Kind auf dem Spielplatz »Rutsch vorsichtig!« nachriefen Die Wippe durfte meine Tochter nur mit Knieschützern benutzen. Hätte mein Mann nicht sein Veto eingelegt, hätte ich ihren Fahrradhelm, den sie auch zum Rollerfahren aufsetzen musste, durch einen Integralhelm mit Vollschutz, wie man sie von Motorradfahrern kennt, ersetzt. Ich hatte immer einen nassen Waschlappen in einem Plastikbeutel dabei, weil Feuchttücher auf Dauer zu Hautreizungen führen können. Wenn wir mit dem Auto zu einem Spielplatz fuhren, war die Tasche neben mir so schwer, dass das Anschnallzeichen für den Beifahrer ertönte. Ich habe sie auch mit zehn Jahren noch bis vor das Schultor gefahren. Und hätten die das Treppenhaus im Kurfürst-Ruprecht-Gymnasium nicht so eng gebaut, hätte ich sie auch noch bis in den Klassenraum gefahren. Mein Ehrgeiz, um sie herum einen Hochsicherheitstrakt zu bauen, machte aus der restlichen Welt einen heimtückischen Tatort. Rückblickend betrachtet bin ich mir allerdings nicht mehr ganz so sicher, ob das alles so richtig war. Manchmal denke ich sogar: Ob vielleicht die Schaukel, auf der ich als Kind im elterlichen Garten geschaukelt habe, zu dicht an der Garagenwand gestanden hat ...

Ja, ich war so eine Drohnenmama. Ich war der Ansicht, dass es so richtig war, und wurde deswegen von vielen Seiten belächelt. Von einer Spezies ganz besonders. Dabei handelte es sich um diese perfide perfekt wirkende, kompromisslos selbstunkritische Alphatier-Gattung. Von diesen Müttern fühlte ich mich immer am meisten provoziert, obwohl sie am seltensten in Erscheinung traten. Kam es doch einmal zu einer Kollision mit einer dieser SUV-fahrenden, top gestylten Business-Barbies, die ihren Angaben zufolge Vollzeitstelle, Familie, Fitnessklub, Freundinnen, Faszientraining und ein fantastisches Aussehen mit Nonchalance unter einen Hut bekamen, fühlte ich mich danach immer minderbemittelt, unfähig, halt so, wie sich eine fühlen muss, die es als DiMiDo-Mutter noch nicht einmal auf die Reihe bekommt, einmal pro Woche Sport zu treiben. Mein Mann musste mich dann immer aufbauen. »Du darfst nicht immer da rüberschielen. Hör auf, dich ständig mit denen zu vergleichen. Wenn die aus dem Fenster springen, springst du doch auch nicht hinterher«, sagte er einmal. »Nein, warum auch? Dann wäre das Problem ja gelöst«, lautete meine nüchterne Antwort.

Der Vergleich hinkte tatsächlich, denn meinen Beobachtungen zufolge waren diese Wahnsinnsweiber gar nicht so perfekt, wie es auf den ersten Blick schien. Manche haben es nicht ein einziges Mal in neun Jahren geschafft, bei einem Schulkonzert ihre Aufwartung zu machen, in dem das Kind als Cellistin oder Pianist auftrat. Man hob sich in solchen Kreisen den ganz großen Auftritt gerne für besondere Gelegenheiten auf. Zum Beispiel für Sprechstunden in der Oberstufe, die man iPadbewaffnet aufsuchte, um dem Lehrkörper für Deutsch seine Fehlbarkeit bei der letzten Bewertung eines Interpretationsansatzes anhand eines heruntergeladenen Lektüreschlüssels vor Augen zu führen. Wenn es auf die Abiturprüfungen zugeht, kamen dann noch selbst ernannte Sachverständige in Form von Hochschuldozenten und Anwälten ins Spiel. Schließlich sollen sich Justus-Aurelius und Leopoldina-Caecilia nicht der Willkür des Lehrers ausgesetzt fühlen. Gerade diese Kinder leiden ja bekanntlich unter erhöhter Prüfungsangst, nach dem Motto: Wenn ich das Abi nicht schaffe, was streicht Papi dann als Erstes: das Mini-Cabrio, den Luxus-Partyurlaub im Club 55 an der Côte oder die Aussicht auf eine Studentenbude in Form eines Lofts über den Dächern von München? Da fragt sich manch ein Lehrer völlig zu Recht: Wer hat hier wohl zu viel Tintenkiller eingeatmet? Die Eltern oder die Kinder?

Von Peter Bachér stammt das wunderbare Zitat: »Die Zeit, von der ich dachte, ich würde sie meinen Kindern schenken, war in Wahrheit die schönste Zeit, die mir geschenkt wurde.« Das stimmt. Leider wird einem das meist erst richtig bewusst, wenn man diese Zeit rückblickend, sozusagen aus der Vogelperspektive, betrachtet. Die Käferperspektive, aus der man jahrelang heraus agiert, darf in meinen Augen auch mal dazu führen, dass man ab und an daran zweifelt, ob das Muttersein tatsächlich eine solche Bereicherung im Leben darstellt, wie es oft völlig verklärt dargestellt wird. Alles andere halte ich für therapiebedürftig.

Bei uns war immer viel los. Während der Kindergartenzeit teilten sich jeden Nachmittag bis zu sieben Kids mein Wohnzimmer, die Küche und den Garten. Aber nie das Kinderzimmer. Die Steigerung waren nur noch Kindergeburtstage. Sie ähnelten einem Rockfestival: Es war immer extrem laut, und es hat immer einer gekotzt. Sonst stimmte etwas mit meinem Catering nicht, und ich musste mir tags drauf von meinem Auftraggeber anhören, dass es bei der Chayenne-Sunshine noch mehr Marshmallows und beim Bruce-Elvis noch mehr Waldmeisterbrause gegeben hatte. Zum siebten Geburtstag meiner Tochter habe ich ein Burgfest veranstaltet. Die kleinen Gäste kamen alle kostümiert. Auch Jan S., ihr bester Freund, der mich an diesem Nachmittag plötzlich fragte: »Wann bist du eigentlich geboren?« »1965«, antwortete ich wahrheitsgemäß. Worauf er das Visier seines Ritterhelms hochklappte und neugierig meinte: »Wow, dann hast du wohl noch in einer echten Ritterburg gewohnt, so mit Zugbrücke und so ...«

Ich erinnere mich noch ganz genau an die Einladungskarte, selbst gebastelt, in Form einer stilisierten Burg mit Zinnen.

Lieber Jan! Ich möchte Dich zu meinem 7. Geburtstag einladen. Es wird ein Burgfest. Wann? 4. Juni, 14-18 Uhr. Meine Mutter fährt Dich anschließend nach Hause. Wir feiern bei uns im Garten. Später grillen wir noch. Ich hoffe, Du kommst. Bis dann!

Heute sieht eine Einladung so aus:

Lieber Patrick San Diego Brooklyn! You are on the guest list!
Und ich freue mich, Dich und die anderen 117 Kinder vom
4. bis zum 6. Juni begrüßen zu dürfen. Der Stadtpark gehört
in diesem Zeitraum nur uns. Juniorsuiten zum Übernachten
sind in der Executive-Etage des angrenzenden Panorama-
Hotels reserviert. Für das zwischenzeitliche Chillen haben
wir eine Landschaft mit Lounge-Möbeln am Parkrand aufbauen lassen. Ein Shuttle-Service bringt Dich immer wieder
ins Epizentrum der Party zurück. Später besuchen wir noch
einen Indoor-Spielplatz, bevor wir am Badesee vegane
Würstchen grillen und glutenfreie Dinkelbrötchen essen.
Danach besucht uns noch Miley Cyrus. Bis dann! Dein Tay-
fun Nepomuk VR7J

Es war eine turbulente Zeit, aber ich habe sie sehr genossen.
Wenn ich mal meine Ruhe haben wollte, dann fuhr ich halt
zu einer Großbaustelle wie Stuttgart 21 und stellte mich mitten in die Grube. Das war mir lieber, als zu diesem Zweck
meine Tochter vor die Glotze zu setzen. Ich hatte ja schon
Schaden an den Teletubbies genommen. Jetzt noch ein
hexendes Kind, ein sprechender Elefant oder gar ein Bau-
meister namens Bob hätten mich in den Wahnsinn getrie-
ben. Gerade Letztgenannter: ein pünktlich erscheinender,
motivierter, zuverlässig arbeitender und dazu noch freundlicher Handwerker – hallo? Geht's noch ein bisschen realitäts-
fremder? Was hätte es an Worten bedurft, um das Weltbild

dann wieder ins rechte Licht zu rücken? Nein, das wäre mir definitiv zu anstrengend gewesen. Es wurde auch so schon genug geplappert. Kinder in diesem Alter quasseln ja unentwegt. Vermutlich hat die Natur das extra so eingerichtet, weil man sich in der Pubertät dann auf wenige Fragmente wie »Weiß nicht, is' mir egal, jetzt chill mal« oder »Ey, du nervst« beschränkt.

Ja, die Pubertät, eine Phase, in der die Festplatte des Ablegers neu formatiert wird. Ein Zeitfenster, in dem sich das Selbstverständnis eines Protopubertypen, wenn man als Mutter nicht rechtzeitig gegensteuert, auf Biomasse mit WLAN-Zugang reduziert. In diesen Jahren ist man besonders gefordert, weil da nicht selten ein junger Mensch ohne Hirn im Warenkorb unterwegs ist. Ich beschloss, eine GmbH zu gründen.

Auf diese Idee hatten mich tägliche Steilvorlagen wie »Geh mal«, »Mach mal«, »Bring mal« und »Hol mal« gebracht. Darüber hinaus gab es noch weitere, aber differenzierte Anweisungen, die bei Nichteinhaltung hart geahndet wurden. Dazu gehörte z. B. beim Parken vor dem Schulgebäude die gebührende Distanz dem Alter des zu transportierenden Fahrgastes anzupassen. Sie wuchs linear mit jedem Lebensjahr um einhundert Meter. Worüber ich allerdings nicht unglücklich war, denn so verwahrlost, wie ich morgens oft aussah, hätte jeder Lehrer gedacht, ich hätte kein Zuhause – dabei hatte ich eins, sogar mit einem Bad, allerdings auch mit einer Teenie-Tochter. Ihre morgendlichen Badbesuche hatten Spielfilmlänge. Nach der allmorgendlichen Fassadeninstandsetzung hätten die Kabel ihrer Beats locker unter Putz verlegt werden können – wäre sie nicht an mir, einer Art Mensch gewordener Radarstation, an der Haustür gescheitert. Auch nachmittags war das Bad ein gern frequentierter Ort. Dort wurden dann hinter verschlossener Tür 100 Selfies gemacht, 50 davon wurden sofort wieder gelöscht, die anderen 50 vier Stunden mit Filtern und Apps aufgehübscht, um dann letztendlich eins auf Instagram zu posten: »Hallo, ihr Lieben! Ich bin's, heute mal ganz natürlich.«

Meine Tochter ist Einzelkind. Daher wurde sie zugegebenermaßen auch in gewissen Dingen verwöhnt. Sie besaß z. B. in ihrem Zimmer einen begehbaren Kleiderschrank. Andere nennen es auch Fußboden. Darauf türmten sich Klamottenberge, die dem Feldberg in nichts nachstanden. Einen Besuch meinerseits in diesem Raum muss man sich vorstellen wie den Besuch in einer Filiale von Depot: Eigentlich will man nur kurz nach einer bestimmten Sache schauen (wahlweise Teenie oder Teelichter), aber wenn man rauskommt, hat man zehn Gläser, drei Porzellanschalen, vier Teller, zwei Sitzkissen, zwei Tischsets, ein Handtuch und eine Duftkerze unterm Arm.

Und trotzdem hieß es meistens danach immer noch: Wischen impossible. Einmal räumte sie ihr Zimmer auf, weil ich ihr gesagt hatte, dass sie momentan nicht ins Internet könne, liege vermutlich daran, dass das WLAN-Signal nicht mehr durchkäme. In Wahrheit hatte ich im Keller den Routerstecker gezogen. Leider fiel der Trick irgendwann auf.

Ich schaltete einen Gang höher. Als ich wieder mal übers Wochenende beruflich nach Köln musste, hinterließ ich ihr eine Nachricht. »Bin bis Sonntagabend in Köln, habe dir 50 Euro dagelassen. Räum deine Bude auf, und du wirst sie finden. Kuss Mama.« Dem WLAN kam in vielerlei Hinsicht erzieherische Bedeutung zu. »Iss dein Gemüse, sonst ändere ich das WLAN-Passwort« war auch so ein geflügeltes Wort bei uns. »Solange du in meinem WLAN surfst …« als zeitgemäße Variante der Füße-unter-den-Tisch-Drohung – übrigens ein gut gemeinter Hinweis mit immer wieder überraschend großer Wirkung.

Erziehung ist harte Arbeit. Es ist nicht damit getan, die Jungen vom Blaulicht und die Mädchen vom Rotlicht fernzuhalten, wie man gemeinhin annimmt. Auch die Nutzung von Handy, Computer & Co bedarf der Regulierung, denn noch kenne ich kein Gymnasium, in dem man sein Abitur bekommt, wenn man auf dem Weg zum Prüfungssaal sieben Pokémon gefangen hat und den verbleibenden Akkustand seines iPhones nennen kann.

Das Thema Schule musste ich in diesem Zusammenhang sehr oft wieder ins rechte Licht rücken, denn viele junge Menschen denken ja wie Dieter Hildebrandt, von dem das Zitat stammt: »Bildung kommt von Bildschirm und nicht von Buch. Sonst würde es ja Buchung heißen.«

Ihrem Bett kam dabei große Bedeutung zu. Mit elf wurde von dort aus stundenlang Minecraft gespielt. Mit 15 wurde Powershopping bei Zalando betrieben. Die größte Herausforderung dabei war das lästige Aufstehen, wenn die

Frage nach der Bezahlart hochploppte. Apropos, es würde mich in dem Zusammenhang mal interessieren, ob die bei Zalando auch so gekreischt haben, wenn die Pakete, die ich postwendend retournierte, da wieder eingingen. Mit 16 verfügte sie dann über eine hart antrainierte, aber im Ergebnis unfassbar gute und schwer zu toppende Kondition, mit der sie im Bett stunden-, ach, was sage ich, tagelang Serien wie *Modern Family* oder *Friends* schaute. Es war immer dasselbe: Sie dachte, noch eine Folge, dann mache ich was für die Schule, und ich klopfte irgendwann an ihre Zimmertür: »Morgen ist Weihnachten. Hast du schon ein Geschenk für Oma und Opa?« Richtig Sorgen habe ich mir nur in dem Moment gemacht, als mich unten in der Küche eine Whats-App erreichte, mit der Bitte, ich möge Kekse hochbringen. Da habe ich ernsthaft in Erwägung gezogen, meiner Tochter medizinische Thrombosestrümpfe mit graduellem Druckverlauf zu schenken, und zwar die 24-h-Variante.

Aber Lernen + Netflix = Lernnix. Ich möchte nicht, dass meine Tochter mit Nacktfotos von sich im Internet Furore machen muss. Bachelor statt Bitchelor! Klausur statt Frisur! Algebra statt Wonderbra! Schillers Oden statt Hollisters Moden! Wir haben in Sachen Schule oft miteinander gerungen und uns dabei so manches Mal aneinander abgearbeitet. Besonders in Fächern wie Mathe und Physik. Dort war der Bedarf am größten. Zum ersten Mal wurde mir das erst in der neunten Klasse bewusst, als sie auf meine Frage: »Na, wie ist die Arbeit gelaufen?«, antwortete: »Ach, Mama, du sagst doch selbst immer, Hauptsache, gesund.« Da weiß man Bescheid. Oder auch nicht. Ich konnte mich jedenfalls manchmal nicht so einfach zwischen einem High Five und einem Donnerwetter entscheiden.

Um es dem Kind so leicht wie möglich zu machen, habe ich meine eigens für sie entworfenen Übungsaufgaben so gut es ging der Realität angepasst, denn ich habe am eigenen Leib erfahren, wie demotivierend ein Mathebuch sein kann, in dem es normal ist, 87 Melonen zu kaufen. Eine meiner Lieblingsaufgaben ging wie folgt: Eine gefüllte Müslischale benötigt 30 Sekunden für den Weg von der Küche im EG ins Kinderzimmer im OG. Für den Rückweg benötigt sie drei Wochen. Berechne die Thermik im Haus.

Ich war zwar überwältigt von meiner Kreativität, hätte sie aber selbst niemals lösen können, denn in Naturwissenschaften war auch ich nie die hellste Kerze auf der Torte. Und im Gegensatz zur heutigen Zeit, in der grundsätzlich die Lehrer für die Defizite der Schüler verantwortlich gemacht werden, musste ich mir meine desaströse Auffassungsgabe selbst ankreiden. Denn 95 Prozent meiner Mitschüler hatten keine Probleme in Mathe. Ich hingegen gehörte immer zu den restlichen acht Prozent.

Mit meinen pädagogischen und didaktischen Fähigkeiten konnte ich zu keinem Zeitpunkt Germanys Next Top Teacher werden. Aber was zählte, war doch die Geste. Mir war es nicht egal, was später mal aus meiner Tochter werden würde. Sie musste keinen Nobelpreis in Physik ansteuern, aber ich wollte mir auch nicht von ihrem Lehrer sagen lassen müssen: »Ihr Kind ist jetzt in der 12. Klasse und kann weder gescheit addieren noch subtrahieren.« So erging es nämlich dem Vater von Jerome-Noell, der darauf antwortete: »Ich scheiß auf Latein. Es reicht, wenn der Kerl Mathe kann.«

Kommen wir nun zum gesellschaftlichen Leben meiner Tochter, das sich überwiegend in WhatsApp-Gruppen abspielte und nur am Wochenende physische Treffen mit Gleichaltrigen vorsah. Da wir in einem ländlichen Umfeld leben, waren die Hotspots gleichermaßen überschaubar wie uninteressant. Die meisten Happenings fanden folglich in Privathaushalten statt. So auch bei uns. Bei diesen Events kamen mir, in meiner Funktion als Eventmanagerin, vielschichtige Aufgaben zu. Wie z. B. der Lieferservice in Bezug auf Essen und Trinken und natürlich auch der An- und Abtransport des lebenden Materials.

Meist wurde ich freitags darauf hingewiesen, dass ein solches Vorhaben am morgigen Samstag stattfindet. Die Cateringliste folgte auf der Stelle. Weißwein und Sushi für fünf bis sechs Damen. Aber nicht das aus dem Supermarkt, sondern das frische vom Sushi-Circle. Der Shuttle-Service wurde für 18.30 Uhr bestellt. Wenn die Fahrbereitschaft es nicht vorsah, die Mädchen in ihrem Zuhause abzuholen, weil dies von mir mit dem Argument »Überlandfahrt – zu zeitintensiv« abgelehnt wurde, dann doch bitte schön wenigstens am Bahnhof, der sich ca. einen Kilometer von unserem Haus entfernt befindet. Denn wie bei meiner eigenen Tochter lautete auch bei ihren Freundinnen ein wichtiger Grundsatz: Ist der Weg länger als eine Autolänge, wird gefahren. Die Anforderung des Limo-Service wurde durch den Hinweis ergänzt, dass ich nach Ablieferung der Gäste in meinen eigenen vier Wänden den Abend ganz nach meinem Belieben verbringen dürfte, nur nicht zu Hause. Der Begriff Hausverbot wurde dabei diplomatisch vermieden.

Nachmittags wurde ich meist von Amazon über deren Einbindung in das bevorstehende Projekt informiert. »Vielen Dank für Ihre Bestellung bei Amazon Prime. Der gewünschte Artikel wird innerhalb von 24 Stunden geliefert. Hier Ihr Artikel: Party Game Drunk, Stone oder Stupid.« Was wird mir Amazon wohl morgen empfehlen, dachte ich in dem Moment, denn bekanntlich denken die ja mit. Meist bekommt man ja kurz nach einer Bestellung Produktvorschläge geschickt, die einen konkreten Bezug zum urspünglich getätigten Einkauf aufweisen. Ich erinnerte mich an die letzte Bestellung meiner Tochter vor einer Woche. Sie hatte zwei Bücher aus der Reihe »Mystery and Crime« gekauft. Tags drauf erreichten mich per E-Mail Vorschläge für Kettensägen und Mülltüten.

Samstagmittags ruhten dann fünf Packete Temaki Nigiri, Futomaki und Inside-out-California-Rolls sowie zwei Flaschen Riesling friedlich auf ihren Einsatz wartend im Kühlschrank, als urplötzlich die Gästeliste um vier Jungs erweitert wurde. Jetzt wurde vom Catering Flexibilität erwartet, die mit den Worten: »Jetzt stell dich nicht so an«, zum Ausdruck kam. Um 15 Uhr waren dann auch TK-Pizza und Dosenbier besorgt sowie das Auto für den Shuttle-Service getankt.

Um 16 Uhr dann Planänderung. Myriams Mutter

grätscht dazwischen. Eine bodenständige, propere, gut durchblutete Frau mit robustem Sinn für Familie, der dummerweise ausgerechnet an diesem Samstagabend mal wieder zum Tragen kommt. Die Familie soll sich geschlossen bei einer zweistündigen Theateraufführung in der Schule von Myriams Bruder präsentieren, bei der der Zehnjährige in einer Nebenrolle als Baum für ca. zwanzig Sekunden das Bühnenbild bereichert. Emma hat Ausgehverbot, weil sie vom letzten Weinfest so betrunken nach Hause gekommen ist, dass sie Brotstücke ins Klo geworfen hat, um die WC-Enten zu füttern. Duckface-Debbie hatte Stress mit ihrem Freund, weil der sich an Push-up-Pauline rangemacht hat, was von Lipgloss-Lilly beobachtet und anschließend gepostet worden war.

Am Ende saß ich dann ganz alleine da, vollgefressen mit Sushi und kurz vor einem Eiweißschock. Aber wenigstens hätte ich mich selbst ins Krankenhaus fahren können. Das Auto war ja getankt.

So, ich finde, jetzt, am Ende dieses Kapitels, in dem Sie tapfer 18 Jahre mit mir in Zeitraffer Revue haben passieren lassen, haben Sie es sich redlich verdient, zu erfahren, wie meine Tochter heißt: Sie trägt den Namen Felicitas und wird von allen Fee genannt. Wie die gute Fee oder die Waldfee, manchmal auch wie die Katastrofee. Letztgenanntes beziehe ich auf ihre Neigung, das komplette Haus als ihren Lebensraum zu betrachten, indem sie in jedem Raum Themenwelten, gegliedert nach Kleidung, Kosmetik oder Kulinarik, hinterlässt.

Der Name Felicitas hat in unserer Familie Tradition. Aber ganz abgesehen davon gefällt er mir auch sehr gut. Er kommt nicht so häufig vor. Meine Tochter ist für mich ein besonderes Kind und sollte daher auch einen besonderen Namen erhalten. Insoweit unterscheide ich mich gar nicht mal von vielen anderen Eltern. Für viele Mütter und Väter ist ihr Kind etwas ganz Besonderes, das ein Alleinstellungsmerkmal in Form eines außergewöhnlichen Namens verdient. Aber ob man mit Namen wie Schnuckelpupine, Raider, Kastanie, Sexmus oder Godsgift seinem Kind wirklich einen Gefallen tut, wage ich zu bezweifeln. Allesamt wurden übrigens vom Standesamt zugelassen, wie ich der WAS entnahm. Noch kurioser wird es bei Namen wie Matt-Eagle, Sonne, Milka, Ikea, Fanta, Despot und Harley. Auch diese wurden durchgewunken. Es liegen sogar Anfragen für Namen wie Winnetou, Gollum und Lucifer vor. Auch sind Fälle bekannt, in denen Eltern ihr Kind Zecke, Schröder oder Dracula nennen wollten. Dies wurde allerdings abgelehnt.

Gwyneth Paltrow und Bob Geldof haben ihre Töchter Apple und Peaches genannt, Kim Kardashian nannte ihre Tochter Chicago West, klingt wie eine Start- und Landebahn, aber okay. Paris Hilton soll vielleicht auf subtile Art Auskunft über den Zeugungsort der jungen Frau geben. Von mir aus. Aber als Sarah Connor ihre Tochter Delfine Malou nannte, habe ich mich doch etwas gewundert und mich gefragt, ob es wohl eine Wassergeburt im Delfinarium des Duisburger Zoos war ...? Franziska van Almsick gab ihren

Söhnen die klangvollen Namen Mo Vito und Don Hugo. Ich assoziierte damit sofort den feucht-fröhlichen Abschluss einer Vertretertagung an der Bar eines Kongresshotels. Ich finde, man sollte bei der Namensgebung ein paar Regeln beachten. Wenn man mit Nachnamen Gleichen heißt, sollte man seine Tochter nicht Iris nennen. Auch Marie Johanna ist, je nachdem, wie man es ausspricht, ein kritischer Name, z. B. wenn man von dem Zollbeamten eines Flughafens danach gefragt wird. Gretel geht gar nicht – da wird man immer nur gehänselt. Also, in Anbetracht dieser Tücken sollten wir einfach froh sein, wenn unser nächster Bundeskanzler Marvin oder Shakira heißt.

Mittlerweile ist meine Tochter erwachsen. Sie darf jetzt wählen, Klopfer trinken, heiraten und ihre Erbfolge klären – ohne mich dabei einzubeziehen. Aber ihre Mutter bleibe ich trotzdem ein Leben lang. Einmal Mutter, immer Mutter. Das ist einfach so. Meine Freundin Inga ist Krankenschwester. Letztes Jahr wurde eine 97-jährige alte Dame eingeliefert. Sie war während eines Familienfestes gestürzt. Ihre größte Sorge galt aber nicht ihren Prellungen, sondern dem Wohl ihrer Jungs. »Wer kümmert sich denn jetzt um sie?«, jammerte sie im Ambulanzwagen, und Inga fragte interessiert, wie alt die Jungs denn seien. »77, 75 und 73 Jahre«, antwortete die alte Dame. »Na, da hatten Sie aber damals ganz schön viel zu tun«, lachte Inga, worauf die alte Dame meinte: »Damals wie heute, liebes Kind. Der eine hat ja nie geheiratet, und die anderen beiden haben Ehefrauen, die sind … na ja, also, wie die Frauen von heute so sind … Also, wenn die Jungs mich nicht hätten, was würde aus denen nur werden ...«

Es gibt tausend Ratgeber, die erklären, wie man eine gute Mutter ist und sein Kind durchs Leben begleitet. Aber wie man die Beziehung zu ihm lockert, wenn es an der Zeit ist, das muss man selbst herausfinden. Nächstes Jahr zieht meine Fee aus. Anstatt über ihre Zukunft nachzudenken, kann ich jetzt meine eigene ungestört planen. Schaffe ich das? Ich sehe diesem Zeitpunkt mit gemischten Gefühlen entgegen. Ich werde sie vermissen. Ich werde ihre Nölerei vermissen, wenn sie schlechte Laune hat, und ihre Kritik am Essen. Ich werde die Diskussionen um zu kurz geratene Referate und zu lang geratene Partynächte vermissen. Ich werde ihre fundamentalen Strategien zur Aktivitätsvermeidung, ihre Badezimmer-Sessions und meinen Job als Eventmanagerin vermissen.

Aber eines vermisse ich ganz bestimmt nicht: das Chaos, das sie in unserem Haus regelmäßig angerichtet hat. Was habe ich mich darüber aufgeregt. Unsere bilateralen Gespräche darüber erinnerten immer an die von zwei verfeindeten Großmächten und verliefen, genauso wie diese, 18 Jahre lang im Sande. Ich glaube, diesbezüglich konnte sie meine Tobsuchtsanfälle nie nachvollziehen. Zumindest fühlte ich mich an dieser Stelle von ihr immer unverstanden. Ich denke, wenn ich sie demnächst mal in ihrer Wohnung besuche, werde ich Mantel, Schuhe, Tasche und weitere Utensilien einfach im Wohnzimmer auf den Boden werfen. Ich werde damit erst aufhören, wenn die Klamottenberge vom Ausmaß her dem Fichtelgebirge ähneln. Danach stifte ich ein Küchenchaos, das jede Versuchsanordnung einer experimentierfreudigen Foodbloggerin in den Schatten stellt. Das Bad verlasse ich erst dann, wenn es darin aussieht wie in dem Testlabor eines Kosmetikkonzerns, und erst wenn ihre sorgsam arrangierte und »hyggelig« gestylte Wohnung an die Doppelseite eines detailverliebten Wimmelbilderbuches erinnert, erst dann werde ich sagen: »Huch, schon so spät! Jetzt muss ich aber schnell nach Hause. Aber schön war's bei dir ...«

7 »We are Family« (Sister Sledge)

Was macht eigentlich eine gute Familie aus? Gemeinschaftsgefühl, Vertrauen, ein Zweit- oder Dritt-Tablet? Ich weiß es nicht, denn für jeden ist etwas anderes wichtig. Nichts ist privater als der eigene Lebensentwurf. Es gibt kein Allgemeinrezept. Fakt ist jedoch, dass sich viele eine Form von Familie wünschen, denn Familie bedeutet im Normalfall Glück und Geborgenheit. Für mich ist sie pures Lebenselixier, auch wenn der Normalfall nicht tagtäglich bei uns anklopft. Aber das wiederum erscheint mir auch ganz normal.

Aber wer definiert eigentlich, was Familie ist? In der Soziologie heißt es, Familie ist eine Gemeinschaft aus mindestens zwei Generationen. Das möchte ich so nicht stehen lassen, denn als mein Ex-Nachbar, ein wohlhabender Industrieller, mit nahezu achtzig Jahren die hübsche fünfundzwanzigjährige Russin Ludmilla heiratete, war das in meinen Augen nicht per se eine Familie! Eine Interessensgemeinschaft würde ich als Beschreibung für dieses Lebensmodell gelten lassen, oder zwei Ich-AGs, aber nicht das heilige Wort Familie. Selbst wenn ER es als Notlösung verstanden haben wollte, mit dem Argument, es gebe ja kaum noch Frauen in seinem Alter, und SIE immer beteuert hat: »Wo Gäld viell is', kann auch Liebbe sein.« Ich vermute, sie meint die Liebe zu Designerhandtaschen, teuren Uhren, tollen Fernreisen, Luxusvillen und nicht zu vergessen die, die dann entsteht, wenn ein fettes Erbe winkt.

Auch umgekehrt wird noch kein Schuh draus: Der Trend zum jungen Gebrauchten setzt sich ja immer mehr durch. Frauen wie Madonna machen es vor. Sie erlegt in regelmäßigen Abständen so etwas frisch Geschlüpftes, so etwas richtig Nettes für den Feierabend. Auf ihren Jagdinstinkt angesprochen, soll sie diesen wie folgt begründet haben: »Sie wissen zwar nicht, was sie tun. Aber sie tun es die ganze Nacht.« Ob dieses Wissen tatsächlich auf eigener Erfahrung beruht oder auf Gesprächen mit einer der zahlreichen Vorbesitzerinnen wurde nicht weiter erläutert.

Schaut man sich hingegen in der Politik um, konkret bei so manchem CSU-Politiker, die ja bekannt dafür sind, gerne mit gutem Beispiel voranzugehen, um die Authentizität ihrer Aussagen zu untermauern, besteht die traditionelle bajuwarische Familie aus Vater, Mutter, Kind, Affäre, einem unehelichen Kind, Blaskapelle und Bier. Womit wir beim Thema Patchworkfamilie wären.

Patchworkmodelle aller Art sind der beste Beweis für die Sehnsucht der Menschen nach einer Lebensgemeinschaft. Jede zehnte Familie ist heute eine Patchworkfamilie: Schwule Männer bekommen mit lesbischen Paaren zusammen Kinder, es gibt WGs mit Alleinerziehenden, Co-Parenting, Regenbogenfamilien, und natürlich die traditionelle Variante, bei der sich geschiedene Paare jeweils neue Partner suchen. Auch offene Beziehungen werden immer beliebter: Manche Frauen möchten zwar ein Kind, aber keinen festen Partner, was überzeugte Feministinnen als wahre Autonomie und wichtigen Schritt in Richtung totale Emanzipation werten. Mein Ding wäre das nicht gewesen. Auch wenn ich jetzt völlig altmodisch rüberkomme und es mit dieser Einstellung auch nie mehr auf das Cover der Emma schaffe: Ich wollte ein Kind immer nur gemeinsam mit einem Partner aufziehen.

Die Pluralisierung der Lebensformen scheint unendlich. Und auch die Idealisierung, mit der darüber gesprochen wird, ist ungebrochen hoch. Aber ist das tatsächlich alles auch so toll? Oder sieht in Wirklichkeit die Realität nicht ganz anders aus? Ich liebe ja eher die einfachen Dinge im Leben, wie meinen Mann zum Beispiel. Sein Verhalten war schon immer so herrlich berechenbar. Als wir gerade eine Familie gegründet hatten und unsere Tochter noch ein permanent schreiendes Baby war, freute ich mich immer sehr auf das gemeinsame Wochenende. Dieses begann meist am Samstagmorgen. »Ich bin dann mal zum Fahrradfahren weg, wir fahren heute die große Runde, könnte also länger dauern«, oder: »... Ach, und noch was, bevor ich es vergesse, heute Abend spiele ich mit den Jungs zusammen eine Runde Doppelkopf. Also warte bitte nicht auf mich.« Solche Sätze flüsterte er mir dann nämlich ins Ohr. Ich war dann immer sofort hellwach, um noch schnell die Gelegenheit zu nutzen, eine Botschaft mit meinen Interessen einzustreuen. »Also, wenn es für dich okay wäre, aber wirklich auch nur, wenn es dir nichts ausmacht, würde ich gern an diesem Wochenende mal kurz unter die Dusche.« Man wird ja als Mutter selbstloser. Das ist ja auch okay. Aber für so einen Satz hätte ich eigentlich doch direkt eingewiesen gehört, oder?

Nein, man hat es nicht immer leicht, wenn man Familie hat. Man muss erst lernen, sich damit zu arrangieren. Ich habe es geschafft und darf mich heute als echten Familienmenschen bezeichnen. Das sind bekanntlich die, die es genießen, mit Leuten zusammen zu sein, die ganz schön nerven können. Familie sollte wie ein heißes Bad sein, las ich neulich bei Pinterest: Einlassen, genießen und bleiben, bis man schrumpelig wird. Es lohnt sich tatsächlich. Die Freude und der Frust, der Spaß und der Stress liegen zwar oft eng beieinander, aber sie sind wichtige Bestandteile des Gesamtpakets Familie. Jede Krise und jede Katastrophe, die man gemeinsam durchsteht, lässt einen noch mehr zusammenwachsen.

Diese Erkenntnis geht in Zeiten, in denen die meisten Menschen der eigenen Individualität eine extrem hohe Priorität einräumen, leider oft unter. Jede dritte Ehe wird mittlerweile geschieden, das sind 33 Prozent. Von so einer Quote würde manch Programmdirektor doch träumen. In ländlichen Regionen wie dem Sauerland, wo mein Mann herkommt, liegt man glücklicherweise noch darunter. Warum eigentlich? Möglicherweise erscheint es dem vom Wesen her eher phlegmatisch veranlagten Sauerländer zu aufwendig, einen neuen Familienstatus auf all seinen Netzwerken zu posten? Gerade Hochsauerländer haben davon ja einige. Das ist nachvollziehbar. Immerhin braucht man von dieser Region Deutschlands bis zum nächsten Autobahnanschluss eine knappe Stunde. Und dann ist man erst in Olpe und noch nicht in Köln ... Oder liegt es daran, dass sich »Vesper for one, Veltins for two« so traurig anhört? Vielleicht sagen sich manche auch: »Nach 40 Jahren ist es für eine Scheidung zu spät, da will ich den Ollen jetzt auch nicht mehr glücklich machen.« Ich weiß es nicht. Möglicherweise steckt aber ein viel ehrenwerterer Grund dahinter, denn der Sauerländer wird in Bezug auf seine Bodenständigkeit oft unterschätzt. Vielleicht funktioniert Familie als ein Stück Heimat auf dem Land auch noch besser als in der hektischen, schnelllebigen Großstadt. Wenn das stimmt, so habe ich sicherlich in den letzten 25 Jahren von dieser Haltung profitiert. Meine Schwiegermutter, eine großartige Frau, sagte nämlich immer: »In guten Zeiten Händchen halten kann jeder. In schlechten Zeiten nicht mehr loslassen, das zählt.«

So schön meine eigene Familienpackung aus Zugehörigkeitsgefühl, Austausch und Bindung auch ist, ein Bilderbuchideal war sie nie. Man muss sich meine Familie wie die EU vorstellen: Eine überschaubare Runde an Mitgliedsstaaten, die sich durch Interessen auszeichnen, die nicht unterschiedlicher sein könnten. Der Versuch einer alltagstauglichen Integration der diametralen Belange sowie der sich daraus ergebenden ständigen Neu-Priorisierungen beschert uns immer wieder neue Krisen und Katastrophen, die durch die Denke »Okay, der andere hat zwar recht, aber ich finde meinen Standpunkt trotzdem besser« immer wieder neue Dynamik erfahren. Ein EU-Kommissar wird diesen Mechanismus nur zu gut kennen.

Einen elementaren Unterschied sehe ich allerdings bei den Inhalten der Streitpunkte: Während man in Brüssel Monate braucht, um 5.000 Seiten starke Regulierungsrichtlinien über Teichpumpen oder Duschköpfe in Umlauf zu bringen, die dann in Frankreich nicht gelesen, in Italien direkt in die Tonne gekloppt und in Deutschland umgesetzt werden, werden bei uns wirklich wichtige Verhaltenskodexe formuliert, die das familiäre Zusammenleben der unterschiedlichen Interessensgemeinschaften erleichtern sollen.

Zu diesem Zweck tagt unser Familienparlament zwei- bis dreimal pro Woche. Mehr gemeinsame Abendessen bekommen wir einfach nicht hin. Ich persönlich finde das schade, denn ich gehöre zu den 81 Prozent der Deutschen, die laut einer Statistik, die ich in der *Barbara* entdeckt habe, die schönsten Momente mit ihren Kindern beim Essen haben. Das mag mitunter daran liegen, dass man sich während dieser Zeit gerne unterhält. Sowohl zu Hause als auch in Restaurants herrschte bei uns während der Mahlzeiten immer absolutes Handyverbot. Ich finde nichts schlimmer, als wenn man als Familie am Tisch sitzt und alle glotzen auf ihre Displays, anstatt zu essen oder sich wenigstens zu zoffen. Uns gelang beides, essen und zoffen – und immer mit besonders viel Leidenschaft.

Zusätzlich gibt es noch diverse Ausschüsse im Vorfeld der Plenarsitzungen, in denen Allianzen zwischen Vater und Tochter, Mutter und Tochter oder Vater und Mutter geschmiedet werden, um sich so auf den ganz großen Wurf in der Vollversammlung vorzubereiten.

Ein stets wiederkehrendes Thema betraf z. B. Griechenland in Gestalt unserer Tochter, die sich immer mal wieder darüber beklagte, dass der Rettungsschirm völlig unzureichend sei. Als Kommissar, der u. a. das Finanzwesen verantwortete, war dann ihr Vater gefordert. Der legte dann der Vollständigkeit halber immer erst mal den kompletten Geldfluss offen, der auch monatliche Beträge, die von seinem Konto abgingen und mit Verwendungszwecken wie Spotify-Premium oder Netflix-Abo etc. gekennzeichnet waren, beinhaltete. Diese waren zwar fester Bestandteil des ursprünglich vereinbarten Deals, gerieten bei Griechenland aber gerne mal in Vergessenheit, weil sie bei der am Anfang eines jeden Monats stattfindenden Barauszahlung an den stets kurz vor der Pleite stehenden EU-Staat nicht in Erscheinung traten.

Als man sich neulich wieder mal wunderte, dass am Ende des Taschengeldes noch so viel Monat übrig war, schlug der Minister für Finanzen Anpassungsprogramme in Form von Kürzungen an allen Positionen vor, die mit »Premium« und »Abo« anfingen oder endeten. Er gab dabei zu bedenken, dass die daraus resultierenden Ersparnisse unmittelbar dem Liquiditätskonto Griechenlands gutgeschrieben werden könnten. Griechenland lehnte die Reformen entschieden ab. Das Argument: Wir hätten zwar nur ein Netflix-Abo, aber mit drei Profilen. Jeder in der Familie würde Netflix nutzen.

Ich musste Griechenland da fairerweise zustimmen. Denn nicht nur die Fernsehgeräte sind mit den Jahren immer flacher geworden. Auf die Fernsehprogramme trifft das ebenfalls zu. Das normale Abendprogramm, das nicht umsonst um 08–15 beginnt, interessiert mich zunehmend weniger. Serien auf Netflix hingegen wesentlich mehr. Darüber hinaus greife ich gerne mal auf die Mediatheken von ARD und ZDF zurück, was von meiner Tochter süffisant auch als »Senioren-Netflix« bezeichnet wird.

Auch die Frage »Was wird gekocht?« führt seit Pubertätsbeginn regelmäßig zu neuen Sondierungsgesprächen. Als sich das Sternzeichen unserer Tochter von Steinbock in null Bock verwandelte, änderten sich auch ihre Ernährungsgewohnheiten. Sie war über Nacht zum eingefleischten Vegetarier geworden. Für meinen Mann, einen überzeugten Grillologen mit Spezialgebiet Wurstologie ein modischer, nicht hinnehmbarer Spleen. In meinen Augen zunächst nur der legitime Versuch einer Heranwachsenden, Abgrenzung zu üben, Anderssein zu demonstrieren. Heute hingegen bin ich ihr sogar dankbar für diese Einstellung, die mittlerweile zumindest an vier Tagen in der Woche meine uneingeschränkte Unterstützung findet.

Einmal waren die Fronten zwischen den beiden Mitgliedstaaten jedoch derart verhärtet, dass es sogar zu einem

Mutter-Exit kam. Es geschah am dritten Advent 2016. Hier ein Auszug aus der WhatsApp-Kommunikation. Frage der Mutter: »Hallo zusammen! Bald ist Heiligabend. Ich habe keinen blassen Schimmer, was ich kochen soll. Habt ihr eine Idee?« Antwort der Tochter: »Ist mir egal, aber vegetarisch muss es sein!« Antwort vom Vater: »Wir essen wie immer, Kartoffelsalat und Würstchen.« Antwort der Tochter: »Würstchen nur, wenn sie vegetarisch sind, und Kartoffelsalat geht nur noch laktosefrei. Wir könnten auch das langweilige Baguette durch ein glutenfreies, salzarmes indisches Naanbrot ersetzen. Oder mal was ganz anderes: Wie wäre es mit einem Quinoa-Brokkoli-Salat auf Zucchini-Carpaccio?« Antwort Vater: »Ich will was Solides und mit Fleisch. Wenn Madame nur Grünzeug will, soll sie doch den Baum essen.« Reaktion der Mutter: »Mama hat die Gruppe verlassen.«

Ein weiteres mit Sprengstoff geladenes Themengebiet betraf die Ausgehregelung am Wochenende, die laut Aussage unserer Tochter in allen Familien, die ihr bekannt waren, noch nie auf eine Uhrzeit beschränkt war – nur eben wieder mal in ihrem Elternhaus. In solchen Momenten, die nicht selten von Tränen und Selbstmitleid begleitet wurden, wurde mein Mann das ein oder andere Mal zu einem fiesen Überläufer. Aber das ist nicht nur bei uns so. Väter haben Müttern gegenüber einen entscheidenden Nachteil voraus: Sie lassen sich von ihren Töchtern gerne um den Finger wickeln. Meiner war immer kompromisslos verstrahlt, wenn es um das Wohl seiner Principessa ging. Und ich, als Dienstaufsichtsbehörde, der die Sicherstellung nächtlicher Regenerationsphasen oblag, wurde von den beiden gehörig oft hinter die Fichte geführt. Da wurde nicht nur einmal links geblinkt und rechts abgebogen.

Besonders hitzig waren die Auseinandersetzungen immer während der Karnevalszeit im Januar/Februar. Von freitags bis sonntags absolvierte ich jedes Wochenende meine Auftritte im Rheinland, was in Anbetracht der engen Taktung oft sehr anstrengend war. Sonntagabends kam ich dann ziemlich erschöpft nach Hause. Mein Ruhebedürfnis war unendlich hoch, meine Impulskontrolle unendlich niedrig. Wenn ich dann eine Küche vorfand, in der der Boden klebte wie die Bürgersteige der Kölner Innenstadt nach dem Rosenmontagszug, in der es roch wie in einem Labor für biologische Gärungsprozesse und in der mich eine mit schmutzigem, klebrigem Geschirr randvolle Spülmaschine erwartete, die das perfekte Filmset für Horrorstreifen wie »Die Rückkehr der Raketenwürmer« gewesen wäre, rastete ich regelmäßig aus.

Nun erwarte ich von meinem Mann ja wenig – weil ich ihn halt kenne. Haushalt war eben noch nie sein zweiter Vorname. Aber wenn meine neunmalkluge Tochter dann noch im Coolness-Limbo eine neue Tiefstmarke setzte, indem sie genervt »Ey, Mama, jetzt chill mal, mach einfach das Licht aus und die Tür zu, glaub mir, dann geht's« stöhnte, wehte ein Tsunami durch unser Haus. Einmal herrschte zwischen mir und dem Rest der Familie für fünf Tage Funkstille. Ich litt darunter am meisten, weil die beiden anderen ja noch sich hatten. Ich suchte Trost bei meiner Freundin Annette. »Wir haben Zoff und reden seit fünf Tagen nicht mehr miteinander«, jammerte ich ins Telefon. Annette kann gut trösten. Auch dieses Mal wieder, als sie völlig ungerührt antwortete: »Und das nennst du Zoff?«

Familie ist nicht, wie oft dargestellt, ein einziger »Heile-Welt-Pathos«, denn eine Familie besteht aus verschiedenen Persönlichkeiten, und die kann man nicht planen wie eine Pauschalreise. Wenn man sich für eine Familie entscheidet, gehören Risiken und Nebenwirkungen einfach dazu. Damit hat man es nicht immer leicht, aber man wächst an der Aufgabe, damit zurechtzukommen. Man kann sich nicht immer alles zurechtbiegen. Ich auch nicht. In all den Jahren habe ich es nie geschafft, mir meinen Sauerländer gefügig zu labern, denn ein Sauerländer ist stur, oder wie er es nennen würde: meinungsstabil. Und bei einer 17-jährigen Tochter funktionieren meine wohlwollenden Ge- und Verbote auch schon lange nicht mehr. Ich habe es schlichtweg aufgegeben. Das Gras wächst auch nicht schneller, wenn man dran zieht, sagt ein afrikanisches Sprichwort.

Meine Familie ist anstrengend. Ja. Sie ist fordernd und auch manchmal frustrierend. Aber, und das muss an dieser Stelle auch mal explizit Erwähnung finden, sie ist auch tolerant, fürsorglich, streckenweise sehr erheiternd und vor allem immer da, wenn ich sie brauche. Sie hat ein eher unorthodoxes Wesen und lebt von und mit ihren Kontrasten. In ihrem Streben nach Perfektion stößt sie schnell an ihre

Grenzen. Aber die Erkenntnis, dass zwischen Wunsch und Wirklichkeit oft die komplette iberische Halbinsel passt, hält sie nicht davon ab, an sich zu arbeiten. Sie ist einfach herrlich unperfekt. Es wird nie langweilig mit ihr. Und das genieße ich sehr. Aber noch mal: eine Bilderbuchfamilie ist sie nicht.

Ich bin mir auch nicht sicher, ob es die Familie Mustermann überhaupt gibt. Wenn doch, dann wohnt sie bei uns gegenüber. Unsere Gärten grenzen aneinander. Daher weiß ich, wovon ich rede. In diesem Haus wird ein intaktes Familienidyll zelebriert, bis es quietscht. Darf man den Erzählungen der stets overhappy wirkenden Mutter Glauben schenken, lebt diese Familie praktisch im Paradies. Nein, sie ist das Paradies. Das ist schön, und ich bewundere diesen Zustand mit einer gehörigen Portion wohlwollendem Neid. Andererseits nervt es mich, wenn meine Nachbarin ihre Geschichten absondert. Denn sie tut es jedes Mal mit diesem Mix aus Fake-Fröhlichkeit, grinsender Selbstgefälligkeit und moralischer Überlegenheit. Das wirkt auf mich immer wie eine Initialzündung und löst sofortige Fluchtreflexe aus!

Da geht es dann um die 16-jährige Tochter, die völlig immun zu sein scheint gegenüber profanem, pubertärem Irrsinn, der in unserer EU regelmäßig zu Eskalationen und anschließenden Sanktionen führt. Ein verhaltensauffälliges Kind, wenn Sie mich fragen. Oder es geht um die Elfjährige, die – natürlich hochbegabt – jeden Mittag lieber mit dem naturbelassenen, vom Vater mit viel Achtsamkeit gebauten, pädagogisch wertvollen Holzpuppenhaus spielt, anstatt ihre Eltern mit Doodle Jump gehörig zu nerven, wie es eigentlich als Elfjährige ihre Pflicht wäre. Warum treibt mich das derart in den Wahnsinn? Vielleicht, weil mir dadurch meine eigene Mittelmäßigkeit und Unzulänglichkeit als Mensch und Mutter vor Augen geführt wird? Vielleicht aber auch, weil ich beleidigt bin, dass sie mich in ihrer epochalen Schlichtheit für so blöd hält, diese dämliche Setzkasten-Beschaulichkeit unreflektiert zu glauben!

Jeden Abend um Punkt 18 Uhr hocken da vier Pauschal-umarmer um den ökologisch gezüchteten Holzesstisch. Jeder mit einem selbst gefilzten Heiligenschein, bräsig ins eigene Ego verliebt und vom Bio-Rooibostee trunken vor Begeisterung über ihr persönliches Familienidyll. Es macht mich schier verrückt, dass dort per Dekret an jedem ver-dammten Abend der Mythos Familie in konspirativer Runde einvernehmlich gepriesen wird, während wir ein parlamen-tarisches Zusammentreffen an drei hintereinander folgen-den Abenden nur schaffen, wenn eine Magen-Darm-Grippe jedem von uns den Kontakt zur Außenwelt unmöglich macht.

Nein, ganz ruhig Anne, nicht lästern. Es ist kein konspi-ratives Treffen, sie essen nur zu Abend, auch wenn dieser Eindruck leicht entstehen kann. Denn es brennt dabei stets eine Kerze, oftmals die einzige Lichtquelle im ganzen Haus während dieses allabendlichen sakralen Akts. Diese Mischung aus feierlicher Ergriffenheit und in Stein gemei-ßelter Hardcore-Harmonie wabert dann aus diesem Haus rüber bis in meine Küche, in der ich gerade dabei bin, alle Fenster zu schließen, weil ich aufgrund einer Sanktion in Form eines von mir ausgelösten Router interruptus einen Aufstand aus dem Kinderzimmer erwarte.

Drüben wird die Rama-Familie gelebt, und für unsere Familie hat das Fernsehen überhaupt kein Format vorgesehen. Wir sind nicht die Waltons und auch nicht die Hoppenstedts. Am ehesten würde ich persönlich bei den Simpsons Parallelen sehen. Die erscheinen mir noch am normalsten. Es ist eine Art Konträrfaszination, die von meinen Nachbarn ausgeht: Man guckt gebannt rüber, weil dort rein theoretisch das perfekte Familiengefühl gelebt wird. Andererseits wird man als halbwegs intelligenter Mensch den Gedanken nicht los, dass dabei so viel unter den Teppich gekehrt wird, dass es zum (selbstverständlich nicht vorhandenen) Fernseher schon bergauf gehen müsste. Dennoch bin ich froh über diese Nachbarn. Es ist ein bisschen wie RTL 2 gucken: Wenn man in seinem eigenen Matriarchat hin und wieder glaubt, alles verkackt zu haben, dann zappt man mal schnell bei *Familien im Brennpunkt* rein, und schon ist man sich sicher: Es ist gut so, wie es ist.

Kommen wir abschließend zum letzten Mitglied meiner Familie: Hermine. Hermine ist eine Katze, ein Maine-Coon-Mix. Sie ist eine der 12,3 Millionen Katzen, die hier in Deutschland leben. Das sind übrigens fast so viele, wie es hier Kinder gibt (12,4 Millionen). Wenn ich sie beobachte, denke ich oft, auch ich wäre eine tolle Katze: Aufwachen, zur Couch tapsen, räkeln, weiterschlafen. Ich würde auch nicht, wie meine Hermine, meinem Frauchen das Gefühl geben, dass ihre Anwesenheit auf dem Sofa stört, ja, dass man sogar seine Privatsphäre verletzt sieht und sich eigentlich eine eigene Residenz wünscht, mit Menschenklappe, die elektronisch vom Sofa aus gesteuert werden kann, je nachdem, ob es einem gerade beliebt, eine Audienz zu gewähren.

Alles ist ihr Revier. Der Tisch ist ihr Laufsteg, und mein Kleiderfach, das mit den teuren Kaschmirpullis, ihr Hideaway. Ohne Katzenhaare fühle ich mich mittlerweile nicht mehr richtig angezogen. Zum Glück ist bei uns aber keiner allergisch gegen Katzen. Mein Ex-Kollege hatte auch mal eine Katze, und seine Freundin hatte leider eine Katzenallergie. Sie wollte, dass er sich von ihr trennt. Daher fragte er mich eines Tages: »Kennst du jemanden, der Interesse hat? Sie hat schwarzes Haar, ist 1,70 groß und 22 Jahre alt.«

Auch mein Bett gehört Hermine. Ich hätte noch nicht mal was dagegen, wenn sie nicht immer exakt um 4 Uhr 30 glauben würde, dass sie in wenigen Minuten verhungert ist, und mit 50 Shades of Miauauauauauau die Dringlichkeit ihres Bedürfnisses deutlich macht. Manchmal setze ich mich am Morgen nach einer solchen Nacht auch drei Stunden vor ihr Körbchen und miaue, um ihr zu demonstrieren, wie nervig ihr Verhalten letzte Nacht war. Geholfen hat es bislang noch nicht. Aber wer weiß. Auch könnte ich damit leben, dass sie regelmäßig über die Tastatur meines PC läuft, wenn ich einen Film gucke und dieser plötzlich auf

Französisch, rückwärts, im Zeitraffer und mit rumänischen Untertiteln läuft.

Was ich aber nicht in Ordnung finde, ist ihre abschätzige Musterung, wenn ich nackt unter der Dusche stehe, wenn sie sich dann schüttelt, kurz würgt, umdreht und rausstolziert. Da lobe ich mir meinen Badspiegel. Der reagiert rücksichtsvoller und beschlägt wenigstens.

Ich füttere sie auch nicht. Ich bringe Opfergaben dar. Und kein Trockenfutter. Choupette, die Katze vom Lagerfeld, soll mal gesagt haben: »Wer Trockenfutter frisst, hat die Kontrolle über sein Herrchen verloren.« Gut, auch mir ist eine Mousse au Chocolat ja lieber als irgendein Dinkel-Hirse-Körner-Riegel. Daher verstehe ich, dass Hermine Nassfutter bevorzugt, wie z. B. eine zarte Verführung von Zanderfilet mit Langustenschwänzen, verfeinert mit einer Mousse aus Regenbogenforelle und einer dezenten Note von Zitronengras. Als ich es ihr gestern in einem Schälchen aus hauchzartem chinesischem Porzellan aus der Ping-Pong-Dynastie kredenzte, schaute sie mich, ihr Personal, an, als wollte sie sagen: »Sorry, Mensch, du Krone der Schöpfung! Warum ist da kein Petersiliensträußchen drauf? Glaubst du etwa, ich hätte die Zeitungsanzeige nicht gesehen?«

Unsere Hermine ist ein vollwertiges Mitglied der Familie. Wenn ich durch die Haustür komme, mustert sie mich, als würde sie sich wundern, dass ich einen Schlüssel für ihre Wohnung habe. Das sind dann die Momente, in denen ich anfange, unsere Katze zu siezen. Aber solange ich alles mitbenutzen darf, ist das für mich in Ordnung.

Wir lieben uns. Mal bringt sie mir eine Maus, mal einen Siebenschläfer. Sie würde mir auch einen Zwölfender bringen, wenn er durch die Katzenklappe passen würde. Ich revanchiere mich dann mit einem sauteuren Katzenspieltunnel. Und wo liegt meine Hermine dann? Im Karton. Sie liebt Pappe. 95 % meiner Amazoneinkäufe kann ich nicht retournieren, weil Hermine die Kartons so schön findet.

Neulich brauchte ich eine Bleibe für Hermine. Wir wollten in Urlaub fahren. Ein Katzenhotel musste her, und für unsere Hermine natürlich nur das beste. Auf der Suche nach einem 5-Sterne-Pfoten-Superior-Hotel stieß ich auf das Relais & Châteaux der Pfalz für Katzen. Also kein Katzenhotel, in dem die Tiere in kleinen Zwei-Quadratmeter-Drahtkäfigen aufbewahrt werden. So ein Pfälzer Guantanamo für Katzen. Nein, es war das Waldorf Astoria für Stubentiger: Suiten mit seitlichem Teichblick, ausgestattet mit ... nein, keine Designertrinknäpfe, aus Springbrunnen trinkt man dort. Als Fernseherersatz steht ein fünf Meter breites Aquarium mit einem Sofa davor, ach was, Sofa, es war eine Chaiselongue aus der Kollektion Prinzessin von Hohenzollern. Und für jeden Gast gab es als Willkommensgruß eine batteriebetriebene Rennratte. Pardon, das ist politisch nicht korrekt. Es heißt heute »Nagetier mit Kanalisationshintergrund«. Und in der Ecke die Katzentoilette, diskret verborgen in einem Häuschen aus edlem Teakholz. Funkelnagelneu. Das Herstelleretikett war sogar noch lesbar: *Gönnen Sie Ihrer Katze schon zu Lebzeiten etwas Edles aus Holz.*

Der Hoteldirektor machte beim Besichtigungstermin

einen sehr gewissenhaften Eindruck. Um Stress zu vermeiden, empfahl er einen zweiwöchigen gemeinsamen Aufenthalt mit mir als Bezugsperson, um Vertrauen zwischen Tier und Hotelleitung herzustellen. Ich willigte selbstverständlich ein.

Nun ist meine Hermine ja eine Freigängerin. Leider war das Hotel auf solche Gäste nicht eingestellt. Hermine randalierte und kratzte ein Stück Tapete ab. Man konnte ihr – dank nächtlicher Videoüberwachung – den Vandalismus eindeutig zuordnen. Die weiteren Gäste, Amadeus, Beethoven, Hildegard, Ramses und der Duke of Wellington, traf eindeutig keine Schuld. Der Schaden wurde auf der Endabrechnung diskret als Hooligan-Zuschlag in Höhe von einem Euro pro Nacht aufgeführt.

Aber die Hoteldirektion hat das Problem erkannt. Man tüftelt jetzt an einer Virtual-Reality-Brille für die Gäste, mit der sie von ihrer Suite über den Pfälzer Nationalpark bis hin zur saarländischen Grenze gucken können. Als waschechter Pfälzer, dessen Sympathien gegenüber den Saarländern ähnlich hoch sind wie die der Kölner für die Düsseldorfer, ist der Hoteldirektor der festen Überzeugung, dass der Freiheitsdrang der Tiere beim Anblick des Saarlandes sofort wieder verschwindet.

8   Alles auf Reset

Würde man mich heute in einem Bewerbungsgespräch fragen, wie viele Jahre Berufserfahrung ich mitbringe, würde ich antworten: »Siebzig.« Dann würde der Personaler beginnen, hektisch in seinen Unterlagen zu blättern, und nach wenigen Sekunden irritiert fragen: »Aber Sie sind doch erst 53?«, worauf ich ihm erklären müsste: »Ja, das stimmt. Die siebzig kommen von den vielen Überstunden.«

Aber um keine Missverständnisse aufkommen zu lassen: Ich habe sie gerne gemacht, jederzeit und in jeder Firma, in der ich gearbeitet habe, denn ich habe meinen Job immer geliebt. Herausforderungen? Kein Ding für mich: Nichts ist unmöglich, außer eine Drehtür zuzuschlagen. Intelligenz? Hatte ich auch genügend. Okay, so manche Haustechnik hat da mehr aufzuweisen als ich, aber so manche Bodenfliese wiederum nicht. Einige Erfolge konnte ich für mich verbuchen, einige Misserfolge auch. Aber Letztgenannte gehören ebenfalls dazu. Unterm Strich zählt nämlich nicht, ob du immer gewonnen hast. Viel wichtiger ist es, auch mit Niederlagen fertigzuwerden. Bei den damit einhergehenden

Selbstzweifeln hilft einem ungemein der sogenannte Schulterblick, den man schon in der Fahrschule lernt, denn dadurch kann man auf ganz nüchterne Art und Weise feststellen, wie weit man mit sich selbst schon gekommen ist. Auch wenn eine Niederlage zunächst wie ein Schritt zurück aussieht – man kann ihn trotzdem immer noch nutzen, um Anlauf zu nehmen.

Ja, Sie vermuten richtig, ich war leistungsorientiert, und ja, ich gebe zu, mich lange Zeit an beruflichen Erfolgen gemessen zu haben. Mein Ziel war es immer, eine Führungsposition zu bekleiden, die über die des Administrators einer WhatsApp-Gruppe hinausgeht. Mit diesem Wunsch hatte ich es nicht immer leicht, denn meine Neigungen lagen eigentlich ganz woanders.

Aber in welchem Job hat man es schon leicht? Vielleicht, wenn man hauptberuflich Nur-Ehefrau ist? Das kam als Beruf für mich jedoch nie infrage, obwohl ich viele Frauen kenne, die dieses Modell leben. Ich wäre also nicht alleine gewesen und hätte auf diesem Weg erleben können, wie es in den sozialen Stockwerken über mir zuging. Denn dort waren diese Frauen zu Hause. Aber so weit kam es nie. Ich habe nie sehnsüchtig zu ihnen hochgeschaut, höchstens mit freundlicher Missgunst rübergeschielt, wenn man sich beim Abholen der Kinder auf dem Tennisplatz per Zufall über den Weg lief. Ich fühlte mich dann auf eine etwas unheimliche Art von dieser latent spürbaren substanziellen Leere angezogen, die da urplötzlich aus einer dieser sorgsam kuratierten, auf das restliche Outfit perfekt abgestimmten Louis-Vuitton-Taschen rausschwappte und gegen meinen Willen versuchte, meine Lidl-Kühltüte einzunehmen, in der ich die auf dem Rückweg vom Büro hektisch gekaufte Milchtüte transportierte.

Die wenigen Worte, die man dann höflichkeitshalber wechselte, offenbarten mir dann noch etwas, womit ich so nie gerechnet hatte. Hatte ich bis dato das Gefühl, ein komplett anderes Leben als diese Frauen zu führen, wurde mir in diesen Momenten immer klar, dass wir uns gar nicht mal so sehr voneinander unterschieden. Genau wie ich schienen sich auch diese Frauen in ihrem Alltag oft und lange genug am Rande eines Nervenzusammenbruchs aufzuhalten, um zu meinen, nach einer Sitzmöglichkeit Ausschau halten zu müssen. Kurzum, auch sie waren oft stressed und depressed, aber im Gegensatz zu mir dabei immer tadellos dressed. Welche Vorkommnisse in ihrer Komfortzone zwischen Doppelgarage und Douglasie-Terrasse dafür verantwortlich waren, weiß ich bis heute nicht. Ob der tägliche Anspruch, Kosmetikerin, Hausfrauenfrühstück, Shoppen und Liebhaber unter einen Hut zu bringen, daran schuld war? Ich weiß es nicht. Ich weiß nur, dass keine der mir bekannten Frauen, die so lebten, wirklich glücklich war. Das tat mir oft leid, denn jeder Mensch hat ein Recht auf ein erfülltes, zufrieden machendes Leben. Aber anstatt die Situation zu ändern, indem man sich eine echte Aufgabe suchte, ertrugen diese Frauen ihr Schicksal lieber mit der Grandezza einer alternden Diva. Aus einem Akt reiner Nächstenliebe heraus möchte ich meinen Wunsch verstanden wissen, der ein oder anderen Stute in den wohldefinierten Hintern treten zu wollen, um ihnen die Chance zu geben, den daraus entstehenden Schwung zu nutzen, um endlich etwas aus ihrem Leben zu machen. Es hat schließlich noch niemandem geschadet, mehr zu leisten, als die Führerscheinprüfung abzulegen.

Susanne Botschen, die Gründerin der Onlineboutique mytheresa.com, sagte mal: »Leben genießen heißt bei mir nicht Freizeit, sondern Inhalt.« Und auch mir erschien es an den allermeisten Tagen wertvoller, ein Leben aufzubauen, das sich gut anfühlt und nicht nur nach außen gut aussieht. Aber so toll sich dieser Anspruch anhört, so schwierig ist er im ganz normalen Arbeitsalltag umzusetzen. Und damit meine ich vor allem die Tage, an denen man morgens das Betreten des Büros schon so beschreiben möchte: »Ich kam, sah und hatte direkt keine Lust.«

Warum auch immer. Weil meine Kollegin, die bürokratische Superheldin vom Chef, natürlich mal wieder vor mir da war und mich direkt mit dieser diabolisch vorgetäuschten Freundlichkeit nach dem Motto »Bitte recht fies« so überschwänglich begrüßte, dass ich jedes Mal dachte, nicht erwürgt ist als Gegengruß genug? Allein dieses morgendliche Ritual hätte schon eine tägliche Gehaltserhöhung gerechtfertigt. Oder weil ich morgens völlig verstrahlt vor einem Papierberg saß und verzweifelt auf irgendeine Stimme aus dem Off wartete, die mir zuraunte: »Hier waren wir stehen geblieben und hier geht es weiter.« Oder weil ich vor dem ersten Kaffee angesprochen wurde (einer der größten Fehler überhaupt) oder, wie immer, wenn ich den ersten

Kaffee ziehen wollte, die Maschine meldete: Trester leeren, Wassertank füllen, Bohnen füllen. Sie kennen solche Tage auch, oder?

Bei mir waren es oft die Montage, die mit einer standesgemäßen Schaffenskrise begannen. Ich konnte den Montagmorgen noch nie leiden. Oder Menschen wie meine Kollegin, die den Montagmorgen mögen ... Ach, eigentlich alle Montage und alle Morgen und alle Menschen.

Ich glaube, jeder kennt diese Montage, an denen man nach einem gechillten Wochenende den PC startet, dabei leise »Yesterday, oh my Sofa seems so far away« summt, kurz auf die Uhr schaut und dann denkt, Mensch, erst neun Uhr, und die Woche will einfach nicht enden.

Wenn sich mir dann noch so ein blöder Kalenderspruch aufdrängte, wie z. B. »Jeder Tag ist ein Geschenk«, hätte ich jedes Mal ausrasten können. Bin ich aber nie. Ich überlegte nur ausgiebig, wo ich denn dieses Scheißgeschenk, das den Namen Geschenk überhaupt nicht verdient, bitte schön umtauschen kann. Umso erleichterter war ich dann nach Büroschluss, dass der Montag endlich geschafft war, bis mir im ersten Stau dann auffiel, dass am nächsten Tag erst Dienstag war.

Dann waren sie plötzlich wieder da, diese Fragen: Warum bist du damals nicht einfach Spielerfrau geworden? Jetzt ist es zu spät. In meinem Alter würde ich es nicht mehr auf die Ehrentribüne schaffen, allenfalls in die Stadionkatakomben. Ich müsste mich womöglich mit einem in die Jahre gekommenen, halbkriminellen Funktionär wie seinerzeit Seine Eminenz Sepp dem Ersten zufriedengeben. Nein danke!

Aber für ein Dasein als Straßenkünstlerin wäre es vielleicht ja noch nicht zu spät. Das könnte doch noch was werden: flexible Arbeitszeiten, Abwechslung durch Ortswechsel, ich wäre mein eigener Herr. Alles Dinge, die ich sehr schätze. Ach, lassen wir das.

Solche Tage sind einfach normal. Sie gehören dazu. Es muss sie geben, sonst weiß man die Tage, an denen man das Büro ausgeglichen, glücklich und zufrieden verlässt, ja gar nicht richtig zu schätzen. Glücklicherweise waren diese deutlich in der Überzahl.

Das ist definitiv auch der Grund, warum ich ein Dasein als hauptberuflich schlanke, stets frisch ondulierte, top gestylte Gattin stets dankend abgelehnt hätte. Wohl bemerkt, hätte. Denn wirklich in Versuchung kam ich nie. Zwar habe auch ich in meinem Leben Männer kennengelernt, die mich zunächst faszinierten, weil sie mir genau so ein Leben ermöglicht hätten. Aber glücklicherweise sind die Männer, auf die wir fliegen, nicht immer die, bei denen wir landen. Ich hätte mich wie eine mehr oder weniger dekorative App eines gut verdienenden Ehemanns gefühlt und wäre auf kurz oder lang entweder in der Klapse oder in der Betty-Ford-Klinik gelandet.

Aber der Rheinländer sagt ja gerne: Jeder Jeck ist anders. Ob das, was ich 25 Jahre lang als Traumberuf bezeichnet habe, auch in den Augen eines anderen Menschen erstrebenswert gewesen wäre, wage ich zu bezweifeln. Aber zumindest hat die Arbeit in der Modebranche mein Leben um vieles bereichert.

Hier ein kleiner Einblick in meine Erwerbsbiografie:

Meine Tätigkeiten für große Bekleidungshersteller waren nicht nur meine Existenzgrundlage, sondern auch lange Zeit die Basis für mein Ego. Die Arbeit steigerte mein Selbstbewusstsein und hat mir immer viel Spaß gemacht. Die Modebranche ist das aufregendste Business, das ich mir vorstellen kann. Nirgendwo erfindet man sich häufiger neu als hier. In keiner Branche trifft man auf mehr Exzentrik. Aber es gibt auch kein Business, in dem es hektischer, unorganisierter und oberflächlicher zugeht – das Filmbusiness mal ausgenommen.

Die unzähligen Fachsimpeleien mit speziellen Kunden, nämlich denen, die gleichermaßen über einen spektakulär schlechten Geschmack wie über eine nicht minder ausgeprägte spektakuläre Beratungsresistenz verfügen. Wenn sich eine Zentraleinkäuferin so kleidet, als wäre der Ordertermin eine Kostümsitzung im Gürzenich, und man schon bei der Begrüßung an den Kommentar von Guido Maria Kretschmer denken muss: »Die hat aber auch nicht an der Vogue geleckt«, gilt trotzdem das oberste Gebot: Cool bleiben und ganz nüchtern an den Auftrag denken. Mir ist das nicht immer leichtgefallen, denn meist sind es ausgerechnet diese Kunden, die jedes zweite Teil als »unmöglich« und »voll daneben« abstempeln. Manchmal machen sie auch direkt beim Betreten des Showrooms die gesamte Kollektion als vermeintlichen Textilterrorismus nieder. Dieses aufgeblasene Benehmen, das an Unerhörtheit kaum zu toppen ist, war sehr anstrengend. Allerdings gab es diese Ausreißer nicht ständig. Eigentlich nur dann, wenn sich eine Einkäuferin gerade auf Diät befand. Das Problem ist nur, dass es in einer Branche, in der sich alles auf die äußere Hülle fokussiert, immer sehr viele davon gibt. Manche haben mir in den 25 Jahren nie anders gegenüber gesessen: aufgeblasen und aufgebläht trostlos ihre selbst mitgebrachte Kohlsuppe löffelnd.

Es gab auch Kundinnen, die darauf bestanden, die Musterteile selbst anzuprobieren, weil sie sich für eine repräsentative Ausgabe ihrer eigenen Kundschaft hielten. Leider waren das oft Damen jenseits der Größe 44, die sich dann in die Mustergröße 36 schossen, um dann – nach Luft ringend und mit letzter Kraft – »viel zu eng, das Teil kann ich nicht ordern, es ist ja völlig verschnitten« zu prusten. Was sagt man da als Mensch, der seinem offensichtlich an Realitätsverlust leidenden Gegenüber gerne eins zwischen die Hörner geben würde, dies aber nicht kann, weil man ja an einem Auftrag auf Vorjahresniveau interessiert ist? »Schauen Sie, wie solide das Teil verarbeitet ist. Die Nähte sind absolut reißfest.« Oder: »Wir haben nur mit den besten Zutaten gearbeitet. Reißverschlüsse, die eine Lücke schließen, in die ein Kleinwagen passen würde, sind das beste Beispiel dafür.« Oder: »Für oberflächliche Damen wie Sie, pardon, also Damen mit viel Oberfläche, haben wir das Modell ›gut besuchter Pullover‹ designt. Es überzeugt mit dehnbaren Argumenten. Damit nicht ›Schmale Form, enger Markt‹ gilt, haben wir beim Wareneinsatz darauf geachtet, ausschließlich feinstes Polyacryl zu verwenden.«

Und es gab die Kunden, die auch in schwierigen Zeiten gute Abverkäufe verzeichnen konnten, beim Ordertermin aber plötzlich trotzdem mit ihrem Auftrag weit unter Vorjahresniveau blieben, um bei Bedarf später vom Lager nachzuziehen – oder einfach, um mich zu ärgern, was letztendlich aufs Gleiche hinauslief. Zur Erklärung: Die Vororder ist keine Schikane, die sich die Industrie für den Einzelhandel ausgedacht hat. Sie dient dazu, Vertriebsmenschen wie mir die Rente zu sichern. Ach, und, das hätte ich jetzt beinahe vergessen, um Einzelhändlern ein breites und tiefes Sortiment zu ermöglichen, das auf ihre individuellen Bedürfnisse abgestimmt ist und lediglich punktuell durch Einzelteile aus dem Lager des Herstellers ergänzt werden sollte. Denn der Hersteller kann sich aus Kostengründen nicht die komplette Kollektion auf Lager legen. Ignoriert man diesen Umstand, ist es so vorhersehbar wie die Sendezeit der Tagesschau, dass das Sortiment später im Laden große Lücken aufweist und sehr einzelteilig wirkt. Es sieht dann dort sehr schnell aus wie in einer Filiale der Reinigungskette Prompt & Sauber. Dass sich das unweigerlich am Ende der Saison in einem deftigen Umsatzminus niederschlagen muss, bedarf keiner weiteren Erklärung, denn es fehlt schlichtweg an attraktiven, in sich geschlossenen Warenbildern und modischen Eyecatchern. *What can't be seen can't be sold* – für einige Kunden ein komplettes Mysterium. Ich habe es nicht nur einmal erlebt, dass eine Einkäuferin beim nächsten Ordertermin (sechs Monate später) erhobenen Hauptes den Showroom betrat wie Mariah Carey, wenn sie einen Termin mit einem Reporter der Vanity Fair hat, auf den sie null Bock hat (vorausgesetzt, die Diva erschien überhaupt), und mich von oben herab wissen ließ, dass ich, und nur ich, am desaströsen Abverkaufsergebnis schuld sei. Aber auch da muss man cool bleiben und im Einzelfall einfach denken: Je leerer der Kopf, desto höher kann man ihn halten.

Oder der tägliche Kampfmodus, den man als Vertrieblerin mit den Designern führte. Nicht selten saßen dort junge Damen, die von Inforeisen nach Mailand und Paris beeindruckende Ideen aus namhaften Haute-Couture-Häusern mitgebracht hatten und nun versuchten, diese in einer bodenständigen deutschen Kollektion der Marktmitte mit einem Größenspiegel bis Konfektionsgröße 52 und einer Schwerpunktpreislage von 89 Euro VK umzusetzen. Storytelling, nicht nur eine platte Botschaft vermitteln, war immer das Argument der kreativen Seite. Kein Spektakel, keine Sensation, dafür Vernunft und Tragbarkeit, lautete das Gegenargument. Dieses krampfhafte Originell-sein-Wollen, Avantgarde als Rechtfertigung für Untragbares ... Wie viel Zeit haben diese Diskussionen immer gekostet – und wie viel Kraft! Gelacht wurde trotzdem viel, denn Designer und Vertriebsmenschen sind gleichermaßen intelligent und dennoch so absurd unterschiedlich gestrickt in der Handhabung dieser Gabe, dass so manche Diskussion Comedyqualitäten aufwies. Viel Geduld und ein respektvoller Umgangston mit dem sensiblen Pflänzchen Designer führten öfter mal dazu, dass ich mich hören sagte: »Sorry, Ilka, aber ich bin mir sicher, einer von uns beiden hat mehr Ahnung als du.«

Überstunden im Büro waren die Regel, denn ich habe nie Arbeit mit nach Hause genommen. Soll man ja auch nicht, es sei denn, man arbeitet in einer Vinothek oder auf einem Weingut. Abendschichten gehörten in meinem Job dazu wie Koffein zum Kaffee, Alkohol zum Wein und Kraftausdrücke zum Schimpfen. Schließlich wird niemand gekrönt, der vorher nicht gekämpft hat. So nahm ja schon so manche Großmachtfantasie ihren Lauf. Meine zunächst auch. Dass man dieses Engagement von mir erwartete, wurde mir meist auch direkt im ersten Kennenlerngespräch gesteckt. Dass ich im Gegenzug auf eine faire Bezahlung Wert legte und arbeitete, um Geld zu verdienen und nicht um Payback-Punkte zu sammeln, stieß bei so manchem Personalchef hingegen auf Unverständnis. Zumindest gab man mir das ein oder andere Mal das Gefühl, der allererste Kandidat zu sein, der mit der irrwitzigen Vorstellung einer adäquaten Bezahlung ins Rennen ging. Auch im Nachhinein finde ich diese Nummer noch ziemlich skrupellos. Vor allem, wenn man dann noch im Laufe der Zeit erfuhr, dass ein männlicher Kollege mit vergleichbarer Tätigkeit besser bezahlt wurde. Aber Gewissen ist eben eine wirklich große Sache – sie geht einfach in manchen Kopf nicht rein.

Männer sind nicht besser. Sie arbeiten auch nicht besser, sie arbeiten anders, weil sie anders denken. Aber nicht zwangsläufig effizienter. Ich habe mal in einem Unternehmen gearbeitet, das regelmäßig sogenannte Retreats durchführte, in denen der Teamgeist der Mitarbeiter gefördert werden sollte. Eines davon fand im Sauerland statt. Bei einer Challenge zwischen dem männlichen und dem weiblichen Team sollte die Höhe einer offen stehenden Schranke gemessen werden, die sich am Ende des Forstweges befand, den wir nach anderthalb Stunden Fußmarsch über den Rothaarsteig erreichten. Die Männer organisierten im nahegelegenen Wirtshaus einen Tisch, einen Stuhl und einen Zollstock. Es reichte nicht. Es wurde noch ein Hocker geholt. Dann bestieg der Abteilungsleiter Marketing höchstpersönlich den Geräteturm. Noch bevor er den Zollstock anlegen konnte, kippte alles um. Riesenbohei. Alle palaverten wild durcheinander. Dann waren die Frauen dran. Unsere Azubine im zweiten Lehrjahr trat vor, lief wortlos zur Schranke und ließ diese manuell per Kurbeltechnik herunter. Nachdem die Schranke sicher in ihrer Halterung lag, nahm sie lässig den Zollstock und maß die Schranke wortlos ab. Den männlichen Kollegen kippte die Kinnleiste runter. Keiner sagte was, bis der Abteilungsleiter das Wort ergriff und lästerte: »Typisch Frau, es sollte doch die Höhe der Schranke gemessen werden und nicht die Länge ...«

Gut ist, dass die Gender-Pay-Gap-Debatte demnächst neue Dynamik erfahren wird. Nämlich dann, wenn Unternehmen mit mehr als zweihundert Beschäftigten die Karten offen auf den Tisch legen und auf Nachfrage beziffern müssen, was vergleichbare Kollegen des jeweils anderen Geschlechts im Mittel verdienen. Ob das aber zu mehr Gendergerechtigkeit führt? Ich bin da eher skeptisch. Denn, was ist denn schon eine vergleichbare Tätigkeit? Alles Ansichtssache. Wie die Frage, ob das Glas halb voll oder halb leer ist. So wie hier die Antwort lauten muss: »Entscheidend ist doch, wie viele Flaschen noch im Kühlschrank stehen«, ist es in der aktuellen Debatte gut zu wissen, dass es wenigstens schon mal ein Bewusstsein für diese Ungerechtigkeit gibt und die ersten Signale in die richtige Richtung gesendet werden.

Am sichersten erscheint es mir immer noch, ganz am Anfang, also direkt im Vorstellungsgespräch, geschickt zu verhandeln, damit man diese leidigen Gespräche nicht schon direkt nach Beendigung der Probezeit führen muss. Ich weiß, dass das nicht ganz leicht ist. Denn gerade als Newcomer nimmt man die vermeintliche Nestwärme, die das Head-of-Human-Resources-Gegenüber einem in diesen Minuten oft versucht als unbezahlbares Benefit zu verkaufen, fälschlicherweise auch zunächst als ein solches wahr und nicht als das, was sie tatsächlich ist: Nämlich die Reibungshitze, die gerade entsteht, weil er einen gehaltsmäßig über den Tisch zu ziehen versucht.

Das ging mir Ende der 8oer-Jahre nicht anders. Zu diesem Zeitpunkt startete meine berufliche Idylle. Um die Leser nicht zu verlieren, die sich diese Zeit nicht vorstellen können, weil es noch keine App dafür gibt, hier ein kurzer Einblick: Damals basierte die gesamte Firmenkommunikation noch auf Telefon, Telefax und Hauspost. Mehr gab es nicht. Und die Faxgeräte funktionierten sogar noch mit

Thermopapier. Da ich mich mit Technik schon immer schwergetan habe und der Umgang mit diesen Geräten völlig neu für mich war, habe ich mein erstes Fax gleich fünfmal durchgeschickt. Ich dachte jedes Mal, es wäre nicht angekommen, weil die Seiten unten am Gerät immer wieder rauskamen. Wie sollte ich es auch besser wissen? Wenn der Pförtner da gewesen war, um die Hauspost einzusammeln, war das Körbchen anschließend immer leer. Ein todsicheres Zeichen dafür, dass der Urlaubsantrag noch am gleichen Tag beim Chef ausgeliefert und gelesen werden würde, um dann, einen Tag später, wieder bei mir in der Hauspost zu landen – meist mit dem Vermerk »nicht genehmigt«.

Bei den ca. 15 Jahre später erstmals auftauchenden E-Mails habe ich mich auch nicht besser angestellt. Ich erinnere mich noch sehr gut an die allererste E-Mail, die mich in meinem Berufsleben erreichte. Sie kam von meinem Chef. Abends um elf ploppte sie im Posteingang meines noch aufgeklappten Laptops hoch. Es war nur ein Test. Man hatte dieses Kommunikationsmittel ja gerade erst eingeführt. Aber als ich sie dort entdeckte, habe ich mich richtig erschrocken. Dann habe ich mich erst mal wieder richtig angezogen, und danach erst habe ich die E-Mail geöffnet.

Ich fühlte mich verpflichtet, auch um diese Zeit noch ansprechbar zu sein. Schließlich hatte ich ja einen 24/7-Job. Das war nicht von Anfang an so vorgesehen. Es ergab sich erst mit der Zeit, weil ich eine Kollegin hatte, die regelmäßig durch professionelle Versagensleistungen überzeugte. Aber wir waren nun mal ein Team, und unser Ergebnis fiel somit auch immer auf mich zurück. Was will man da machen? Dass sie sich schon so lange in dem Laden hielt, führe ich rückblickend ausschließlich auf ihr Äußeres zurück, von dem sich damals jeder blenden ließ. Sie war tatsächlich so hübsch, dass ich zunächst annahm, sie sei nur für dekorative Zwecke eingestellt worden, denn ihr IQ bewegte sich nur knapp über ihrer Körpertemperatur. Warum können Menschen nicht ein wenig leiser dumm sein, habe ich mich nicht nur einmal gefragt, wenn sie sich in der Teeküche mal wieder mit meinen Arbeitsergebnissen schmückte. Und selbst das noch nicht mal richtig auf die Reihe bekam. Man soll es nicht für möglich halten, aber es gibt tatsächlich Menschen, die Rechtschreibfehler schon beim Denken machen. In den Momenten habe ich mich immer furchtbar geärgert, dass man diese Frau nur auf ihr Äußeres reduzierte. Ihre Dummheit und Dreistigkeit blieben mir da einfach viel zu oft auf der Strecke. Nein, ich habe und lasse mir da nichts vorwerfen. Auch keine Stutenbissigkeit. Ich habe wirklich lange genug versucht, einen Draht zu ihr zu finden. Meine Suche endete jedoch immer mit dem Wunsch nach einer Zündschnur. Ein ganz gemeiner Schachzug ihrerseits, über den ich erst mal eine Nacht wachliegen musste, brachte dann den Entschluss zu gehen. An meinem letzten Arbeitstag verabschiedete ich mich schriftlich von ihr mit den Worten: ... *und wenn Deine Unfähigkeit dann doch mal auffliegen sollte, bewirb Dich einfach bei einem Möbelhaus — als unterste Schublade. Das kannst Du. Damit wirst Du der Renner.*

Aber ich hatte auch nette Kollegen im Laufe der 25 Jahre.

Zum Beispiel in einer Düsseldorfer Firma. Özduru aus dem Marketing, den wir in der Firma Olli nannten, um ihn von Üzeyer aus dem Controlling, den wir Didi nannten, zu unterscheiden, war so einer. Mit Özduru teilte ich mir innerhalb eines Großraumbüros den ersten Schreibtisch, von der Tür aus gesehen, also den, an dem jeder ständig vorbeilief und dabei jedes Mal irgendwelche Zettel mit unwichtigem Kram hinterließ, um sie nicht selbst abheften oder entsorgen zu müssen. Natürlich nicht ohne dabei etwas Kurzes, vermeintlich nett Gemeintes rüberzuflöten. Meist diente das aber nur dazu, um von der jeweiligen Hinterlassenschaft abzulenken. Ständig flatterte irgendwas auf meine Tastatur oder ich musste überflüssige Fragen beantworten. »Warst du gestern noch beim Sport?« »Nein!« »Kennst du schon die neue Bäckerei gegenüber?« »Ja!« »Heute gibt's rheinischen Sauerbraten in der Kantine. Kommst du mit?« »Klar!« »Was machst du gerade?« »Arbeiten!« Ich kam zu nichts mehr, bis Özduru dann irgendwann meinen Papierkorb auf den Tisch stellte und ihn mit »Posteingang« beschriftete. Danach nahm er noch einen Zettel, schrieb drauf: *Hier findet ihr die FAQs, bitte lest sie aufmerksam durch, vieles erübrigt sich dadurch,* und klebte ihn auf die Rückenlehne meines Stuhls. Ab dem Moment wurde es etwas ruhiger um mich herum. Ich habe ihn zum Dank in der Mittagspause zum Italiener eingeladen. Es war sehr lustig mit ihm, und wir haben eine ganze Flasche Pinot Grigio in uns hineingelitert. Nachmittags ging nichts mehr. Unser Chef wurde durch das permanent unterdrückte Gekicher angelockt und meinte sich vor unserem Schreibtisch, direkt neben dem neuen Posteingang, aufbauen zu müssen, um auf seinen Absätzen vor und zurück wippend mit erhobenem Zeigefinder zu sagen: »Ihnen ist schon bekannt, dass trinken während der Arbeit verboten ist, oder?« Worauf Özduru lallte: »Keine Sorge, Chef, wir arbeiten nicht.«

Ich mochte Großraumbüros noch nie. Wenn alle telefonieren, hat man nicht selten einen Geräuschpegel wie beim Lokalderby Schalke-Dortmund. Man ist ständig abgelenkt, was zu regelmäßigem Nachsitzen führt. Kommt dann noch eine gewisse Unorganisiertheit von oben hinzu, wird aus dem Nachsitzen auch schon mal eine Nachtsitzung. In der Modebranche keine Seltenheit, denn sie ist voller Überraschungen und unvorhersehbarer Ereignisse. Messen z. B. gehören unbedingt dazu. Sie stehen zwar ein Jahr im Voraus fest, und Monate vorher beginnt die Berichterstattung seitens der Fachpresse. Darüber hinaus ist der Innendienst Wochen vorher von morgens bis abends lautstark mit der Kundenterminierung beschäftigt, und im Lager trudeln tagtäglich Musterteile aus Fernost und der Türkei ein. Trotzdem trifft dieses Ereignis, dieser seit Firmenbestehen alljährlich zweimal wiederkehrende Event manch einen Produktmanager immer wieder wie ein Paukenschlag, völlig unvorbereitet.

Für uns bedeutete das dann mal wieder eine Schicht bis weit nach Mitternacht. Wie man in so einer Situation trotzdem für Stimmung sorgt bzw. eine derart missliche Lage in ein Highlight verzaubert, das ich nie vergessen werde, hat uns Özduru damals gezeigt. Zunächst bestellte er bei seinem Onkel Hüseyin, der um die Ecke eine Dönerbude betrieb, für fünfzehn Personen Kebab. Danach fuhr er zu Luigi an die Tanke und kaufte Lambrusco in Anderthalb-Liter-Flaschen, und während wir Musterteile etikettierten, Farbkarten klebten, Preise ins System eingaben und das Radio vor sich hin dudelte, begann sich unsere Laune langsam zu drehen. Mit jeder weiteren vom Lambrusco blau gefärbten Zunge wurde unsere Stimmung ausgelassener. Der absolute Höhepunkt war erreicht, als ab 23 Uhr das Nachtprogramm im Radio begann. Die Hörer durften Musikwünsche äußern, und Özduru war als Erster in der Leitung und wünschte sich den Gefangenenchor aus der Oper Nabucco von Guiseppe Verdi. Es wurde gespielt, und zwar mit Ansage – und das, obwohl es eigentlich ein Popsender war.

Vielleicht waren es die Döner oder der Wein, die Özduru auf die Firma hat anschreiben lassen, die letztendlich zum finanziellen Ruin des Unternehmens führten, vielleicht war es aber auch ein Imageproblem, weil der Radiomoderator belustigt darüber berichtet hatte, wer sich da gerade welches Musikstück und warum gewünscht hat. Ich weiß es nicht. Jedenfalls wurde die Firma irgendwann verkauft, und ich suchte mir einen neuen Job, denn ohne Arbeit hätte mir etwas gefehlt.

Die nächste Firma war deutlich besser aufgestellt. Es gab Hierarchien. Chef, Bereichsleiter, Hauptabteilungsleiter, Abteilungsleiter und Leute wie mich. Der Chef, Typ Louis de Funès, bestand in der Kantine immer auf ein Jumbo-Eis zum Nachtisch, während für die Führungsebenen darunter jeweils ein Flutschfinger bereitgehalten werden durfte. Aber immerhin auf Firmenkosten, denn der Inhaber versprach sich durch den ausgestreckten Zeigefinger, der diesem Speiseeis zu seinem Namen verhalf, mehr Achtsamkeit bei der Einhaltung der Mittagspause. So urkomisch das war, man wusste bei diesem Mann immer, woran man war. Alles war definiert und wurde top-down umgesetzt. Er hatte seinen Parkplatz direkt vor der Hauptverwaltung und, wie es sich gehörte, in der obersten Etage ein Eckbüro mit Vorzimmerdame. Darin stand ein unfassbar großer Designer-Chefsessel aus feinstem Büffelleder. Für Leute wie mich, die immer öfter Rückenprobleme haben, weil ihnen immer mehr Menschen den Buckel runterrutschen, ein Traum. Fand dort eine Besprechung mit den Hauptabteilungsleitern statt, wurde dieser Sessel so hochgeschraubt, dass er – trotz seiner napoleonischen Größe – alle anderen Anwesenden überragte, selbst Grenzland-Tom mit seinen ein Meter achtundneunzig. So nannten wir den Exportleiter, der aufgrund seiner mangelnden Englischkenntnisse nur das angrenzende deutschsprachige Ausland verantworten wollte, was dazu führte, dass wichtige Wachstumsmärkte auf Expansionsplänen schlichtweg nicht vorkamen. Ich hatte ihn mal in einer hitzigen Preisdiskussion am Telefon mit einem Agenten aus Fernost ziemlich aufgebracht erlebt. Den Satz »This goes so not, that pulls me from my chair« habe ich nie vergessen. Aber ich will nicht abschweifen.

Fakt ist, der Firmenchef hatte sich ein solches Sitzmonster verdient. Da gab es nichts dran zu ruckeln. Man muss auch jönne könne, wie der Rheinländer sagt. Und ganz ehrlich, ein Büffelledersessel ist doch auch nur ein vermöbeltes Rindvieh.

Was mich allerdings gestört hat, war, dass mein Bunker im Gegensatz zu seinem lichtdurchfluteten Loft so dunkel war, dass selbst die solarbetriebene Wackelblume mit integrierter Schreibtischuhr nicht funktionierte und mein Körper schon kurz nach Beginn der Kernarbeitszeit anfing, das Schlafhormon Melatonin auszuschütten. Jeden Morgen wurde ich von meiner Kollegin positiv auf schläfrig und schlapp getestet, obwohl ich auf der Hinfahrt noch hellwach gewesen war. Erst wenn das Zaubermittel Kaffee zum dritten Mal hinzugefügt worden war, konnte mein Gehirn erfolgreich gestartet werden. Beim ersten und zweiten Kaffee war das Einzige, was wach war, meine Blase. Ich will nicht sagen, dass ich in dieser Zeit viel Kaffee getrunken habe, aber ich denke, brasilianische Plantagenbesitzer werden in diesen Jahren ein Foto von mir im ledernen Brustbeutel mit sich geführt haben. Ich funktionierte nur dank Koffein.

Bis heute habe ich eine Schwäche für Kaffee. Ich liebe ihn. Umgekehrt wird das nicht der Fall sein, denn ich gehöre zu den Menschen, die ihren ersten Kaffee am liebsten alleine in Ruhe, ohne reden zu müssen, trinken wollen. Daher würde es mich auch nicht wundern, wenn meine Kaffeetasse viel lieber ein Weinglas geworden wäre: Während ich sie nämlich jeden Morgen griesgrämig anschweige, erzähle ich meinem Weinglas abends immer bestens gelaunt mein halbes Leben.

Das Büro war Mist, die Unternehmenskultur nicht. Das Hamsterrad, in dem ich freiwillig lief, weil es von innen zunächst einmal wie eine nicht enden wollende Karriereleiter aussah, wollte mir dort nämlich keiner als Privilegium verkaufen – nach dem Motto »Guck mal, deines ist aus hochwertigem Aluminium, nicht aus billigem Plastik«. Diese Erfahrung machte ich erst fünf Jahre später in einem Kleinunternehmen, heute würde man Start-up sagen. Im Gegenteil, in dieser traditionellen Firma nahm mein Chef meine zahlreichen Überstunden während einer Weihnachtsfeier sogar mal zum Anlass, mir väterlich auf die Schulter zu klopfen. »Machen Sie sich nicht kaputt für die Firma. Es zählt nicht, wie viel Rente man mal bekommt, sondern über welchen Zeitraum.« Ein weiser Spruch von einem altersweisen Mann Mitte 60, den ich trotz oder auch wegen seiner Kauzigkeit sehr gemocht habe.

Hingegen waren mir dynamische, moderne Chefs der Marke Enabler oder Coach, die Slimfit-Hemden der Marke Hackett trugen und über mehrere Paare Gucci-Sneakers verfügten, um auch rein optisch jederzeit dem Anspruch eines Prenzlauer-Berg-Mix aus Hipster und Healthster gerecht zu werden, immer suspekt. Chill-out-Ecken, Denkschaukeln und Konferenzräume, die zu Coworking-Spaces umgerüstet wurden, um von We-Work und Mindspace reden zu können, sind mir immer fremd geblieben. Ein freies Spiel der Kräfte anstatt standardisierter Prozesse war einfach nicht mein Ding. Vielleicht war ich einfach schon zu alt dafür.

Und es gab noch etwas, das mich in diesen Firmen störte: Ich bin zwar nie ein Freund von Vorladung, Verhör, Vollstreckung gewesen, aber der Enthusiasmus, mit dem ständig irgendwelche Meetings einberufen wurden, in denen dann auf der Glatze Locken gedreht wurden, blieb mir immer ein Rätsel. So nennt man das im Rheinland, wenn viel geredet wird, ohne dabei etwas zu sagen. Ich hatte damit ein besonders ernst zu nehmendes Problem, denn meine Gedanken schweiften in diesen Meetings regelmäßig ab: Wer putzt hier eigentlich die bodentiefen Fenster, wie haben die wohl diesen riesigen, tonnenschweren Tisch aus südafrikanischem Granit durch die Tür bekommen ... Oder war der sogar zuerst da und das Gebäude wurde drum herum gebaut? Meine ganze Konzentration verwendete ich ausschließlich darauf, nach vorne in die Runde zu lächeln, und wenn das irgendwann nicht mehr möglich war, weil die Diskussionen so zielführend wurden wie drei Wochen Kreisverkehr und ich schon in diesen Momenten wusste, dass wir auch mit der Nichtumsetzung der dort formulierten Ziele wieder mal den Vogel abschießen würden, ja, dann musste ich meine Taktik ändern. Dann drehte ich mich zur Seite, blies die Backen auf, und erst ganz zum Schluss habe ich mit den Augen gerollt. Wenn Sie diese Situationen auch kennen und es mir gleichtun möchten, hier noch ein wichtiger Hinweis: Dieser Prozess muss genau in dieser Reihenfolge erfolgen, bloß nicht andersherum. Sonst könnte Ihr Gegenüber

Sie bei Ihrem Ritual abrupt unterbrechen und schon beim Augenrollen verstört fragen: »Frau Vogd, was ist los? Suchen Sie etwa Ihren Verstand?«

Irgendwann begann mich dieser Zirkus zu nerven, denn mein Überstundenkonto wuchs und wuchs. Die liegen gebliebene Arbeit musste schließlich irgendwann nachgeholt werden. Meine innere Job-Emigration hatte begonnen. Aktiv wurde ich dann, nachdem ich eines Abends zu meinem Mann völlig frustriert gesagt hatte: »Eigentlich verdiene ich Hunderttausende – die zahlt mir nur keiner.« Und mein Mann geantwortet hatte: »Vielleicht keine Hunderttausend, aber eine Bezahlung der geleisteten Überstunden wäre doch nicht mehr als fair.« Als mich keine Woche später mein junger, dynamischer Chef abends um 18 Uhr wieder mit einer Aufgabe beglücken wollte, die laut seiner Aussage nur bei mir gut aufgehoben sei, weil sie ganz besondere Kompetenz erfordere, und die selbstverständlich keinen Aufschub bis zum nächsten Tag zuließ, schrieb ich folgende Mail an diesen lockeren, immer so jovial wirkenden Enabler:

Hallo Chef, meine Motivation konnte leider keine Verbindung zu der von Ihnen gestellten Aufgabe herstellen, denn sie befindet sich vorübergehend im Sparmodus. Bitte versuchen Sie es zu einer büroüblichen Zeit erneut, oder überprüfen Sie das von Ihnen in meinem Fall gewählte Gehaltsniveau. Weitere Informationen finden Sie unter www.frau-vogd-fair-bezahlen.de.

Die Reaktion ließ nicht lange auf sich warten. Der Coach antwortete prompt und seinem Habitus entsprechend unkonventionell. Er bot mir das Du an. Sozusagen als Kompensation für meinen unermüdlichen Einsatz. Damit sollte mir ein Kodex in Richtung Kollegialität, Freundschaft, Familie suggeriert werden. Duzen als Lockerungsübung, wenn die Unternehmensleitung merkt, dass sich die Motivation des Mitarbeiters im freien Fall befindet. Mir waren diese systematischen Google-Facebook-Duz-Paradiese noch nie sympathisch. Auch dieses obligatorische Genossen-Du innerhalb der SPD finde ich komisch. Selbst bei IKEA ärgere ich mich jedes Mal darüber. Und jetzt also er, dieser Mensch, den ich ausschließlich als Arbeitsbiene, nie als Mensch interessiert habe. Wenn es diesen Chef bei IKEA zu kaufen geben würde, er würde Elenda Sklaaventryba heißen.

Mit Du rede ich Leute an, die mir nahestehen. Familienmitglieder oder Freunde. Es erscheint mir andernorts einfach nicht authentisch genug. Ich vermisse dabei schlicht und ergreifend die Glaubwürdigkeit. Ich habe mich durch das tumbe Duz-Angebot meines Chefs nicht einen Deut besser verstanden gefühlt, sondern, ganz im Gegenteil, eigentlich nur verarscht. Für wie unterbelichtet wird man da eigentlich gehalten? Ein Duz-Angebot, das per Dekret dieses Gefühl »Ich bin einer von euch« vermitteln soll – nach der Devise »Wir sitzen doch alle in einem Boot«? Natürlich sitzen wir alle in einem Boot. Aber die einen rudern, und die andern angeln. Mein Chef konnte doch nicht allen Ernstes annehmen, dass mir das bisher entgangen war.

Eine gepflegte Distanz, wie ich sie fünfzehn Jahre lang

in einem schwäbischen Unternehmen erlebt habe, empfand ich immer als die bessere Alternative. Sie ist einfach ehrlicher. Ich finde, man kann auch partnerschaftlich zusammenarbeiten, wenn man sich siezt. Es macht vieles sogar einfacher. Und man entwickelt eine Sensibilität für leise Zwischentöne.

Ich hatte dort eine großartige Zeit. Nicht nur, dass in dieser Zeit Mode noch so etwas wie Wertigkeit besaß, im Gegensatz zum heute oft üblichen Ex-und-hopp-Konsum, bei dem Mode nicht selten zur Wegwerfware degradiert wird: Über 100 Milliarden Kleidungsstücke werden pro Jahr weltweit produziert. Jeder Deutsche kauft laut Greenpeace im Jahr durchschnittlich 60 Teile. Und in diesen Wert fließen auch die Männer ein, als reine Bedarfskäufer. Da kann man sich vorstellen, wie groß der Anteil der weiblichen Lustkäufer bei dieser Betrachtung ist. Von diesen sechzig Teilen kommt noch nicht einmal jedes Teil zum Einsatz, und bei den Klamotten, die getragen werden, sank die Halbwertzeit um fünfzig Prozent im Vergleich zu vor 15 Jahren.

Es war ein sehr solides Unternehmen, schwäbisch halt, in dem der Chef noch selbst mit an der Vertriebsfront stand. Und dies nicht, um uns das Gefühl zu vermitteln, einer von uns zu sein. Für platte Kumpaneien war dieser Mann nicht zu haben. Er war eine Erscheinung, eine Respektsperson, ein Meister im furchterregenden Schweigen einerseits und ausgesuchter Freundlichkeit andererseits. Er hatte richtig Stil. Seine Gegenwart war so fühlbar wie seine Abwesenheit. Ich kam damit immer gut zurecht. Wenn dieser Mann mal ein Meeting einberief, dann gab es auch einen echten Grund, nämlich die Frage, wo man abends, nach einem langen Messetag essen gehen wollte – natürlich immer in einem Toplokal und natürlich immer auf Einladung der Firma.

Dieser Chef lebte seinen Beruf. Ich habe auch danach nie wieder jemanden kennengelernt, der eine solche Vorbildfunktion auf mich ausgeübt hat.

Von diesem Mann habe ich gelernt, wie man einen preisaggressiven Lambswoolpulli, der derart kratzt, dass er besser im Baumarkt bei der Glaswolle aufgehoben wäre als an einem Rundständer in der Fußgängerzone, so präsentiert, als handele es sich um ein achtfädiges Cashmere-Luxus-Teil von Iris von Arnim.

Sorry, dieser Vergleich ist vielleicht etwas unbedacht gewählt: Nicht jeder Mann ist so modeaffin, um zu wissen, dass Lambswool ein natürliches Garn ist. Und nicht jede Frau ist so baumarktaffin, um zu wissen, dass Glaswolle ein Dämmmaterial ist. Außerdem weiß keiner, der nicht über ein Haushaltsnettoeinkommen von mindestens 8.000 Euro verfügt, wer Iris von Arnim ist. Ich versuche es auf einer anderen Ebene zu erklären:

Wäre mein damaliger Chef Immobilienmakler gewesen, hätte er ein Haus, das im Norden an eine Ammoniak-Fabrik grenzt, im Süden an eine Müllverbrennungsanlage, im Westen an mehrere XL-Gülletanks eines Großbauern und im Osten an eine Kläranlage, dem interessierten Kunden mit den Worten präsentiert: »Ich sage ja immer: Lage, Lage,

Lage. Bei diesem Objekt wissen Sie immer, woher der Wind gerade weht.«

Meine Leidenschaft für den Beruf wurde erst auf eine harte Probe gestellt, als ich Babywindeln und Business-Outfit, Kita-Öffnungszeiten und Karrieredenken, Mode und Mittagessen unter einen Hut bringen sollte. Als perfektionistisch veranlagte Persönlichkeit glich mein Kopf schon kurz nach dem Aufwachen einem Browser mit 150 geöffneten Fenstern: Waschmaschine anwerfen, die Lieblingsjeans der Tochter noch schnell aus dem Trockner ziehen, Frühstück richten, verschimmelte Inhalte aus Brotdosen entsorgen und neu bestücken, Elternbriefe unterschreiben, meinem Mann bei der Auswahl seiner Krawatte helfen, meine eigenen Sachen zusammenpacken, Katze füttern, Route auf Stau checken usw. Wenn ich dann nach anderthalb Stunden Fahrtzeit in die Tiefgarage fuhr, habe ich mir manchmal im Aufzug auf die Schulter geklopft und »Anne, well done!« gemurmelt. Das Schlimmste liegt schon hinter dir. Jetzt nur noch neun Stunden lang toughe Überzeugungsarbeit bei Problemkunden leisten und der Tag gehört dir. Natürlich erst, wenn du nach anderthalbstündiger Rückfahrt das Chaos in der Küche und die Klamottenberge im Flur beseitigt hast, die eine damals 16-Jährige regelmäßig hinterließ.

Unsere Arbeitswoche hat im Schnitt 35,3 Stunden. Für Frauen fallen zusätzlich jene Arbeitsstunden an, in denen sie die Hausarbeit für ihre Männer miterledigen. Ich musste mir irgendwann eingestehen, dass mein Leben auf diese Art und Weise definitiv nicht mehr auf der Überholspur stattfand. Es war mehr so etwas wie eine permanente Rushhour, in der ich mich als Möchtegern-Alphaweibchen befand. Der Alltag war zu einem real gelebten Wahnsinn verkommen, einem galoppierenden Irrsinn, dem ich ausgesetzt war. Einmal stand ich mit dem gelben Sack in der Hand vor meinem Auto. Ich wollte ihn eigentlich auf dem Weg zum Parkplatz in den Container werfen. Hatte ich aber nicht. Stattdessen musste ich feststellen, dass ich wohl gerade wichtige Unterlagen entsorgt hatte, die ich aus der Firma mit nach Hause genommen hatte, um sie abends noch durchzuarbeiten. Erwähnte ich nicht bereits, man solle keine Arbeit mit nach Hause nehmen, es sei denn ... Nein, diese Jahre waren nicht immer einfach.

Wenn ich die Zeit dafür gehabt hätte, hätte ich mir gerne einen Nervenzusammenbruch mit anschließender Reha gewünscht. Ich hätte ihn wirklich verdient gehabt. Die Wochenenden habe ich regelrecht herbeigesehnt. Aber wann ist eigentlich Wochenende für eine berufstätige Mutter? Für mich immer erst, wenn eingekauft, geputzt, gewaschen und gebügelt war. Mit anderen Worten: Sonntagabend. Dann sank ich erschöpft aufs Sofa, und noch bevor die *Tatort*-Melodie ertönte, hörte ich diese innere Stimme: Ihr Wochenendvolumen ist fast aufgebraucht. Ab sofort fühlen Sie sich vom Montag belästigt und jammern mit erhöhter Geschwindigkeit.

Und so war es dann auch. Ich war schlichtweg überfordert, dachte wieder an die Frauen, die mittwochs schon überlegen, wo sie samstags essen gehen, was sie dabei anziehen und wie sie ihre Louis-Vuitton-Tasche optimal ins Outfit integrieren. Ich hielt ein solches Leben zwar immer noch nicht für erstrebenswert, aber meins war es auch nicht mehr. Ich gehörte de facto zu den 18 Prozent aller Deutschen, die laut Statistik regelmäßig an ihre Leistungsgrenzen stoßen. Nur mit dem Unterschied, dass ich, von Natur aus neugierig, immer sehen wollte, wie es dahinter aussah. Im Büro und zu Hause entstand ein Reizklima, wie ich es später nur noch bei Kita-Elternabenden kennengelernt habe, wenn engagierte Mütter bis weit nach 22 Uhr über die Frage stritten, ob für Dreijährige nun eine Stunde Englisch pro Woche oder anderthalb dem Anspruch einer bilingualen Einrichtung gerecht werden. Ich wurde keinem mehr gerecht. Ich drehte mich nur noch im Kreis und fand irgendwann, dass es an der Zeit war, aus der Reihe zu tanzen.

1991 hatte ich in der Modebranche begonnen. 2016, also 25 Jahre und zwei Hörstürze später, verließ ich sie wieder. Ich wollte mein Leben endlich wieder richtig genießen können, und zwar jetzt und nicht erst, wenn die Hölle zufriert. Duzvernarrte Chefs, beratungsresistente Kunden und Kolleginnen, deren unverschämtes Verhalten darauf schließen ließ, dass sie den Knigge für einen Pausensnack für Schulkinder hielten – all das wanderte jetzt in den Schredder. Weg vom Hyperaktivismus, hin zu mehr Lebensqualität und Genuss! Vom Schleudergang mit 1.600 Umdrehungen runterzuschalten in den Schongang, das war mein Ziel.

Ein neuer Job musste her. Aber wie, wenn man über 50 ist? Bis 50 wirst du als Frau immer etwas misstrauisch beäugt. Du könntest ja dank modernster Reproduktionsmedizin noch mal schwanger werden. Und ab 50 bist du für viele definitiv zu alt. Ich finde den diskriminierenden Umgang der Arbeitswelt mit uns Ü-50-Jährigen sehr ungerecht. Meine Freundin Jutta, ebenfalls 53, war nach der zehnten Absage, die sie auf ihr Bewerbungsschreiben erhalten hatte, derart frustriert, dass sie sich beim Versenden des elften für folgenden Text entschied: *Schicken Sie dieses Dokument in den nächsten 24 Stunden an sieben weitere Unternehmen, sonst haben Sie fünf Jahre keinen guten Sex mehr. Nur weil man 50 plus ist, will man doch noch lange nicht am Edeka-Stammtisch teilnehmen! Das hat übrigens nichts mit Lebensmitteln zu tun, sondern ist die Abkürzung für »Ende der Karriere«.*

»Und wirft der Arsch auch Falten, wir bleiben doch die Alten«, heißt es im Volksmund. Das stimmt, nur sind wir jetzt vielleicht noch reicher an Erfahrung und daher doch eigentlich noch wertvoller für potenzielle Arbeitgeber.

Glücklicherweise dürfen Lebensläufe heutzutage ja bunter ausfallen: Die Headhunterin, die zur Heilpraktikerin umsattelt, die Chefin einer Werbeagentur, die nach ihrem zweiten Burn-out Yogalehrerin wird. Wieder eine andere beginnt ein Philosophiestudium. Warum auch nicht?

Auch ich wollte etwas Neues. Ich spürte, es war einfach Zeit für etwas mehr Egoismus. Nach einem Vierteljahrhundert Folgsamkeit beschloss ich, nur noch nach meiner eigenen Pfeife zu tanzen. Ich machte mein Hobby, andere Menschen zu erheitern, bestenfalls zum Lachen zu bringen, zum Beruf. Aus einem Hobby einen Beruf machen. Die Idee gefiel mir auf Anhieb. Das kann schließlich nicht jede von sich behaupten.

Das Schicksal wollte es auch so. Im Frühjahr 2016 legte mir eine befreundete Redakteurin nahe, mich bei SWR3 für den Comedy Förderpreis zu bewerben. Ich hatte Glück. Mit einem Vortrag über das Muttersein erhielt ich ihn im April 2016. Ab dann war nichts mehr wie vorher. Ich war mir sicher, wenn sich eine Tür von alleine öffnet, dann sollte man auch durchgehen. Ich war neugierig genug, um das Büro gegen die Bühne einzutauschen, ich trat in Mixed Shows bei Comedyveranstaltungen auf, fing an, für zwei Tageszeitungen humorvolle Kolumnen zu schreiben, und war mit meiner Serie »Volle Kanne Anne« regelmäßig radioaktiv. Irgendwann kam dann noch das Engagement für die Onlineplattform »Victoria for me« hinzu. Im ersten Jahr meines neuen Lebens machte ich regelmäßig zwei Schritte vorwärts und einen zurück. Ich habe mich nicht nur einmal vergaloppiert, aber wenn, dann so richtig, mit Anlauf und zur Freude des Publikums. Last but not least konnte ich mir jetzt auch noch meinen Traum, ein Buch zu schreiben, erfüllen. Ich hatte eine 180-Grad-Wendung gemacht. Der Begriff Wechseljahre bekam für mich eine völlig neue Bedeutung.

Neustart ist also nicht eine Frage des Alters, sondern des Timings, liebe Leserinnen und Leser. Oprah Winfrey bringt es in ihrem Buch *Was ich vom Leben gelernt habe* auf den Punkt: Man kann sich entscheiden, ob man aus voller Lust leben oder ängstlich in der Ecke sitzen will. Jeder Tag bietet die Möglichkeit, aus den Schuhen zu schlüpfen und zu tanzen.

Und wenn du die Wahl hast zwischen Rumsitzen und Tanzen, hoffe ich, dass du tanzt.

Ich genieße das Heute, erwarte voller Spannung das Morgen und habe aus dem Gestern viel mitgenommen, vor allem aber die Erkenntnis, dass Arbeit mir nach wie vor wichtig ist, aber mein Leben bedeutet sie nicht mehr. Wo das alles noch hinführt und ob ich in 47 Jahren, also dann, wenn ich 100 bin, immer noch davon überzeugt bin, dass es der richtige Weg war, weiß ich nicht. Vielleicht sage ich ja meinen Enkeln dann auch einfach:

Ich war jung und brauchte das Geld.

9   Die 5 (!) Jahreszeiten

Ich liebe Deutschland und seine Jahreszeiten. Jede einzelne genieße ich mit all ihren schönen und all ihren notwendigen Seiten. Denn gäbe es Letztere nicht, wüsste man die schönen gar nicht zu schätzen. Ich könnte mir nie vorstellen, am Nordpol bei den Eskimos zu leben. Immer dasselbe. Nur Schnee. Und einmal morgens vergessen, das Glätteisen für die Haare auszuschalten, schon ist abends dein Iglu futsch. Oder in Kalifornien: Permanent scheint die Sonne. Jeden Tag! Mit 60 hast du dann eine Haut wie eine Pinnwand aus Kork, runtergesonnt bis zum Gehtnichtmehr. Gut, die Sonnenuntergänge sind ganz schön. Aber mal ehrlich: Kennst du einen, kennst du alle.

Deutschland hingegen wartet mit den unterschiedlichsten, abwechslungsreichsten und aufregendsten Jahreszeiten auf. Los geht es mit »Immer dieser Pollenflug, scheiß Gräser«. Diese Monate werden im Volksmund auch Frühjahr genannt. Der Tennistrainer meiner Tochter muss in diesen Wochen aufpassen, dass ihm beim Niesen nicht der Piercingring aus dem Nasenflügel fliegt. Schließlich sind Platz acht und neun von Pappeln und Birken umgeben. Bei der Vorstellung verspüre ich schon jetzt so etwas wie Mitleid, obwohl ich eigentlich für Männer mit Piercings nichts übrighabe. Sie sind mir zu oft der Typ Mann, der stolz darauf ist, eine Bierflasche mit dem Augenlid öffnen zu können. Allerdings ... eins muss man gepiercten Männern lassen: Sie können offensichtlich Schmerzen ertragen und haben schon mal Schmuck gekauft. Damit haben sie vielen anderen Männern etwas voraus.

Weiter geht es mit »Immer dieses schwüle Wetter, wir brauchen eine Obergrenze für Luftfeuchtigkeit und Temperatur« – auch Sommer genannt. Danach folgt: »Immer dieses regnerische, nasskalte, windige Wetter, lasst uns Blätter für einen Blätterteigkuchen sammeln.« Die Rede ist vom Herbst. Bevor es schließlich heißt: »Immer diese Schweinekälte, habe Schnupfen, ziehe mich zum Sterben aufs Sofa zurück«, was den Winter ankündigt.

Es gibt aber noch eine Zeit dazwischen. Sie beginnt normalerweise Ende November. Die Rede ist von der Weihnachtszeit. Für einige beginnt sie aber schon wesentlich früher. Zum Beispiel für die Lebensmittelindustrie. Hier geht man bereits im Auguzember an den Start. Für mich beginnt sie am ersten Advent. Basta. Aufgrund des Tamtams, das um diese Wochen gemacht wird, verdient sie es, in diesem Kapitel gesondert behandelt zu werden.

Ebenso wie die fünfte Jahreszeit, die ich als Rheinländerin auf keinen Fall unerwähnt lassen möchte. Sie ist die letzte, wohlbemerkt *die* nicht *das* Letzte, und nennt sich Karneval, Fasenacht, Fasching oder wie mein Mann sagt: »Lass mich bloß in Ruhe mit diesem Scheiß.«

Frühling

Letztes Jahr war es im Frühling wärmer als im Winter, aber kühler als im Sommer. Das ist dieses Jahr anders. Wäre der Frühling ein Schauspieler, so hätte er dieses Jahr einen Oskar verdient – für seine meisterhafte Performance als Herbst. Der Frühling nimmt sich dieses Jahr ein Beispiel an der Deutschen Bahn: Man erwartet ihn, aber er hat Verspätung. So kommt es auch, dass man im Supermarkt die Grillkohle neben dem Streusalz findet.

Ja, ich weiß, die kalte Sophie. Man sagt, die Eisheiligen müssen erst verschwinden, bevor der Frühling Einzug hält. Lästig, aber von mir aus. Aber wenn sich diese Eisheiligen dann endlich verabschieden, sollen sie bitte schön die Scheinheiligen, wie die letzten Apriltage, gleich mitnehmen. Immer diese Wetterkapriolen. Ich wette, Vivaldi hat die vier Jahreszeiten im Frühling geschrieben, womöglich sogar im April! Sonne, Regen, kurz warm, dann wieder nasskalt. Ich habe den Eindruck, dass das für den Sonnenschein zuständige Computerprogramm von einem Virus befallen wurde, dem sogenannten Regenwurm. Oder da oben im Himmel sitzt einer, der sich denkt, die Regierung in Berlin produziert schon wieder so viel Mist, da hilft nur noch spülen, spülen, spülen. Oder eine Frau ist vielleicht für das Wetter verantwortlich. Möglicherweise eine, die gerade in den Wechseljahren ist. Das Wetter drückt bei mir auf die Stimmung. Kein Wunder also, dass ich vom Winterschlaf ungebremst in die Frühjahrsmüdigkeit falle.

Ganz im Ernst: Was soll das? Am 20. März war kalendarischer Frühlingsbeginn. Ich habe immer pünktlich meine Steuern gezahlt und somit ein verbrieftes Recht auf Frühling. Die Vorboten sind ja auch schon da: Die Preise für Tempos sind pünktlich zur Heuschnupfensaison gestiegen, ganze Herden voll entwickelter Wanderbaustellen sind wieder auf unseren Autobahnen unterwegs und haben teilweise auch schon Nachwuchs bekommen. Possierliche Jungtiere mit so putzigen Namen wie Mäh- oder Markierungsarbeiten, die zwar noch beim Muttertier leben, aber schon in Bälde allein einen ansehnlichen Stau verursachen können. Auch der Turm von leeren Bierkästen auf der Terrasse meines linken Nachbars wächst und gedeiht schon. Wobei, ganz ehrlich, das trifft eigentlich das ganze Jahr über zu. Ich glaube, in seinem Fall hat die Bank damals beim Hauskauf das Pfandgut als Sicherheit akzeptiert. Aber man bekommt die Welt nun mal nicht besser gemeckert. Daher versuche ich es jetzt mal mit einer Vermisstenanzeige:

Seit vier Wochen wird SIE vermisst. Die erste Jahreszeit im Jahr. Sie ist in den Monaten März bis Juni beheimatet, ist zwischen 20 und 25 Grad warm, trägt ein himmelblaues Gewand mit dekorativen weißen Wölkchen, die jedoch keine bewässernden, sondern ausschließlich dekorative, stimmungsaufhellende Ziele verfolgen. Sie hört auf den Namen Frühling und ist ca. 100 Millionen Jahre alt. Daher ist sie möglicherweise orientierungslos. Sachdienliche Hinweise bitte an Frau Holle, die fast genauso alt ist und sie genauso vermisst wie wir. Denn sie möchte sich endlich in ihr wohlverdientes Sabbatical verabschieden, da sie sich bei den heftigen Schnee- und Graupelschauern der letzten Wochen dummerweise noch einen Tennisarm eingefangen hat.

So, und wenn das jetzt auch nichts bringt, schicke ich ihr eine Freundschaftsanfrage über Facebook. Hoffe, sie nimmt sie an. Falls nicht, greife ich zum letzten Mittel und denke mir den Frühling herbei. Und wo könnte man das besser tun als im Outdoorbereich eines Baumarktes, dem Hotspot für Hobbygärtner.

In Frechen bei Köln steht der größte Baumarkt Europas mit 120.000 Produkten auf über 30.000 Quadratmetern. Er ist einer von insgesamt 2.365 Baumärkten in unserer Republik, in denen der deutsche Mann täglich im Durchschnitt 12 Stunden zubringt. Der Umsatz von Gartenartikeln und Pflanzen betrug 2.016.756 Millionen Euro. Glaubt man diesen Zahlen, ist es also eine glatte Lüge, wenn man liest: Wenn du mal ganz für dich alleine sein willst, dann stell dich an den Infostand eines Baumarktes. Oder: Ich kann dich so ignorieren, dass du glaubst, du bist ein Baumarktkunde. Oder: Alle Kinder, die damals beim Verstecken die besten waren, arbeiten heute im Baumarkt. Wäre das in den heiligen Hallen nämlich tatsächlich der Fall, käme ja ein jährlicher Pro-Kopf-Umsatz von 225 Euro gar nicht zustande. Zum Vergleich: In Italien liegt der Schnitt dagegen bei lächerlichen 50 Euro pro Mann, wie ich Christian Heynens *Jeder dritte Deutsche bügelt seine Unterwäsche* entnommen habe. Vermutlich ist das auch der Grund, warum die mit ihrem Kolosseum immer noch nicht fertig sind.

Im Baumarkt genieße ich also erste Frühlingsvorboten: Hochdruckreiniger sind endlich wieder da! Wie schön! Denn wenn man Männern ein Putzsortiment bestehend aus Eimer, Schwamm und Schrubber in die Hand drückt, passiert nichts. Man erntet nur ratlose Blicke. Gibt man ihnen jedoch einen Kärcher Hochdruckreiniger K4 Full Control Home mit Hochdruckpistole und Dreckfräse, wird alles gekärchert, so weit das Kabel reicht. Und wenn es bis in die Duschkabine reicht, kann man sich am Ende eines Tages selbst auch noch abkärchern.

In unserem Ort riecht es nach Gülle, den Adiletten im Kleingartenverein Rothenbusch wachsen weiße Tennissocken. »Kommst du heute Abend zum Grillen in den Garten?«, fragt mein Nachbar. »Ist das überdacht?«, will ich wissen. »Nee, eher spontan.«

Mein Garten ist für mich Philosophie, Kreativität und eine Oase der Entspannung. Ihn zu gestalten, um ihn wenige Monate später wieder umzugestalten, verschafft mir nachhaltige Glücksmomente. Frei nach einem japanischen

Sprichwort: »Willst du eine Stunde glücklich sein, betrinke dich. Willst du ein Jahr lang glücklich sein, heirate. Willst du ein Leben lang glücklich sein, gehe in den Garten.« Dabei ist es völlig unerheblich, wie groß der Garten ist. Meine Grünzelle ist ein Stück meiner Welt, in der ich lebe, in die ich mich zurückziehe, wenn ich Abstand von der restlichen Welt brauche, und die mir Unbeschwertheit und tiefe Zufriedenheit beschert. Zumindest meistens. Aber ich will ehrlich sein: Es gibt Momente, in denen aus meiner Gartenlust ein Gartenfrust wird. Gartenmagazine, die diesen Aspekt außen vor lassen, halte ich für unseriös. Sie verbreiten Fake News. Dennoch fiebere ich jedes Jahr nach der winterlichen Zwangspause dem Tag entgegen, an dem ich in meinem Garten wieder Hand anlegen kann.

Der Garten meines rechten Nachbarn hingegen ähnelt einer regionalen Leistungsschau. Alles automatisiert und durchoptimiert. Er ist ein Mix aus Obis Außenbereich und dem Fachbereich Informatik der Rheinisch-Westfälischen Technischen Hochschule Aachen. Seine neueste Neuerrungenschaft ist die Klangmarkise Concertronic, mit der man über eine intuitive Bedienoberfläche beliebige Beschattungs- und Beschallungsszenarien programmieren kann. Seit er sie hat, lässt er mich immer an seiner »Best-of-Mist«-Playlist teilhaben.

Darüber hinaus gibt es den Kreisregner für den Rasen mit 360-Grad-Radius und einer Wurfweite von 15 m, die Polystone-Buddhafigur mit solarbetriebenem Wasserspiel und LED-Farbwechsler, den Windwächter Ventero mit Time

Control für die Jalousien, die unterirdische Mikrobewässerung für seine peruanische Panflöten-Pappel und natürlich den Rasenmähroboter, der pünktlich um vier aus seiner Garage kommt und auf seinem mühevollen Weg mit exakt 26 cm Schnittbreite den Rasen auf 4 cm Schnitthöhe, wie aus der Vereinssatzung deutscher Gartenkolonien bekannt, abrasiert. Bei meinem Nachbarn sieht der Garten so aus, als ob der Bundespräsident gleich käme. Es fehlt nur noch eines dieser weißen, adretten Pavillonzelte, natürlich automatisch beheizt, in denen sich wohlbehütete Societysirenen mit Rosésekt zuprosten.

Mich würde diese ganze Software nervös machen. Alle Informationen gehen doch ins Internet! Mittlerweile weiß man doch, dass immer, wenn jemand bei seinem Laptop auf »eigene Dateien« drückt, irgendwo in Moskau, Maryland oder Nordkorea ein Geheimdienstmitarbeiter lachend vom Stuhl fällt. Außerdem ist der ganze Technikfirlefanz doch nicht alltagstauglich genug. Neulich konnte ein neuer Timer für seine schwerkraftbetriebene Teichfilteranlage nicht zugestellt werden, weil seine Videoklingelanlage mit Pass-Control-Türöffner ausgefallen war. Und was hatte er darauf gewartet! Aber der Grat zwischen perfekt und defekt ist nun mal schmal. Also, wenn meine Klingel mal ausfällt, klebt einfach ein Zettel an meiner Tür: *Klingel kaputt – bitte laut Ding-Dong rufen.*

Meine Grünzelle sieht anders aus als die Länderei meines Nachbarn. Sie ist nicht nur kleiner, sondern auch etwas unangepasster. Kein Golfrasen, eher ein Rübenacker, keine akkurat getrimmten Hecken, keine pedantisch mit Nagelschere in Form gebrachten Buchsbaumkugeln, eher ein wachgeküsstes Kleinod. Dennoch, draußen ist mein Lieblingsdrinnen, zumindest in dieser Zeit.

Trotz Heuschnupfen habe ich gestern nach getaner Arbeit noch stundenlang meinen Garten genossen. Und während ich mein tausendstes Tempo druckbetankte, entdeckte ich sogar eine Schnecke mit Häuschen und fünf Nacktschnecken drumherum. Vermutlich eine Immobilienbesichtigung. So etwas würde meinem Nachbarn gar nicht auffallen. Der wirft immer nur einen kurzen Blick in seinen Garten. »Is' noch alles da? – Jo und feddisch!!«

Es gibt noch weitere Anzeichen, die unmissverständlich darauf hinweisen, dass es jetzt Zeit für Frühling wird. Die örtlichen Modegeschäfte locken mit neuer Mode in ihren Schaufenstern. Wobei sie das ja eigentlich schon ab Januar tun – ähnlich wie die Lebensmittelgeschäfte mit Weihnachtsgebäck im August. Schon am zweiten Januar werden die Rüschenroben und Paillettenpanzer von Silvester durch weiße Leinentops, ärmellose Kleider und Bermudas ersetzt. Im April, wenn es immer noch nicht wirklich warm ist, klagt der Einzelhandel dann, dass der Plunder noch nicht verkauft ist, mittlerweile zur Altware gehört und nur noch reduziert vertickt werden kann. Von der Industrie erwartet der Handel dann Unterstützung in Form von Warenrücknahme oder verlängerten Zahlungszielen, denn geteiltes Leid ist doppeltes Glück. Zumindest für den Händler. Mit den daraus gewonnenen Reserven wird bei der nächsten Order der gleiche Fehler wiederholt – nur in Grün. Da werden dann Kaschmirpullover, Flanellhemden und dicke Daunenjacken für Juni geordert. Schließlich hat man den Anspruch, der erste Händler am Platz mit neuer Ware zu sein, denn, so die Überlieferung aus den Nachkriegsjahren, die modische Kundin kauft früh aus Sorge, dass später nichts mehr da ist. Dass es im Bekleidungsmarkt seit mehreren Jahrzehnten Überkapazitäten gibt, das Internet eine schier unerschöpfliche Beschaffungsquelle darstellt und selbst Ketten wie Zara in ihren Filialen mit Phänomenen wie künstlicher Verknappung arbeiten, um die Begehrlichkeit der Produkte irgendwie zu erhalten, blendet man dabei gerne aus.

Aber das Märchen vom weißen Leinen im Januar gibt es ja nun schon so lange. Es wird es wohl auch noch länger geben. Und wenn sie nicht gestorben sind, so leben sie noch heute. Nur leider sind schon viele Mittelständler im Bekleidungsmarkt gestorben – nicht zuletzt an diesen hausgemachten Problemen. Die innerstädtischen Fußgängerzonen sind ein trauriger Beweis dafür.

An mir kann es jedenfalls nicht liegen. Ich bin modisch interessiert und genieße es wie die meisten Frauen, in die Stadt zu fahren, um zu shoppen. Wir Frauen sind Lustkäuferinnen. Männer hingegen Bedarfskäufer. Der Unterschied: Frauen shoppen 20 Stunden für ein Shirt, das sie 20 Minuten tragen. Männer shoppen 20 Sekunden für ein Shirt, das sie 20 Jahre tragen. Auch meiner tut sich grundsätzlich schwer, alte Sachen zu entsorgen. »Schatz, sei doch froh, dass ich mich so schlecht von alten Dingen trennen kann, die ich liebe. Du profitierst doch nur davon«, pflegt er zu sagen, wenn ich mich darüber beklage.

Ich hingegen frage mich manchmal: Wer profitiert hier von wem? Denn mein Mann ist kein Selfmademan. Er ist ein Mann, wie der liebe Gott ihn geschaffen und Bier und Bratwurst ihn geformt haben. Er hat keine Zäpfchen-Figur wie ein Skispringer oder ein Jockey. Und von Mode hat er so viel Ahnung wie eine Kuh von der Kernspaltung. Wäre er beim Shoppen auf sich gestellt, wäre die Gefahr viel zu groß, dass er mit Kombinationen zurückkäme, bei deren Anblick ich mich fragen würde, wo man so etwas völlig legal erwerben kann.

Letzten Samstag las ich dann in der Zeitung: *Spring Opening* beim größten Herrenausstatter in der Fußgängerzone. Da mussten wir sofort hin.

Das Geschäft hing voll mit sogenannter Ready-to-wear-Ware, also Klamotten, die sofort tragbar sind, weil sie zum richtigen Zeitpunkt am richtigen Ort hängen. Mit so viel Kundenverständnis hatte ich nicht gerechnet, denn von DOB-Abteilungen war ich anderes gewöhnt. Ich fühlte mich wie Julius Cäsar in einem Feldzug: Ich kam, sah und vergaß, was ich vorhatte. Glücklicherweise wurden wir schon im Eingangsbereich von einer Fachkraft abgefangen. Eine Dame mit auftoupierter blonder Turmfrisur, hellblauem Lidschatten, pinkfarbenem Lippenstift – so, wie es in den 70ern modern war. Man sah ihr ihre jahrelange Erfahrung also an. Sie gehörte offensichtlich zum Inventar des Ladens.

Vermutlich war sie sogar zuerst da gewesen, und das Geschäft wurde um sie herum gebaut, so erfahren und routiniert, wie sie mit uns hilflosen Kunden umging. »Sie können alles tragen«, kommentierte sie lakonisch jede Hose, die mein Mann probierte, und ich fügte irgendwann gedanklich hinzu: »... und wenn Sie sie nur in einer Tüte hier raustragen.« Ein Leben an der Front reicht bei manchen nicht aus. Die Psychologie des Verkaufens ist einfach zu tricky. Manche brauchen mehr Zeit, um zu lernen, dass Verkaufen ein Stück weit auf Ehrlichkeit beruhen sollte und sich nicht darauf beschränken darf, ein helles von einem dunklen Schwarz unterscheiden zu können.

Das übliche Wochenend-Brimborium wie Einkauf und Waschmaschine musste aber tatsächlich noch länger warten als geplant. Denn nach unserem Besuch im Modehaus Schmitt haben mein Pummel-Prinz und ich nämlich erst mal angestoßen. Der Grund: Sein erster Neukauf seit gefühlten 20 Jahren. Und ein erfolgreicher dazu. Eine Hose, die er nicht nur bei Stromausfall, wenn es dunkel ist, tragen kann. Mein Einsatz hatte sich gelohnt. Es war aber auch eine schwierige Geburt gewesen. Seine Bollerbux mit gefühlten 30 Bundfalten, in der er aussah wie aus Erich Ohsers Vater-und-Sohn-Geschichten – das sind die, die in den 80ern im Deutschunterricht oft als Vorlage für Bildbeschreibungen herangezogen wurden –, wurde durch eine moderne, gerade geschnittene, schwarze Jeans ersetzt.

Natürlich mit viel Stretchanteil, weil mein Mann über

einen eher gemütlichen Stoffwechsel verfügt, oder wie er es auszudrücken pflegt, ein sicherheitsliebender Mensch ist, der gerne Rücklagen bildet, egal ob finanziell oder direkt am Mann. Ich unterstütze diese Haltung gerne, denn ich profitiere ja auch davon. Je dicker er ist, desto dünner werde ich an seiner Seite wahrgenommen. Ich habe es mir bei der Auswahl der Hose nicht leicht gemacht, denn wir mussten uns entscheiden zwischen Modellen aus Mega-, Hyper- und Futurflex – so heißen die Fasern, die dazu führen, dass sich eine Jeans wie ein Turnschuh verhält und wie Weichplastik anfühlt.

Beim Anprobieren war er noch kritisch. Gerade sah ich noch unterm Vorhang den unteren Teil der Hosenbeine auf dem Boden liegen, als ich ein ruckartiges Hüpfen registrierte. Bei jedem Sprung wurde eine Druckwelle ausgelöst, die im gesamten Verkaufsraum spürbar war. Mehr Power kann Jennifer Lopez' Hüftschwung beim Super Bowl 2016 auch nicht gehabt haben. Für mich ein todsicheres Zeichen, dass die Gesäßpartie noch nicht da war, wo sie eigentlich hinsollte. Der erneute Blick unter den Vorhang auf die gestauchten Hosenbeine gab mir recht. Er schien zu kämpfen. Dann hörte ich, wie er das Kleidungsstück anherrschte: »Na warte, das dicke Ende kommt noch.«

Er hat sie aber dann doch noch über seinen Allerwertesten bekommen. Der Vorhang wurde aufgerissen, und da stand sie dann vor mir – die jubelnde Masse! Ich war so happy, endlich einen modern gekleideten Mann zu haben. Und er erst mal: Er bestaunte sich selbstverliebt im Spiegel wie Narziss, der verzückt sein Spiegelbild in einer Quelle betrachtet. Dann tätschelte er sein Hinterteil mit einer Hingabe, die ich von ihm bisher nur kannte, wenn er die Motorhaube seines Audis berührte.

Die Bundfaltenhose habe ich noch auf dem Heimweg in eine Tonne gekloppt, denn selbst beim Roten Kreuz hätte ich mich damit geschämt. Vermutlich hätten die auch sofort eingewendet, dass syrische Flüchtlinge schließlich auch ihren Stolz haben.

Also, liebe Männer, wenn ich euch einen Tipp geben darf: Macht euch mehr Gedanken um eure Outfits. Zieht nicht immer das an, was gerade oben liegt oder gerade trocken ist. Sonst müsst ihr euch nicht wundern, dass das Personal beim Herrenausstatter immer nur die Frau adressiert. Es stimmt, wir Frauen mögen Männer mit Humor, aber wir meinen damit definitiv nicht den Kleidungsstil.

Sommer

Endlich ist er da, der Sommer! Für viele Menschen die schönste Zeit im Jahr. Und für mich leider, wie jedes Jahr, eine Jahreszeit, die wieder mal viel zu früh kommt. Um genauer zu sein, um fünf Kilo zu früh. Der Winterspeck ist zwar weg, dafür habe ich jetzt Frühlingsrollen – also eher Hummelhüfte als Wespentaille. Und wer ist schuld an diesem Dilemma?

Die Frauenzeitschriften: Von Seite 1 bis 50 liest frau, sie

solle sich so lieben, wie sie ist. Von Seite 51 bis 100 geht es dann darum, wie frau zehn Kilo in zwei Wochen verliert, und von Seite 101 bis 150 werden leckere Tortenrezepte angepriesen. Dann kommt die Krönung: Auf dem Titelblatt Kim Kardashian am Strand. Mit einem Hintern ... Ich glaube, wenn die zum CHIO-Reitturnier nach Aachen käme, müsste sie aufpassen, dass man ihr nicht aus Versehen eine Startnummer umhängt. Aber an Selbstbewusstsein mangelt es der Dame offensichtlich nicht. Sie wirkte auf dem Foto, als ob sie es ausgiebig genießen würde, in einem Stringtanga, der so schmal war, dass ich ihn vermutlich als Zahnseide benutzt hätte, von einem Papparazzo abgeschossen zu werden. Und dann auch noch in Neongrün! Vermutlich, damit sie nicht verloren geht. Denn mit der Farbe wirst du selbst auf Google Earth noch gesehen. Aber gut, Persönlichkeit fängt da an, wo Vergleiche aufhören.

Mein Hintern ist derzeit nicht weniger flächendeckend. Und fängt bei mir im Schrank erst mal eine Klamotte an, kleiner zu werden, ziehen die anderen gleich nach. Bikini inklusive. Damit ich den Sommer aber doch noch genießen konnte, musste mal wieder ein neuer her. Meine Teenietochter stellte sich bereitwillig als Stylingexpertin zur Verfügung. Wir mäanderten nachmittags durch die Fußgängerzone und legten den ersten Stopp bei Chantalls Dessous- und Badeboutique ein. Im Fenster hatte ich einen tollen Bikini mit plakativem Muster in Rot, Gelb, Grün und Türkis gesehen. Er wirkte fast ein wenig avantgardistisch. Das Urteil meiner persönlichen Influencerin ließ nicht lange auf sich warten: »Mutter, im Meer siehst du damit aus wie ein Stück vom Aida-Logo, das bei der letzten Heavy-Metal-Kreuzfahrt im Wahn abgerissen wurde.«

Den nächsten Versuch machte ich mit einem Einteiler. Mir gefielen die leicht verwaschenen Farben und die Applikation in Form eines gold glitzernden Ankers. Der Kommentar meiner Tochter war gnadenlos: »Vintage-Optik, von daher passt es zu dir, aber figürlich ... Ich finde, du siehst damit aus wie ein protziger Bling-Bling-Fender, den die Geissens im Suff über Bord ihrer Roberto-Geissini-Jacht geworfen haben. Sehr unvorteilhaft. Die Wale werden bei deinem Anblick den Hit von Sister Sledge, ›We are family‹, anstimmen.«

Ich war schon etwas frustriert, als ich endlich ein wirklich bezauberndes Ensemble entdeckte: einen winzigen Bikini mit Rüschen, Fransen, Glitzersteinen und einem passenden Pareo zum Kaschieren von Tira und Misu. So habe ich meine beiden ausladenden Hüften genannt, als Hommage sozusagen an die Süßspeise, die dafür die Verantwortung trägt. Alles war in Pink und versprühte Karibikcharme pur. Er war wunderschön am Bügel, aber leider nicht an mir. Wäre ich damit im Freibad unserer Verbandsgemeinde aufgetaucht, hätte das die gleiche Wirkung gehabt, wie wenn ein Banker im Karnevalskostüm zur Vorstandssitzung käme. Die zuständige Krankenkasse würde im konkreten Fall in Anbetracht der gefürchteten Folgekosten sofort die Beitragssätze für alle anderen Versicherten erhöhen.

Aber wie soll ich den Sommer genießen, wenn ich noch

nicht einmal die Grundausstattung für Nachmittage im Frei-bad oder am Badesee habe? Warum ist es eigentlich so schwer, in einem Alter zwischen »gepflegt aussehen« und »gepflegt werden« einen Badeanzug zu finden, der schön ist und sitzt? Gut, ich habe noch nie ausgesehen wie Heidi Klum, dafür gehört meine Stimme aber auch nicht in die Rubrik der akustischen Empfängnisverhütung. Aber trotz-dem: Vieles an mir ist noch gut in Schuss, wie z. B. mein Busen, wenn ich die Arme hochhebe. Also, freihängend an der Eiger-Nordwand würde ich ohne Zweifel *bella figura* machen. Zumindest obenrum. Untenrum ist es suboptimal. Aber nur, weil man aus seinen diversen Problemzonen Wohlfühlregionen machen möchte, muss man doch nicht gleich von Chantalls Dessous- und Badeboutique zum Sani-tätshaus Strack wechseln?

Fündig wurde ich schließlich im örtlichen Sportfachge-schäft. Wie erwartet stieß ich auf ein großes Sortiment und eine kompetente Bedienung. Es war wirklich für jeden etwas dabei. Ich fühlte mich als Kundin sofort verstanden, als die freundliche Verkäuferin, selbst mit stabiler Statur ausgestat-tet, das Modell »Lady Goldkante mit viel Tragekomfort, tol-ler Stützfunktion und super Shape« anpries. »Ein Badean-zug, in dem man sich wie zu Hause fühlt«, frohlockte sie. »Und zu Hause ist und bleibt für mich *the place where the Bauch doesn't have to be* eingezogen.« Ich nahm sie beim Wort und verschwand in der Kabine. Das hässliche Licht und der Spiegel, der unnötig breit machte, verunsicherten mich. Als ich wieder rauskam, brach es förmlich aus mir heraus: »Bitte seien Sie ganz ehrlich. Finden Sie mich in diesem Modell dick?« Worauf sie hilfsbereit antwortete: »Warten Sie, ich komm rum.«

Ich nahm ihn trotzdem. Und ich habe es bis heute nicht bereut. Ich kann damit vom Zehnmeterbrett einen doppelten Auerbach gehockt springen. Der Anzug sitzt. Und schön ist der auch mit seinen frischen Farben, diesen rot-weißen Tupfen – fast ein wenig wie ein Fliegenpilz. Aber das Wichtigste ist natürlich, dass er bei 200 Grad waschbar ist, damit das Muster nicht Programm wird.

Ich genoss das Gefühl, in diesem Jahr modisch endlich mal ganz vorne mitspielen zu können, und besuchte tags drauf sogar unseren Badesee, den ich bis dato aufgrund des hippen Publikums immer gemieden hatte. Er ist äußerst beliebt in der Region, und man muss früh am Nachmittag dort sein, um noch ein schattiges Plätzchen zu ergattern. Schon vom Parkplatz aus sah ich eine Menschenmenge. Aber als ich näherkam, erkannte ich: Oha, das ist ja nur einer. Aber warum trägt der hier Handschuhe, Schal, Radlerhose und Langarmshirt?? Dann sah ich: Der flächendeckende Typ war nur flächendeckend tätowiert.

Nein, es war kein schlichtes Geburtsdatum, das auf dem Bizeps auch schon mal wie die Nummer eines ehemaligen Alcatrazbewohners wirkt. Und auch keine einsame Horten-Kachel im Nacken und auch nicht dieses derzeit so beliebte Unendlichkeitszeichen, auch Asi-Propeller genannt. Er war einfach komplett durchtätowiert.

Für mich kamen Tattoos nie infrage. Dazu ändere ich viel

zu oft meine Meinung und Gesinnung. Bis in der Bar mein Aperol Spritz kommt, hätte ich gern dreimal doch lieber einen Hugo, einen Lillet Berry oder ein Gin Tonic bestellt. Auch bräuchte ich beim Stechen eine Vollnarkose mit anschließender Reha, denn es soll ja wehtun. Und im energischen Reinsteigern war ich schon immer sehr produktiv.

Fakt ist, dass es in Deutschland mittlerweile 7.000 Tätowierstudios gibt. Fast 50 Prozent aller Deutschen zwischen 18 und 30 sind tätowiert. Früher standen Tattoos für Rebellion, Widmung, Mantras. Dann kam eine Zeit, in der man sich die Namen seiner Kinder auf den Arm tätowieren ließ, um sie nicht zu vergessen. Nun ja, immer noch besser, als die Kinder selbst zu etikettieren. In schnelllebigen Zeiten wie heute stehen sie eher für den jeweiligen Tagesabschnittsgefährten oder die aktuelle Lieblingsspeise: Chinesische Schriftzeichen weisen in manchen Fällen darauf hin, dass ihr Träger gern die Nummer 356, also Pekingente süßsauer, isst. Ob sich Chinesen auch eine deutsche Bulette in den Nacken stechen lassen würden? Mittlerweile sind Tattoos ungefähr ein so großes Ding wie ein neuer Haarschnitt beim Friseur. Aber sie sind offensichtlich schwer angesagt. Das Gedankenkarussell begann sich zu drehen. Bis dahin dachte ich, wo ich bin, ist vorne – zumindest modisch. Aber von Minute zu Minute relativierte sich die Freude über mein neues Badeoutfit. Die Frage, die sich jetzt aufdrängte, lautete: Soll ich oder soll ich nicht? Noch bin ich blank. Viele meiner Freunde auch. Sind wir jetzt die Loser im modischen Sinn? Oder sind wir jetzt etwa die Freaks? Oder gar Snobs, nach dem Motto »Man pappt ja auch keine Sticker auf seinen Ferrari Testarossa«. Oder sind wir einfach zu alt?

Und während ich noch darüber nachdenke, wanzt sich eine üppige Barbiepuppe mit melonengroßen Brustparodien an das Mensch gewordene Kunstwerk aus kryptischer Runenschrift, großflächigen Blumen und mystischen Symbolen ran. Im Gegensatz zu ihm war sie nicht tätowiert. Komisch, dachte ich zunächst, Platz genug hätte sie gehabt. Erst später entdeckte ich beim genauen Hinsehen doch noch ein Tattoo. Eine Rosenknospe auf ihrer Wade, sehr zierlich, filigran. Eigentlich sogar recht hübsch. Kurze Zeit wurde ich unsicher. Soll ich oder soll ich nicht? Aber dann sah ich an mir runter und verwarf den Gedanken an ein Tattoo sofort wieder: Bei einer Bindegewebsschwäche wie sie mir Mutter Natur hat zuteilwerden lassen, sähe diese Knospe spätestens in fünf Jahren aus wie ein Auszug aus einer Radwanderkarte der südlichen Weinstraße.

Herbst

Während viele Menschen dem Ende des Sommers allmählich entgegentrauern, gibt es auch Leute wie mich, die ihr Schlafzimmer unter dem Dach haben. Vor 22 Uhr ist dort an Einschlafen nicht zu denken, und so fühle ich mich jeden Abend wie auf der Flucht, wenn ich mich noch mal zum Fahrradfahren aufraffe, obwohl ich keine Lust habe, ein Picknick besuche, das mich nicht interessiert, oder am

Badesee abhänge, obwohl alles allmählich klamm und feucht wird und ich die letzte Person bin, die mithilfe der Eurovisionshymne, die das Ende der Öffnungszeit signalisiert, zum Verlassen aufgefordert wird. Ich freue mich regelrecht darauf, endlich den Herbst genießen zu dürfen. Der beginnt für mich in dem Moment, in dem die Blätter fallen und die Preise für Sommerbettdecken beim Aldi auch. Outdoor-Funktionsbekleidung hingegen wird nicht reduziert. Aber wie auch? Die Climaheat Hybridjacken und die Ultra Energy Running Tights markieren bei diversen Discountern preislich eh schon einen Tiefpunkt, dass alles, was noch darüber hinausginge, einer Schenkung gleichkäme. Wie man das schafft, ist ein anderes Thema. Lassen Sie uns lieber von etwas Schönem reden.

Ich genieße Herbstspaziergänge sehr. Die Luft ist so klar, die Natur so bunt. Man macht das eigentlich viel zu selten. Früher als Kind ging man noch regelmäßig mit den Eltern in den Wald, z. B. wenn man eine Plastiktüte mit Batterien oder gar einen ganzen Kühlschrank an einer Böschung entsorgen musste. In der Jugend ließ das Interesse bei mir jedoch etwas nach. Dennoch waren wir früher immer noch öfter in der Natur unterwegs als die Digital Natives von heute, zu denen zugegebenermaßen auch meine Tochter gehört. Unser soziales Netzwerk hieß damals nämlich nicht Facebook, Twitter oder Instagram, sondern schlicht und ergreifend »Draußen«.

An einem Sonntag im Oktober, als meine Tochter wieder seit Stunden auf dem Sofa »chillaxte« – unbeweglich wie die

Pilotengewerkschaft Cockpit normalerweise zu Ferienbeginn –, habe ich einfach mal versucht, sie zu einem Spaziergang in dieses ominöse »Draußen« zu überreden. Zunächst reagierte sie erschrocken und fragte: »Was ist dieses ›Draußen‹?« Worauf ich es ihr erklärte – und zwar dem Typus und den Lebensumständen dieser jungen Menschen angepasst: »Draußen«, sagte ich, »auch Realität genannt, das ist der Ort, wo der Mann mit den Zalando-, Brandy-Melville- und Urban-Outfitters-Paketen herkommt.«

Als kleines Mädchen hat sie es noch genossen, in der Natur zu sein. Sie konnte stundenlang vor einem Gänseblümchen stehen, bis man dieses förmlich nölen hörte: »Ey, Kleine, du störst, lass mich in Ruhe. Ich mach gerade Photosynthese.« Ja, ja, früher hatte meine Tochter noch Elan, heute hat sie WLAN – und findet das völlig okay.

Wenn ich dann sage: »Hey, es gibt auch ein Leben außerhalb des Internets«, fragt sie mich: »Echt? Okay, schick mir mal den passenden Link dazu.« Natürlich sage ich das nicht, ich kommuniziere schließlich zeitgemäß und schicke es daher per WhatsApp. Und dabei denke ich dann immer, dass es bei WhatsApp einen dritten Haken geben sollte, und zwar für »Hat deine Nachricht gelesen, ignoriert sie aber, weil du ihre peinliche Mutter bist«. Doch ich bin es gerne. Denn als Mutter peinlich zu sein gehört in diesem Alter dazu. Es ist sozusagen eine unverzichtbare Kernkompetenz, wenn man seinen Job richtig machen will.

Nun ist es ja wissenschaftlich erwiesen, dass das Abtauchen im Wald sogar als Anti-Stress-Kur taugt. Daher gehört die auf Sauerstoff basierende Waldmedizin mittlerweile zur deutschen Leitkultur ähnlich wie die Leberwurst, die Birkenstocksandale und der Wutbürger, der bekanntermaßen schon anfängt zu maulen, ohne überhaupt zu wissen, worum es eigentlich geht. Deutsche Werte sind hoch. Vor allem der Blutdruck. Und der lässt sich dank Doktor Baum erwiesenermaßen senken.

Ich war fest entschlossen, meiner Tochter die Vorzüge der heimischen Flora und Fauna an jenem Sonntag nahezubringen. Da sie sich für Waldmedizin nicht interessierte – junge Menschen in ihrem Alter halten ihren Körper ja noch für unzerstörbar, was so manch eine Ernährungsgewohnheit beweist –, mailte ich ihr einen Bericht über die Twittering Trees, also Bäume mit Social-Media-Anbindung. Die berichten in Echtzeit darüber, wie sie wachsen und wie viel Wasser sie brauchen.

Meine Tochter fand das krass, und nachmittags machten wir uns tatsächlich zu einem entspannten Spaziergang durch den Hunsrück auf. Der Hunsrück besteht zu 70 % aus Wald – der Rest sind Bäume. Wie Rotbuche, Gelbbirke und Blautanne, oder wie meine Tochter lapidar bemerkte: »Baum, Baum, Weihnachtsbaum.« Ich hingegen habe eine große Wertschätzung für Bäume. Zehn Minuten in ihrer Nähe reichen aus, um die Ausschüttung des Stresshormons Cortisol spürbar zu drosseln. Stattdessen werden Serotonin und Dopamin, also Botenstoffe, die Glücksgefühle auslösen, freigesetzt. Daher finde ich auch, dass jeder Baum, der für irgendeine dämliche Dschungelcamp-C-Promi-Biografie sterben muss, einer zu viel ist. Aber das natürlich nur am Rande.

Unser Vorhaben wurde mir nicht leicht gemacht. Der Wald kann zu einer lebensgefährlichen Zone werden: Militante Nordic-Walking-Frauengruppen in Viererreihen, die an nordkoreanische Militärparaden erinnerten, nahmen uns als äußerst unangenehmen Störfall wahr. Die schrillbunten Aldi-Jacken wirkten schon von Weitem wie eine Netzhautpeitsche in dieser natürlichen Umgebung und hatten entweder zum Ziel, andere Waldbesucher rechtzeitig vor ihrer Manöverübung zu warnen oder nicht selbst versehentlich abgeschossen zu werden, sollte zeitgleich im Wald eine Treibjagd stattfinden. Die schnatternde Unterhaltung, die von rechts außen über die Viererkette nach links außen geführt wurde, musste kurzzeitig unterbrochen werden. Das unglückliche Auftauchen meiner Tochter und mir hatte das Passieren der in Reih und Glied marschierenden Brigade unmöglich gemacht. Man formierte widerwillig und erst in letzter Minute in zwei und zwei um, was den Aggressionspegel spürbar in die Höhe trieb. So eklatant, dass ich froh war, dass die Nordic-Walking-Stöcke nur Stöcke waren und keine Schwerter, Säbel oder Degen. Ich glaube, Pädagogen würden in einem solchen Fall Wörter wie »verhaltensauffällig« oder »gewaltbereit« ins Spiel bringen und eine psychologische Betreuung nahelegen.

Unser Weg führte uns weiter ins Dickicht. Die Wege wurden schmaler, aber nicht leerer. Nach der Regelwidrigkeit, die uns die Nordic-Walkerinnen zuteilwerden ließen, begrüßten uns wenig später diverse Radfahrer mit ihrer Interpretation eines Willkommens-Fouls. Männliche Mountainbiker lieferten sich einen erbitterten Kampf um die Vorherrschaft über den ein Meter breiten Waldpfad. Da werden in Rudeln sämtliche Aggressionen, die so eine 60-Stunden-Woche mit sich bringt, innerhalb von zwei Stunden wieder abgebaut. Und das auf Rädern, die teurer als mein Auto sind. Ein Menschenleben zählt nicht viel, wenn es um Nanosekunden geht, die man schneller sein möchte als der Kumpel, der sich gerade downhill den Singletrail herunterkatapultiert. Ich konnte mich gerade noch rechtzeitig ins Buschwerk werfen und hinter einer Kiefer verschanzen. Wenn ich als Vogel hier und heute unterwegs wäre, ich wüsste genau, wen ich als Erstes anscheißen würde, dachte ich schmallippig.

Und dann noch diese Familien aus den nahegelegenen Ballungszentren, die sich immer mit zwei oder drei anderen Sippen zusammentun und allein dadurch schon das Bild eines ausschwärmenden Truppenverbands bedienen. Perfektioniert wird diese Anmutung dann noch durch XL-Wannen, in denen sie ihre Fynn-Martens, Emilys, Marthas, Oskars, Leopoldinas, Mias, Ben-Lucas und Justusse durchs Unterholz transportieren, während sie ihr fundiertes Halbwissen über Flora und Fauna lautstark in die Botanik hinausposaunen.

Mit einem sinnlichen Ort, der der Entspannung dient, hat der Wald in diesen Momenten leider wenig zu tun. Eher mit der Boxengasse eines Formel-1-Rennens beim Großen

Preis von Monaco. Die Dezibelwerte dürften vergleichbar sein.

Ein real gelebter Irrsinn. Ich war so genervt, dass ich in Erwägung zog, einen Brief nach Berlin zu schicken. Klar, alle sollten den Wald genießen dürfen, aber vielleicht nicht gleichzeitig, sonst war es das mit dem Genuss. Eine Obergrenze muss her. Ich finde, unser Verkehrsminister sollte das mal regeln. Jetzt, wo die Maut durchgewunken ist, hätte Herr Scheuer doch Zeit für ein neues Projekt. Der jetzige Zustand ist nämlich wirklich »be-scheuert«.

Auch meine Tochter war genervt. Aber aus einem anderen Grund. Dummerweise war es an diesem Nachmittag etwas diesig – wie so oft im Herbst. So diesig, dass noch nicht einmal das obligatorische Selfie für die Snapchat-Story funktionierte, worauf sie maulte: »Aha, so sieht es also aus, wenn die Natur zu faul ist, die komplette Umgebung zu laden.« »Du glaubst ja gar nicht, wie wichtig diese Bäume sind«, versuchte ich sie zu beschwichtigen. Worauf sie tief Luft holte und erklärte: »Mutter, ganz ehrlich, auch ich würde Bäume überall anpflanzen, aber erst, wenn sie Gratis-WLAN aussenden.« »Ja, ja, mein Kind, es ist wirklich schade, dass sie nur die Luft produzieren, die wir atmen«, kommentierte ich ihre Idee.

Irgendwann ist es dann vorbei mit dem goldenen Herbst. Der Spätherbst hält Einzug. Es wird windiger, manchmal auch so stürmisch, dass mir die ein oder andere Mülltonne von gegenüber beim Einbiegen auf die Hauptstraße die Vorfahrt nimmt. Oft denkt man an diesen Tagen auch: »Oh, heute ist das Wetter aber kaputt. Es läuft Wasser aus.« Mich stört das alles allerdings herzlich wenig. Ganz im Gegenteil. Ich halte es da wie Karl Valentin, der mal sagte: »Ich freue mich, wenn es regnet, denn wenn ich mich nicht freue, regnet es auch.« Das Einzige, was mich am Regen manchmal stört, ist seine Einstellung. Er kommt immer so von oben herab. Aber ansonsten kann ich ganz hervorragend einen Monat wie den November genießen. Man fühlt sich zwar oft etwas antriebslos und wird ruhiger, was aber nach dem früh-herbstlichen Outdooraktivitäten-Shufflemodus für mich ein durchaus willkommenes Gefühl darstellt.

Ab November stelle mir immer gerne vor, ich wäre ein Smartphone, dessen Akku sich im freien Fall befindet. Also eine Vorstellung, die jeder kennt. Dann überlege ich, was der Hersteller normalerweise in einer solchen Situation rät, und lösche jede nicht zwingend notwendige Funktion: Keine Radtouren mehr, keine Spaziergänge mehr, nichts. Dieser Prozess dauert so lange, bis ich meinen persönlichen Energiesparmodus erreicht habe. Ich bin dann dort ange-kommen, wo ich im November am liebsten bin. Wäre der Spätherbst eine geografische Koordinate, sie würde in mei-nem Fall lauten: Landkreis: Herbst. Region: zu Hause. Ort: Wohnzimmer. Ortsteil: Sofa. Ich genieße diese Wochen, in denen es nach der Zeitumstellung früher dunkel oder später hell oder was weiß ich wird. Das Wichtigste ist doch jetzt: Körper und Sofa sind jetzt befreundet. Büchern, Chipsletten und Weißwein gefällt das!

Endlich wieder Zeit für typische Herbstklassiker wie z. B. einen romantischen Kinoabend. Letztes Jahr habe ich mir im Programmkino nochmals *Titanic* angesehen. Mit mir im Kino waren 50 Frauen und zwei Männer: Leonardo Di-Caprio – und meiner. Als die Szene kam, in der die Titanic sank, Leonardo DiCaprio sich an ein Stück Treibholz klammerte und ewige Liebe beteuerte, fingen 50 Frauen an zu heulen. Ich auch. Ich hörte damit aber schlagartig wieder auf, als mein Mann aufstand und beschwichtigend durch den Saal rief: »Jetzt beruhigen Sie sich doch! Das kann doch gar nicht sein! Überlegen Sie doch mal! Ein Kahn mit 2.000 Kabinen sinkt und im ganzen Atlantik schwimmt nur eine Tür!«

Ein klassischer Herbstgenuss ist es auch, mit der Familie mal wieder ein Gesellschaftsspiel zu spielen. Monopoly zum Beispiel. Wobei das Spiel ja eigentlich antiquiert ist, denn da kann man sich noch eine eigene Immobilie leisten, durchtriebene Menschen können, obwohl sie reich sind, noch in den Knast wandern und es gibt noch »Frei Parken«. Verrückt, oder? Es gibt ihn aber doch, den famosen Realitätsbezug. Man bemerkt ihn jedoch erst beim Spielen. Beim letzten Mal träumte ich über viele Runden von der Schlossallee, blieb aber die ganze Zeit in der Turmstraße hängen, während mein Mann vom Knast aus zunächst zu einem unverschämten Miethai mutierte und später durch ominöse An- und Verkäufe sogar zum Immobilientycoon avancieren konnte.

Manchmal spielen mein Mann und ich auch Schach. Aber nur selten, denn eigentlich mag ich dieses Spiel gar nicht. Man muss dabei immer nüchtern bleiben, damit das Gegenüber einen nicht für blöd hält. Das fällt mir schwer, denn ich habe eine wirklich leckere Glühweinsorte namens »Heißer Hirsch« für mich entdeckt. Außerdem fragte ich mich neulich mal, warum sich beim Schach ausgerechnet die Dame überall hinbewegen darf. Mein Mann blickte daraufhin nachdenklich auf das Spielbrett und meinte Sekunden später: »Findest du nicht, dass es irgendwie aussieht wie ein Küchenboden?« Als ob ich es geahnt hätte …

Früher habe ich die langen Abende in der dunklen Jahreszeit auch genutzt, um meiner Tochter etwas vorzulesen. Diese Zeit ging viel zu schnell vorbei. Sobald die Kinder ins Grundschulalter kommen, ticken die Uhren anders. Letztes Jahr glaubte ich ein Stück dieses vergangenen Glücks zurückholen zu können. Meine alleinerziehende Nachbarin musste zu einer Fortbildung, und ihre siebenjährige Tochter sollte bei mir übernachten. Ich freute mich sehr auf diesen Abend, wenngleich mir der Mädelsabend vom Vortag mit reichlich Tee, guuut, es war Tequila, noch ordentlich zu schaffen machte. Aus diesem Grund hatte ich keine Vorleseaktion geplant, sondern sämtliche DVDs von *Lauras Stern* bis hin zu *Lars, der kleine Eisbär* bereitgelegt.

Und da stand sie nun vor mir, die kleine Sophia, mit verschränkten Armen und fragte mit dem Unterton eines anprangernden Staatsanwaltes: »Willst du mir etwa kein Märchen vorlesen? Wenn dem so ist, dann will ich auch

nicht schlafen. Denk noch mal drüber nach. Ich habe Zeit!«
Dann verschwand sie erhobenen Hauptes im Kinderzimmer, und ich dachte panisch: »Oh nein, das nicht auch noch.« Die Drohung zeigte Wirkung, denn ich wackelte hinterher und bot ihr passend zu meiner Verfassung die Geschichte »Der verkaterte Stiefel« von den Gebrüdern Grappa an, die ich bei Twitter entdeckt hatte. Ein wenig Realitätsbezug kann schließlich nicht schaden.

Und Realitätsbezug kann ich. Schon immer. Als meine Tochter noch klein war und wir öfter zu Oma und Opa in meine Heimatstadt Aachen fuhren, habe ich sie durch kleine Geschichten mit großem Realitätsbezug immer bei Laune gehalten. Vor allem die letzten 15 Minuten einer dreistündigen Autofahrt hatten es in sich. Das war immer der Zeitpunkt, an dem wir das Kraftwerk der RWE in Weisweiler, kurz vor dem Aachener Kreuz, passierten. Aufgrund der immensen Wasserdampfmengen, die die riesigen Kühltürme abgeben, lag nichts näher, als einer Vierjährigen zu vermitteln, dass hier, und nur hier, alle Wolken für die gesamte Erde produziert würden. Noch heute spricht meine Tochter von der Wolkenfabrik.

Auch bei Sophia konnte ich auf diese Art punkten. Sie fand mich sogar so gut, dass sie noch eine weitere Anekdote forderte. Und zwar singend. »Nur noch fünf Minuten«, lautete ihr energischer Wunsch – ein moderner Kinderhit von einer Hamburger Gruppe namens *Deine Freunde*. Sehr angenehme Musik, die man auch abends noch gut hören kann. Nicht wie Rolf Zuckowskis »In der Weihnachtsbäckerei«, das mich oft mit einer Halbwertzeit von einer halben Nacht um meinen Schlaf gebracht hat. Sophia erklärte mir, dass es noch weitere Songs von den Jungs gäbe. Ihr Lieblingshit wäre derzeit »Fontanelle, kleine Delle«.

Also, Realitätsnähe kommt bei den Kids an. Die Märchen, die ich ihr anschließend erzählte, wurden alle spontan von mir auf die Version 2.0 gepimpt und kompromisslos der Wirklichkeit angepasst. Ich legte los: Rapunzel spielte im Sommer. Sie hatte die A...karte gezogen, weil sie in einer Dachgeschosswohnung in einer Trabantenvorstadt wohnte und sich unter ihren Extensions einen Wolf schwitzte. Als Kevin ruft: »Chantalle, lass dein Haar herunter«, ruft sie zurück: »Ey, Alter, ich kann jetzt nicht. Ich mach grad Facebook. Komm später wieder, du Opfer.«

Rotkäppchen ist ein verwöhntes Einzelkind. Besser: Alleinerbin. Hört sich besser an. Sophia ist schließlich auch Einzelkind. Die alleinerziehende Mutter arbeitet Vollzeit als Reinigungskraft, um dem Rotkäppchen immer das neueste iPhone kaufen zu können, da diese sonst in der Schule gemobbt wird. Sie braucht es wegen der hervorragenden Supermegapixelkamera, da sie als Famebitch im Internet Karriere machen möchte. Die Göre wird beauftragt fett- und salzreduzierte Kost plus natriumarmes Wasser zur Großmutter zu bringen. Die Mutter ruft ihr noch gehetzt nach: »Geh sofort nach Omma, keine Partys unterwegs, keine Drogen, keine Anmache.« Dort angekommen trifft sie auf einen Wolf in Frauenkleidern, der sich gerade im Bett von den Strapazen der Miss-Gender-Wahl erholt.

Hänsel und Gretel kommen aus gutem Hause. Sie tragen nur Markenklamotten, denn der Vater ist Inhaber eines florierenden Bauunternehmens namens Bau-Watch. Spezialisiert auf große Vorbauten. Egal wo und an wem, weswegen die Mutter der beiden dem Alkohol verfallen ist. Beide gehen auf ein Eliteinternat, sind drogensüchtig, aber privatversichert. Die Hexe lebt von der Mindestrente und betreibt nebenher eine Hanfplantage im Dachgeschoss. Die drei machen gemeinsame Sache. Mit der Geschäftsidee, Haschplätzchen vorm Seniorenheim zu verkaufen, gelingt ihnen der Durchbruch.

Rumpelstilzchen habe ich kurzerhand umgedichtet: Heute back ich, morgen ess ich und übermorgen seh ich aus, als bekäme ich ein Kind.« Natürlich als Leihmutter.

Zum Glück blieben mir alle Geschichten mit Prinzessinnen erspart. »Wer möchte denn schon gerne eine Prinzessin sein: vergiftet, entführt, im Turm eingesperrt. Und wofür überhaupt? Für einen Mann in Strumpfhosen?«, fragte mich die Kleine.

Die Weihnachtszeit

Spätestens wenn im Radio wieder von diesem Lars Krismes gesungen wird, weiß ich, der Showdown bis zum mit Abstand beliebtesten Familienfest hat begonnen. Überall wird dieses Lied gespielt, das eigentlich den Titel »Last Christmas« trägt und 1984 erstmals veröffentlicht wurde.

Man hört es sogar auch an Adventssonntagen aus den gekippten Fenstern des Seniorenheims am Stadtplatz herausschallen. Wobei ich das dann doch etwas geschmacklos finde ... wegen dem »Last«.

Aufgrund der in den letzten Jahren spürbar zunehmenden Klimaerwärmung sollte man jetzt ernsthaft überlegen: Tanne oder Palme? Auch sollte ich mich rein prophylaktisch mal auf dem Amt erkundigen, wie lange man Heiligabend noch die Thujahecke schneiden darf. Aber wahrscheinlich sagen die wie im letzten Jahr: »Solange Sie den Nachbarn nicht beim Grillen stören, ist alles okay.« Und wenn dann doch Tanne, dann bitte schön eine mit Ökosiegel. Ich bin ein auf Nachhaltigkeit und Achtsamkeit getrimmter Mensch und möchte daher nur freilaufende, glückliche Tannen, keine aus der Bodenhaltung irgendeiner sauerländischen Massenbaumbatterie.

Früher war es um Weihnachten immer richtig kalt. Wir konnten jedes Jahr einen Schneemann bauen. Heute undenkbar, nicht nur wegen des fehlenden Schnees. Selbst wenn genug da wäre, würde man sich in einem politisch korrekt denkenden Umfeld nur Ärger einhandeln: Warum ein Schneemann und keine Schneefrau? Wie kann man eine Möhre als Nase verwenden? Ist es wenigstens eine Biomöhre? Und wenn ja, ist das nicht noch viel gewissenloser, als wenn man eine konventionelle verwendet hätte? Wie sieht es mit der Symbolik bei der Möhre aus? Könnte eine Feministin darin nicht ein Phallussymbol vermuten und sich sexuell belästigt fühlen? Und dann dieser gewaltverherrlichende Besen! Und warum baut man nur mit weißem Schnee? Das machen doch nur Rassisten ...

Ich vermisse die kalten Wintertage, an denen es tagsüber kälter war als draußen. Ich verstehe es auch gar nicht: Laut einer aktuellen Studie soll es dieses Phänomen Winter ja alle 12 Monate geben, in manchen Gegenden sogar einmal pro Jahr. Also wo sind die Wintertage meiner Kindheit, an denen die Gänsehaut am Körper die 3-D-Struktur einer Raufasertapete aufwies? Bevor wir rausgingen, um unseren Schneemann zu bauen, sagte mein Opa immer: »Ihr müsst euch jetzt genau überlegen, mit welchem Gesichtsausdruck ihr rausgeht. Das bleibt nämlich dann so, bis ihr wieder reinkommt.« Mein Opa hatte viel Humor. »Keiner darf durchs Schlüsselloch schauen, sonst werdet ihr bestraft und müsst mit geschlossenen Augen schlafen«, sagte er früher an Heiligabend, wenn meine Mutter die Bescherung vorbereitete. Das war eine heftige Drohung für Drei- bis Fünfjährige. Noch schlimmer fand ich aber: »Wenn ihr nicht artig seid, bekommt ihr Salz in die Suppe.« Ich hatte einen prima Opa. Viele Kindheitserlebnisse, die mir bis heute so präsent sind, als wären sie erst gestern passiert, sind mit seiner Person verbunden.

Ein weiteres todsicheres Zeichen für das bevorstehende Fest erkennt man auch darin, dass Frauen wie ich den Dachboden entrümpeln und den ganzen Plunder in der Wohnung verteilen – wie mein Mann meine Dekorationskünste bezeichnet.

Generell bietet die Vorweihnachtszeit ja immer und

überall viel Stoff für Zoff. Auf Wunsch unserer Tochter habe ich vor zwei Jahren versucht, einen glutenfreien Christstollen zu backen. Das Ergebnis lag optisch und geschmacklich zwischen einem Gästehandtuch und einem Dachziegel. Ich habe ihn daraufhin entsorgt und beim Aldi Lebkuchen besorgt. War aber auch wieder nicht richtig. Mein Mann wollte lieber Spekulatius. Ich hatte mich also wieder mal verspekuliert.

Bei den heutigen Ernährungsgewohnheiten muss auch so manch uraltes Gedicht umgeschrieben werden: »Knusper, knusper, knäuschen, wer knuspert an meinem Häuschen?«, hört sich, wie ich auf Pinterest entdeckt habe, reloaded so an: »Knusper, knusper, knäuschen, wer knuspert an meinem gluten-, laktose- und fruktosefreien, fair produzierten, mit Stevia gesüßten Biohäuschen?«

Der private Stresspegel steigt im Wartezimmer vor der Weihnacht vor allem im zwischenmenschlichen Bereich. Laut Statistik fühlen sich 47 Prozent der Deutschen von Weihnachten gestresst und 45 Prozent haben sogar Angst davor, in Streit zu geraten. Es ist erwiesen, dass sich nach den Weihnachtsfeiertagen im Internet die Zugriffszahlen auf Webseiten über Scheidungsrecht und Unterhaltsrechner verdoppeln.

Ein alle Jahre wiederkehrendes Streitthema betrifft den Baum. Während mein Mann für uns einen der 30 Millionen Weihnachtsbäume, die 2016 in Deutschland gekauft wurden, immer unter nüchternen Kosten-Nutzen-Aspekten auswählt, träume ich von einer Tanne, die von ihrem Gardemaß eher ins Oktogon des Aachener Doms passen würde als in ein Wohnzimmer mit einer der Landesbauordnung gehorchenden Deckenhöhe von lichten zwei Meter vierzig. Von den 8,5 Milliarden Lämpchen, die in deutschen Dekorationen leuchten, illuminiert ein gefühltes Drittel unser Wohnzimmer. Damit stelle ich jeden Baumarkt in den Schatten. Meinem Mann würde eine gedimmte Energiesparleuchte überm Tisch reichen. Hauptsache, er sieht, was es zu essen und zu trinken gibt. Und apropos essen: Wenn ich ihn bitte, mir bei den Essensvorbereitungen zu helfen – »Dieses Jahr kümmerst du dich aber mal um die Gans« –, dann kommt als Antwort zurück: »Wieso? Ist doch deine Mutter.«

Da genießt man doch gerne mal, fernab vom familiären *melting pot*, ein paar unbeschwerte Stunden mit Kollegen auf einem Weihnachtsmarkt. Weihnachtsmärkte gelten als Rock am Ring für Bürofachkräfte. Es ist immer dasselbe Bild, immer dieselben Leute, und ein Besuch läuft auch immer gleich ab. Zuerst denkt man: »Wie schön, endlich wieder Weihnachtsmarkt.« Danach: »Wow, fünf Euro für einen Glühwein. Und sechs für eine vegane Currywurst.« Und nach einer halben Stunde möchte ich dem Nächsten, der mich hier anstößt, am liebsten eine reinhauen – selbst wenn ich wegen der Enge ja gar nicht Gefahr laufe umzufallen. Aber meist trinkt man dann doch lieber noch einen. Und noch einen. Ich meist so lange, bis ich Filztaschen und -hüte als Winteraccessoire für unverzichtbar halte.

Ich gehe aber normalerweise nur nach Feierabend hin

wegen der blöden Glühweinallergie. Ich bekomme vom Glühwein immer dicke Augen und Kopfschmerzen. Ich führe das aber nicht auf die Menge zurück, denn ich bin ja geübt, sondern darauf, dass er sich in Farbe, Opulenz, Aroma und Charakter nur in Nuancen vom Sagrotan WC-Reinigerkonzentrat Hibiskusblüte unterscheidet.

An Heiligabend denken viele Menschen an ihre Kindheit. Ich auch. Das eigentliche Fest lief früher anders ab als heute. Als Kinder haben wir unterm Baum noch gesungen, nicht mit glockenheller Stimme, eher etwas vokalarm. Ich kann bis heute nicht gescheit singen, obwohl ich es oft tue. Etwa, wenn ich ein wirklich großes Problem habe. Im Vergleich zu meinem Gesang erscheint es danach viel weniger schlimm. Damals sangen wir drei immer so lange, bis sich einer von uns dreien die Edlen Tropfen in Nuss, die Oma jedes Jahr für unsere Eltern mitbrachte, unter der Blaufichte noch mal durch den Kopf gehen ließ.

Erst danach gab's Geschenke. Für Oma wie jedes Jahr eine Flasche 4711, den Duftklassiker schlechthin. Kölnisch Wasser war unter den Düften das, was Maggi unter den Feinwürzmitteln war. Es wurde damals von jeder Oma benutzt, aber nur sonntags, wenn Besuch kam. Ich habe es nie gemocht. Nachdem ich es einmal gerochen hatte, pur oder noch schlimmer, in Kombination mit den Trevira- und Helancablusen, die meine Oma immer gerne trug, wurde mir bei jedem darauffolgenden Besuch schon ganz blümerant, bevor ich überhaupt geklingelt hatte. Aber auch das war Kindheit.

Zu essen gab es einen hormongemästeten, furztrockenen Puter und anschließend, wohlbemerkt erst danach, wurde eine Flasche Wein kredenzt. Diese Reihenfolge war damals üblich und fand nicht mit dem Hintergedanken statt, dass das Essen den Wein nicht wert gewesen wäre. Im Gegenteil: Das Essen meiner Mutter war immer um Welten besser als der Wein. Denn bei diesem handelte es sich auch nicht um ein großes Gewächs, sondern nicht selten um einen Mosel-Saar-Ruwer-Verschnitt, bei dem man schon nach fünf Flaschen voll war wie die Christmette an Heiligabend. Und die war früher voll, so voll, dass meine Mutter morgens schon an der Kirche vorbeifahren wollte, um ein Handtuch zu werfen.

Trotzdem, schön war's. Und heute? Der Heilige Abend wird für viele zum Eiligen Abend. Es wird auch mir nicht leicht gemacht, mich immer wieder auf dieses Ereignis zu freuen. Mein Mann ist auch so ein Last-Minute-Shopper und berichtete letztes Jahr von einer Kneipe, die mit dem Angebot warb: »Wer jetzt noch keine Geschenke hat, findet auch keine mehr. Kommt rein und betrinkt euch.« Ja, auch so kann man diesen Tag genießen. Mein Mann ist dann aber doch artig weiter zu Douglas gezogen, dem Ort, an dem an Heiligabend süßliche Duftschwaden mit menschlichen Ausdünstungen und Gerüchen vom gegenüberliegenden Bratwurststand um die Vorherrschaft kämpfen und dabei eine Dunstglocke über den Verkaufsraum legen, von der selbst die Migräne der Verkäuferinnen noch einen Brummschädel bekommt. Er hat sich also nicht anders verhalten als die meisten Männer, und dies auch zur gleichen Zeit – also kurz vor 14 Uhr, denn Weihnachten kommt ja immer völlig überraschend, sozusagen über Nacht. Und wenn man dann noch bedenkt, dass Geschenkeeinpacken das Rückwärtseinparken der Frauen für Männer ist, kann man sich vorstellen, dass auch bei uns ein solcher Tag nicht komplett konfliktfrei abläuft.

Damit man diesen Tag aber dennoch irgendwie genießen kann, werden bei uns im Ort jetzt Kurse an der Volkshochschule angeboten: Heiligabend mit der ganzen Familie. Es geht auch ohne Mordlust! Ich wollte uns anmelden. Aber, was soll ich sagen, seit September sind alle ausgebucht!

Nach der Weihnachtszeit, also jener Zeit, in der alle Söhne und Töchter an die Stätten ihrer Geburt zurückkehren, um – alle Jahre wieder – Mütter wie mich damit zu nerven, sich endlich bei Facebook, Twitter oder Instagram anzumelden, um sich dann von mir anzuhören, dass mir immer noch Chefkoch.de reicht, beschleicht mich oft ein Gefühl der Leere.

Es sind die Tage, in denen kritisch geprüft wird, ob das Christkind den Wunschzettel, pardon, das Bestellformular auch gewissenhaft abgearbeitet hat. Bei meiner Tochter scheint es geklappt zu haben. Bei mir ist es dieses Jahr wohl wieder schiefgegangen, obwohl ich ausdrücklich geschrieben habe: *Liebes Christkind, bitte nichts durcheinanderbringen. Mein Konto: dick. Ich: dünn.*

Der einzige Vorteil: Ich brauche jetzt erst mal nicht zu bügeln. Nach Weihnachten liegen meine Klamotten sowieso faltenfrei an. Würde aber auch technisch gar nicht gehen, weil alle Steckdosen noch mit Lichtergedöns belegt sind. Also, würden Sie mich fragen, was ich zu Weihnachten bekommen habe, würde ich antworten: Einen stattlichen Bauch, mit dem ich im folgenden Sommer, vorausgesetzt, er ist dann noch da, am Ufer unseres Badesees anderen Menschen gegen ein kleines Entgelt Schatten spenden könnte. Das liegt mitunter daran, dass ich mir immer gerne einrede, dass der Adventskalender nur deshalb 24 Türchen hat, damit man jede Stunde ein bisschen Schokolade essen kann. Oder dass Plätzchenteig direkt aus der Rührschüssel zu essen als Rohkost durchgeht. Ach, es gibt so viele Gründe …

Aber diese Tage zwischen den Jahren haben definitiv etwas Ernüchterndes, z. B. wenn ich meinen abgeschmückten, nackten Weihnachtsbaum zur Sammelstelle schleife. Und apropos abdekoriert: Ein moderner Weihnachtsbaum hat keine Kugeln mehr, sondern man spricht von Piercings. Mit Rücksicht auf andere Kulturen spricht man auch nicht mehr vom Weihnachtsbaum, sondern vom Nadelgehölz mit religiösem Illuminationshintergrund, oder war es ein illuminierter Religionshintergrund? Ich komme da immer etwas durcheinander. Aber ich finde es gut, dass man versucht, bei der Wortwahl Rücksicht auf die vielen anderen Kulturen und Religionsgemeinschaften zu nehmen, die hier in Deutschland nebeneinander existieren. Immerhin hat jeder fünfte Deutsche bereits einen Migrationshintergrund.

Silvester steht vor der Tür. Oder anders ausgedrückt: »Ich

esse nie wieder was« wird bald von »Ich trinke nie wieder was« abgelöst. Aber eigentlich brauche ich fürs neue Jahr gar keine guten Vorsätze. Ich bin mit den schlechten ja noch gar nicht durch. Wie jedes Jahr liegt in diesen Tagen eine Art Aufbruchstimmung in der Luft, die einem suggeriert, dass nächstes Jahr alles besser werden könnte, wenn ich mich nur an ein paar einfachen Zielen orientiere. Sich gesünder zu ernähren ist ja so ein Vorsatz, den viele Menschen haben. Als Fünfjährige habe ich ihn das erste Mal bewusst wahrgenommen – an meinem Opa. Nachdem er das erste Mal von gesunder Ernährung im Fernsehen gehört hatte, tat er sich beim nächsten Mittagessen noch mehr Kartoffeln zum Schweinebraten auf den Teller. Es war seine Antwort auf den Hinweis, man solle mehr Gemüse essen. Heute sind es bei mir vermutlich genau diese tonnenschweren Vorsätze, die auf meinen Schultern lasten und mich beim Waldspaziergang deutlich tiefer im weichen Lehmboden einsacken lassen als noch vor Weihnachten. Anders kann ich es mir nicht erklären.

Zum Standardrepertoire gehört für mich bei den ganz persönlichen Absichtserklärungen auch, mehr Sport zu treiben. Allerdings immer im Rahmen der Möglichkeiten. Man soll ja bei Vorsätzen immer realistisch bleiben. Sonst kann man sie gleich in die Tonne treten. Konkret bedeutet das dann für mich: Wenn ich schon faul auf dem Sofa liege und Filme im Fernsehen gucke, dann wenigstens aktiv, sprich in den Werbepausen Sit-ups und Liegestütze machend. Seitdem schaue ich nur noch ZDF.

Man könnte natürlich auch mal etwas für die Allgemein-
bildung tun und einen Klassiker lesen. Omelette oder Ham-
let? Wer kann das heutzutage schon noch unterscheiden?
Sokrates kennen viele doch erst, wenn der im Finale von
Nur die Liebe zählt mitgemacht hat. Schon jetzt genieße ich
die Perspektive, in Kürze im Freundeskreis für meinen neu
erworbenen Intellekt Bewunderung zu ernten. Denn dort ist
es auch nicht besser bestellt als im Rest der Republik. Auch
hier gibt es Menschen, denen ich unterstelle, nur von 20
Prozent ihrer Gehirnmasse Gebrauch zu machen. Ich frage
mich dann immer: Was machen die eigentlich mit den restlichen 90 Prozent?

Irgendwann möchte ich endlich mal meine Steuererklä-
rung selbst machen. Das ist für mich so etwas wie die
Königsdisziplin unter den geistig anspruchsvollen Tätigkeiten für einen mündigen Staatsbürger. Ich möchte endlich
lernen, wie ich mit einer Spesenquittung, auf der 18 Pic-
colöchen, 5 Aperol Spritz, 8 Klopfer und 5 Magnum ver-
merkt sind, umgehen soll: Besteht die Chance, dass der für
mich zuständige Finanzbeamte sie als absetzbare Bewirtung
durchwinkt, oder sollte ich sie lieber direkt meiner Krankenkasse als außerordentlichen Risikofaktor für die Akte Pati-
entenlaufbahn Anne Vogd melden?

Ich denke, ich konzentriere mich lieber auf mich als
menschliches Wesen, das bemüht ist, an seinen inneren
Werten zu arbeiten, also an all dem, was über ein vorteil-
haftes Röntgenbild hinausgeht. Meine Kollegen bemängeln
immer meine Skepsis. Immer habe ich was zu bedenken,

und wenn ich nichts finde, was ich bedenken könnte, dann gebe ich den anderen was zu bedenken. Und wenn ich dann doch mal nichts sage, dann mache ich das mit der Augenbraue.

Meine Freundin bezeichnete mich neulich sogar mal als nachtragend. Das bin ich aber gar nicht. Ich kann mir nur merken, wer mich wann womit geärgert hat. Aber gut, ich schau mal, was sich machen lässt. Im März haben wir Abitreffen. Ich bin mal gespannt, ob diese bratzige Brotspinne auch kommt, die mich 1984 nachtragend nannte. Damals hatte sie mir Olli, eine Art männliches Trophy Wife, ausgespannt. Das vergesse ich der nie. Aber ich habe ja gute Vorsätze. Vielleicht bin ich einfach mal nett zu ihr. »Kompliment! Deinen scheiß Charakter sieht man dir auch heute noch nicht an!«, könnte ich sie vielleicht begrüßen.

Also, ich fasse zusammen: Mein Ziel für 2019 ist es, die Ziele von 2018 zu erreichen, die ich mir 2017 gesetzt habe, weil ich mir 2016 vorgenommen hatte, das zu erledigen, was ich 2015 geplant hatte. Geplant deswegen, weil ich es 2014 nicht geschafft habe. Und was ich da 2014 nicht geschafft habe, waren die Ziele, die ich mir 2013 gesetzt hatte. Oder einfacher ausgedrückt: Weniger Sport, mehr Alkohol, viel Schokolade, keine beruflichen Erfolgserlebnisse und vor allem weniger Zeit für die Familie – da ich meine Vorsätze noch nie einhalten konnte, probiere ich es jetzt einfach mal so herum.

Die letzten Nachwehen der Weihnachtszeit stehen an. Mein Garten, der lichtertechnisch so aufgebrezelt ist, dass man ihn ab 17 Uhr auch für die Startbahn West des Frankfurter Flughafens halten könnte, wird bei leichtem Schneefall von mir in seinen ursprünglichen Zustand zurückversetzt. Dabei fange ich mir einen Husten ein, auf den jedes Mal die Hunde in der Nachbarschaft antworten, auch die, die Luftlinie ca. zwei Kilometer entfernt leben.

Die Hauptaufgabe des Winters, nämlich die Schneeproduktion, hat der Dezember in den letzten Jahren regelmäßig dem Januar überlassen. Und sobald überall die Weihnachtsferien zu Ende sind und die Straßen wieder brechend voll, liefert der Januar den heißen Stoff, der für Chaos sorgt. Fährst du rechtzeitig los, bist du viel zu früh im Büro; fährst du pünktlich los, Vollsperrung auf der A3 – wegen orientierungslosem Schneefloh auf der Autobahn. Immer. Sollte man vielleicht doch auf die Bahn umsteigen? Ich hab's oft genug probiert und wurde Zeugin, was passiert, wenn eine Schneeflocke zur anderen sagt: »Komm, lass uns die Deutsche Bahn lahmlegen«, und die zweite daraufhin meint: »Komm, lass stecken, das schaffe ich auch ganz alleine.«

Trotzdem genieße ich diesen Monat, der einen nach diesem aufgehübschten, mit Wünschen und Erwartungen überfrachteten Dezember mit ruhigeren und bescheideneren Tönen begrüßt. Nach der Devise »Survival of the fittest« muss man sich oft schon nach wenigen Tagen eingestehen, dass es viele gute Vorsätze mal wieder nicht geschafft haben. Und die wenigen verbleibenden stehen auch auf wackeligen Beinen: Das Laufband im Keller unterlag dem Sofa im Wohnzimmer. Das Einzige, was läuft, ist die Nase. Trotz

Ingwertee. Also wurde auch der wieder durch Weißwein ersetzt. Und das ausgewogene Vollwertessen in der Kantine musste dann doch sehr schnell dem geliebten rheinischen Sauerbraten weichen.

Aus »in 10 Tagen zur Bikinifigur« würde »in 10 Tagen zur Couchfigur«, wenn ich sie nicht schon hätte. Gestern habe ich noch Küchenkräuter gekauft und zu Hause überlegt, ob ich sie gleich entsorgen soll oder, wie sonst üblich, erst, wenn sie unangetastet verwelkt sind. Ich denke kurz darüber nach, wie schwer man es sich doch immer wieder mit diesen lästigen Vorsätzen macht, und tröste mich mit dem Gedanken: Wer immer scheitert, ist doch auch zuverlässig.

Für nächstes Jahr werde ich mir definitiv nichts vornehmen. Ich glaube, mit diesem Grundsatz werde ich erfolgreich sein. Denn wenn man keine Ziele hat, kann man auch nicht an ihnen scheitern. Ein schönes Gefühl.

Karneval

Während andere noch zu 90 Prozent aus Schal bestehen, aber trotzdem krank werden und über Erfindungen nachdenken wie einen Wecker, der nach dreimal Snooze automatisch eine Krankmeldung an die Personalabteilung schickt, genieße ich die Aussicht auf den ersten Höhepunkt des neuen Jahres. Karneval! Nahezu jeder Rheinländer feiert in diesen jecken Tagen das Leben generell und die eigene Existenz im Besonderen – ohne konkreten Grund. Eine ganze Region befindet sich dann im Ausnahmezustand. Auch ich. Denn als Öcher Mädchen gehört der Karneval zu meinen Wurzeln. Er ist ein Teil von mir. Und auch auf die Gefahr hin, dass ich jetzt viele Erwartungen enttäusche: Ja, ich liebe den Karneval und feiere so gut es geht mit. Wenn ich auf 50 Meter Entfernung aus irgendeiner Halle »*Leev Marie, ich bin kein Mann für eine Nacht. Leev Marie, das habe ich noch nie gemacht. Leev Marie, es muss die wahre Liebe sein. Für eine Nacht bleibe ich lieber allein*« höre, raste ich aus. Ich fange augenblicklich an zu tanzen. Egal mit wem. Und wenn es mit einem Laternenmast ist. Es gibt kein Halten mehr.

War eine Prunksitzung einst als humoristischer Aufstand gegen die Obrigkeit gedacht, als Hommage an die Freiheit der Gedanken, so ist der Karneval heute leider für einige nur noch eine Legitimation für unkontrolliertes Trinken und ein Benehmen in der Öffentlichkeit, das normalerweise zu einem mehrwöchigen Aufenthalt in der Geschlossenen führen würde.

Dummerweise sind es aber immer genau diese Aktionen, die von sich reden machen und über die der Rest der Republik das Image des Karnevals dann festmacht. Die, die sich in diesen Tagen in einer der unzähligen Kostüm-, Prunk-, Gala-, Damen-, Herren- und Pfarrsitzungen ganz friedlich einfach nur ein Eimerchen Humor oder eine Mütze Lachen abholen wollen, über die spricht keiner. Dabei sind sie in der Mehrzahl.

Sie pflegen dieses Kulturgut, das durchaus mit dem

Oktoberfest in München mithalten kann. Mir gefällt das, denn es gehört genauso zur deutschen Tradition wie die Mülltrennung, der Nörgelnachbar oder die Wanderbaustelle. Ich genieße diese Tage und ihre lustigen Begleiterscheinungen, wie z. B. wenn eine Aachener Metzgerei ein Schild an der Tür hängen hat, auf dem steht: *Weiberfastnacht und Rosenmontag sind wir dicht. Der Laden auch.*

Um dabei zu sein, habe ich mir früher sogar immer extra ein paar Tage freigenommen. Dann reiste ich von der Weinstraße, meiner neuen Heimat, ins Epizentrum seiner Tollitäten und ihres Frohsinns. Schon im ICE von Mannheim nach Köln stellte sich bei mir der für diese Tage übliche Tinnitus ein:

Met ner Pappnas jeboore, dr Dom en der Täsch,
hammer uns jeschwoore: Mir jonn unsre Wääch
Alles, wat mer krieje künne, nemme mir och met,
weil et jede Aureblick nur einmol jitt ...

Da simmer dabei! Dat es prima! VIVA COLONIA!
Wir lieben das Leben, die Liebe und die Lust
wir glauben an den lieben Gott und han auch immer Durst ...

Dass ich »Viva Colonia« nicht mehr aus meinem Kopf bekomme, liegt aber nicht am lauten Mitgesang der anderen Fahrgäste, sondern an etwas, das tief in mir drin ist und wie jedes Jahr um diese Zeit ganz automatisch Besitz von mir ergreift.

Ich erinnere mich noch gut, wie groß meine Vorfreude immer war. Da saß man dann im Wagen 11 des ICE 4711 von Mannheim nach Dortmund. Mit mir ungefähr 150 weitere Personen, also ungefähr so viele wie am Rosenmontag in einer 20 qm großen Kölner Eckkneipe. Alle waren bis zur Prompt-Erratbarkeit verkleidet, während ich als feierfreudiges Wesen in einem schwarz-gelben Hummel-de-luxe-Plüschkostüm Hof hielt, das so üppig geschnitten war, dass die Höhner noch mit drunter gepasst hätten. Ich sah aus wie die Biene Maja auf Kortison – zum Schunkeln perfekt. Aber im Wagen 11 bewegte sich nichts. Noch nicht, dachte ich noch siegessicher, als wir den Frankfurter Hauptbahnhof wieder verließen.

Ich akzeptiere natürlich, dass manch einer dem Karneval nichts abgewinnen kann. Mein Mann kann das auch nicht. Wir können nicht immer alle das Gleiche lustig finden. Wir nehmen ja auch nicht alle die gleichen Medikamente. Aber dass sich im vollbesetzten Wagen 11 auch bei Erreichen des Bonner Hauptbahnhofs so gar nichts tat, irritierte mich dann doch zunehmend. Es muss doch unter 150 Menschen wenigstens ein, zwei oder drei Leute geben, die bereit sind, mit mir hier und jetzt wenigstens ansatzweise in die saisonale Ekstase einzutauchen.

Immerhin ist der Karneval doch ein nicht unerheblicher Wirtschaftszweig in Deutschland. Rund 3.000 Unternehmen mit 40.000 Mitarbeitern leben bundesweit ganzjährig vom Karneval. Umsatz: zwei Milliarden Euro. Das sind erstaunliche Zahlen, wenn man bedenkt, dass die Solarwirtschaft etwa die gleiche Größenordnung hat, diese aber durch die Ökostromumlage mit 20 Milliarden subventioniert wird. Da soll noch einer sagen, wir wären die Jecken.

Noch eine Dreiviertelstunde bis Köln und die Stimmung kochte immer noch nicht über. Ich versuchte es jetzt mal auf die softe Tour und stellte meinen Hochleistungs-Bluetooth-Lautsprecher auf den Tisch der Vierersitzgruppe. Bei »Mer han e Hätz för Kölle« hake ich mich energisch bei meinem Sitznachbarn unter und fange an zu schunkeln. Dieser reagiert wie Melania Trump 2017, als Donald während eines Staatsbesuchs in Israel mit ihr auf dem roten Teppich Händchen halten wollte – nämlich mit einer rüden Abfuhr. Das Pärchen mir gegenüber, beide Typ Oberstudiendirektor mit Fächerkombination Latein und Altgriechisch, nicken anerkennend. Oder ist es etwa ein Kopfschütteln? Keine Ahnung, ist mir auch egal.

Erst kurz vor Köln fiel mir auf, dass ich mich an den Lokführer hätte halten sollen. Dem Akzent nach zu urteilen kam er zwar aus Düsseldorf, aber ich fand ihn trotzdem sympathisch. Das ist nicht selbstverständlich, denn die einzig harte Grenze, die es im vereinten Europa noch gibt, verläuft zwischen Köln und Düsseldorf, zwischen Kölsch und Alt, zwischen Alaaf und Helau. Daraus machte er auch kein Geheimnis. Im Gegenteil. Kurz vor Köln überraschte er uns mit einer Durchsage im astreinen Düsseldorwer Platt: »Meine Damen und Herren, unser nächster Halt: Köln! Wir bitten um Ihr Verständnis.«

2016 tauschte ich dann die Seiten. Ab dann trat ich als

Rednerin im Kölner Karneval auf und lernte relativ schnell, was für ein tougher Job das ist. Prunksitzung, Kostümsitzung, Damensitzung, Herrensitzung. Ein Auftritt jagte den nächsten.

Hier ein kleiner Auszug: Es ist Anfang Februar. Ich fahre von Aachen Richtung Köln. 16 Uhr Raststätte Frechen: An Zapfsäule 4 tankt gerade ein Lappenclown, während eine verkleidete Früh-Kölsch-Dose den Wischwasserbehälter des Autos befüllt – und sich selbst auch. Allerdings mit unterschiedlichen Flüssigkeiten. Anschließend mit mir im Saniflair-Paradies fünf Fliegenpilze. Aus jeder Kabine schallt:

Denn wenn et Trömmelche jeht,
dann stonn mer all parat
un mer trecke durch die Stadt
un jeder hätt jesaat
Kölle Alaaf, Alaaf – Kölle Alaaf

Die einzelnen Strophen kommen noch etwas holprig rüber, aber der Refrain sitzt und schallt mit einer solchen Inbrunst durch die Keramikabteilung, dass er die fünffache Toilettenspülung mühelos übertönt.

Ich habe an diesem Abend fünf Auftritte. Königswinter, Bonn, Köln, Leverkusen, Mülheim und werde ca. 400 Kilometer fahren. Mein Fahrer ist krank. Eine Katastrophe: Ich bin so durchgetaktet, dass kaum Zeit für die Parkplatzsuche bleibt. Hoffentlich hält meine Stimme durch. Halspastillen und heißer Tee sind in diesen Tagen mein Grundnahrungsmittel. Erste Station, ich entere die Bühne, der erste Gag geht noch in der Geräuschkulisse unter. Egal, das kalkuliert man ein. Daher sind die ersten Pointen auch nie die Kracher, eher so mittellustig. Danach zieht die Stimmung an. Zum Schluss stehen alle. Tolles Gefühl. Kurze Zugabe, dann geht's weiter. Ich sitze in Strumpfhose im Auto, damit mein Bühnenkostüm nicht knittert. Jeder Polizist in und um Köln würde daran nichts Besonderes finden. In diesen Wochen gerät man schnell mal in eine Verkehrskontrolle. 2018 wurde ich während der Session sogar zweimal rausgewunken und jedes Mal nach Restalkohol gefragt. Ganz ehrlich, ich finde diese Bettelei im öffentlichen Dienst nimmt allmählich beschämende Formen an.

Auf dem Kölner Ring überholen mich zwei Vans: die Köbesse und Lupo, zwei junge Bands, die jeden Saal auf links ziehen. Wenn man als Redner nach denen dran ist, hat man es schwer. Zweite Station, es bleiben noch zwei Minuten, um kurz mit der Technik abzuklären, ob sie meinen Song, zu dem ich auf die Bühne marschiere und den ich aufgrund der engen Zeitfenster immer im Vorfeld per Mail schicke, erhalten haben. »Haben wir«, versichert man mir noch. Trotzdem ertönt nach der Anmoderation ein nostalgischer französischer Chanson. CD verwechselt. Shit happens. Fragende Blicke im Publikum. Dann muss man als Redner in den ersten Sekunden noch mal eine Schippe drauflegen, damit die Stimmung nicht gänzlich kippt. Denn man muss immer bedenken: Die Leute sind nicht da, um mich zu sehen, sondern um sich selbst zu feiern. Nach dem Auftritt noch schnell ein paar Fotos mit Fans. Schnell? Alles relativ. Der ein oder andere Fototermin kann schon mal ein wenig länger dauern, weil der Marienkäfer, die Meerjungfrau oder die Sonnenblume aus Versehen immer wieder den Boden knipsen. Dann weiter Richtung Köln-Altstadt. Bin spät dran. 32 Minuten für 50 Kilometer – sportlich. Navi sagt, bin erst drei Minuten vor Auftritt vor Ort. Dann der Supergau: vor mir in den engen Gassen der Kölner Altstadt das Korps einer traditionsreichen Kölner Karnevalsgesellschaft, auf dem Weg von einer Veranstaltung zur nächsten. Ca. siebzig Mann. Null Chance, da vorbeizukommen. Kontaktperson anrufen und sagen, man komme zehn Minuten später.

Vermutlich wird heute jemand anderem das passieren, was mir auch schon mal passiert ist. Damals ist meine Rede beim Publikum eher so mittelmäßig angekommen. Keine Standing Ovations, keine Zugabe-Rufe, lediglich ein höflicher Schlussapplaus. Trotzdem fragte der Sitzungspräsident, ob man noch eine Zugabe wünsche. Ich wunderte mich zwar, aber ich gab sie. Vielleicht war mir ja was entgangen. Die Begeisterung hielt sich abermals in Grenzen. »Wollt ihr noch eine Zugabe?«, rief der Sitzungspräsident erneut enthusiastisch in die Menge, als wolle er Begeisterungsstürme förmlich erzwingen. »Komisch«, dachte ich noch, trug aber auf das energische Handzeichen des Sitzungspräsidenten einen weiteren Witz vor. Die Szene wiederholte sich noch zweimal. Dann wurde es mir zu bunt. Ich drehte mich um zum Elferrat. »Hört mal, warum diese Zugaben? So gut war ich doch gar nicht.« Der Präsident antwortete nüchtern: »Ja, Liebchen, dat stimmt, aber de Höhner sin noch nich do.«

Auf zum letzten Auftritt. Über die Rheinbrücke Richtung Norden. Nach tagelangem Regen ist der Rhein über die Ufer getreten, und auch manchem Besucher in der Halle steht das Kölsch schon bis zum Hals. Herrensitzung. Vor meinem Auftritt ist eine sehr leicht bekleidete Dame dran. Die Männer johlen, und ich sage zu dem für die Redner zuständigen Betreuer: »Schwerer hättet ihr es mir ja wohl nicht machen können.« Dann muss ich ran. Korrekt gekleidet, knielanger Rock, Ringelshirt, Blazer. Adrett, sauber, deutsch. Der erste Satz muss sitzen. Sonst habe ich verloren: »Wer jetzt denkt, es geht so weiter, hat Pech gehabt«, höre ich mich wie eine Gouvernante sagen. »Da bin ich, und da könnt ihr jetzt auch nichts mehr dran ändern.« Den Männern gefällt's. Diese Art von artgerechter Haltung ist vermutlich dem ein oder anderen von zu Hause her vertraut. Der Auftritt läuft besser als gedacht. Manchmal werden Männer mit ihren Bedürfnissen auch einfach unterschätzt.

Um 23.55 Uhr sehe ich wieder den Schriftzug der Raststätte Frechen. Noch eine halbe Stunde, denke ich, dann bist du zu Hause. Um 0.30 Uhr liege ich total erschöpft, aber sehr glücklich im Bett und träume vom nächsten Tag. Da darf ich dann wieder auf die Bretter, die für mich die Welt bedeuten. Ich bleibe dabei: Der Karneval ist etwas Feines, auch wenn man es als Rednerin nicht immer leicht hat.

10   Abenteuer Alter

Neulich las ich folgende Geschichte: Eine ältere Dame betritt das Büro eines Versicherungsmaklers, um sich versichern zu lassen. Kein großes Ding in einer Zeit, in der sich Fußballer wie David Beckham seine Beine oder Jennifer Lopez ihren Prachtpo versichern lassen.

»Wie alt sind Sie denn?«, fragt der junge Versicherungsagent, ohne seinen Blick vom Bildschirm abzuwenden, worauf die alte Dame wahrheitsgemäß antwortet: »93.«

Nun schaut er sichtlich irritiert auf. »Jetzt noch? Warum jetzt noch?«

Die Dame zeigt Contenance und bleibt trotz der Taktlosigkeit auskunftsbereit: »Ich fliege morgen mit meiner Mutter nach Brasilien, ein Land mit den besten Schönheitschirurgen der Welt. Aber leider halt weit weg, und Sie wissen ja, was auf so einer langen Reise alles passieren kann ...«

Die Aufnahmefähigkeit des jungen Mannes hatte nach dem Wort Mutter deutlich nachgelassen. »... mit Ihrer Mutter? Wie alt ist die denn?«, unterbricht er sie.

Die Dame gerät ins Schwärmen: »Sie wird in ein paar

Tagen stolze 119. Und wenn alles nach Plan läuft, werden wir im Flieger auf ihren Geburtstag anstoßen, und zwar genau dann, wenn wir gerade über dem Äquator sind. Bis Rio sind wir dann wieder nüchtern. Das ist uns wichtig, denn dort holt uns meine Oma ab, und die hat es noch nie gerne gesehen, wenn meine Mutter Alkohol getrunken hat. Bei ihr werden wir auch während unseres Aufenthaltes wohnen, auch wenn Sie eigentlich in diesen Tagen genug um die Ohren hat.«

Der Versicherungsmakler schiebt nun seinen Laptop endgültig beiseite, beugt sich ungläubig vor und kann nur noch stammeln. »Ich glaube, ich träume, sagten Sie gerade Oma? Wie alt ist Ihre Oma denn?«

»152.«

»Und was heißt hier ›genug um die Ohren‹? Was macht man denn noch mit 152?«

»Sie steckt mitten in ihren Hochzeitsvorbereitungen.« Der junge Mann ist nun kurz vor einem Nervenzusammenbruch.

»Heiraten? Mit 152? Das glaube ich jetzt nicht.«

Antwort der alten Dame: »Doch, ihr Vater hat sich das so gewünscht. Er ist der Ansicht, dass sie jetzt lange genug mit diesem 70-jährigen Jungspund in wilder Ehe zusammengelebt hat. Auf dem Fest möchte meine Mutter tipptopp aussehen und will sich daher kurz vorher noch die Oberlider straffen lassen.«

Diese Anekdote zeigt: Wir werden immer älter. Und der Wunsch, dies zu genießen, hört nicht einfach auf. Die durchschnittliche Lebenserwartung einer Frau im 18. Jahrhundert betrug im Schnitt 38,5 Jahre. Vor fünfhundert Jahren waren es nur ca. 25 Jahre und heute ca. 82,8 Jahre. Der Vorteil am 16. Jahrhundert: Diesen Frauen blieben Hitzewallungen, Hängebusen und Hörschäden erspart.

Ich komme mit allen drei Begleiterscheinungen dank moderner Hilfsmittel jedoch prima zurecht und möchte daher schon an dieser Stelle aus tiefster Überzeugung sagen: Das Alter wird zu Unrecht unterschätzt.

Es sind ganz wunderbare Jahre, die da auf einen zukommen, ganz ohne den üblichen Druck, sich irgendwas noch beweisen zu müssen, um dann doch wieder mal zu scheitern.

Ich halte es jetzt, wo ich auf der Bühne Applaus für mein Alter bekomme, für meine Pflicht, mit gutem Beispiel voranzugehen, und werde daher ab jetzt all den Blödsinn machen, für den mir mit 30 noch die Kohle fehlte. Für Mimi-mimi habe ich jetzt keine Zeit mehr. Dafür umso mehr für Heißa-Hoppsassa und Trallala-Fiderallala. Diese Einstellung ist gut. Und man kann auch lange genug davon Gebrauch machen. Denn glaubt man der Statistik, kann in Deutschland im Jahr 2060 jeder Zwölfte sogar älter als 85 werden. Vorausgesetzt, er macht nicht den Fehler, vorher zu sterben. Es gibt auch optimistische Ärzte, die fest davon überzeugt sind, dass die 120 schon in absehbarer Zeit zu knacken ist. Firmen wie Schmidt Spiele oder Ravensburger sollten vorsichtshalber schon jetzt agieren, um nicht später reagieren zu müssen. Die Altersbeschränkungen 6 bis 99 wird schon in Bälde dazu führen, dass sich der ein oder andere diskriminiert fühlt.

Auch die Zahl der über 65-Jährigen wird sich in den nächsten 30 Jahren verdoppeln. Es werden einfach immer mehr Senioren. Und diese werden vom Lebensgefühl her immer jünger. Dafür bleiben sie aber statistisch gesehen länger alt und haben somit einen längeren Anspruch auf Rente. Wer soll das bezahlen? Wer hat so viel Geld? Der Staat jedenfalls nicht. Was jetzt?

Die vielen Ratgeber, die uns tagtäglich vermitteln, wie man seine Lebenserwartung durch Ernährung, Bewegung und mentale Fitness gezielt erhöht, sind an diesem Dilemma nicht ganz unschuldig. Aber auch die medizinische Versorgung spielt uns übel mit. Es sollen ja schon Stents in Körperareale montiert worden sein, in die noch nie zuvor eine Vene ihren Weg gefunden hat. Die Krönung kommt dann noch zum (vermeintlichen) Schluss. Last but not least geben sich am Ende eines irdischen Gastspiels noch unerhörte lebensverlängernde Maßnahmen ein Stelldichein. Also zu einem Zeitpunkt, an dem man sie eigentlich gar nicht mehr will.

Nicht mehr will? Ja, auch ich zähle mich dazu. Deshalb habe ich neulich schon zu meinem Mann gesagt: »Wenn ich mal in einem Zustand sein sollte, in dem ich nur noch in der Lage bin, mithilfe moderner Technik am Leben teilzunehmen, und von speziellen Flüssigkeiten so abhängig bin, dass ein Tag ohne sie mein letzter wäre, dann beende diesen Zustand bitte augenblicklich. Er ist in meinen Augen nicht lebenswert.« Daraufhin stand er auf, hat mir das iPad und mein Handy abgenommen und den Rest meiner Flasche Grauburgunder in die Spüle gekippt.

Wie sollen wir mit dem Sterben hinterherkommen, wenn unser Vorhaben auf der Zielgeraden durch solch infame Tricks hinterrücks vereitelt wird? Gut, es soll ja Menschen geben, die noch Angst vor dem Tod haben und daher allen Maßnahmen gegenüber aufgeschlossen sind, die das irdische Dasein in die Länge ziehen. Meine Schwester z. B. ist so eine. Sie hat sich bei der Bundestagswahl 2017 sogar für die Briefwahl entschieden, mit dem Argument, sie hätte ein gestörtes Verhältnis zur Urne. Auch ich habe es mir lange Zeit nicht leicht mit diesem Thema gemacht. Ich hatte eine regelrechte Phobie vor dem Tod. Tagtäglich las ich die Todesanzeigen aus Sorge, meine eigene könnte dabei sein. Aber ich meine, let's face it, irgendwann ist deine Zeit einfach um. Egal ob mit 80, mit 120 oder mit 150. Dann geht's straightforward Richtung Grube. Damit muss man sich als Mensch einfach abfinden. Ich weiß zwar nicht, wann das für mich genau der Fall sein wird, aber der Gedanke, perfekt auf diesen Moment vorbereitet zu sein, hat dieser Vorstellung ungemein viel von ihrer Tragik genommen.

Als disziplinierter Mensch mit preußischer Erziehung werde ich diesbezüglich nichts dem Zufall überlassen. Ich denke, noch ein oder zwei dezidierte Brainstormings über den Moment, in dem es auch für mich heißt: »Over, vielen Dank, das war's«, und ich könnte sogar so etwas wie Vorfreude auf den finalen Akt empfinden. Genau so, wie es sein soll. Es heißt ja auch, die Vorfreude ist immer noch die schönste Freude.

Die erste Frage, die ich mir als Frau dabei stellen werde, lautet: Was ziehe ich an? Nicht unwichtig. Vielleicht muss man ja den Türsteher da oben bestechen. Nächster Punkt: Wie könnte ein ansprechendes, zeitgemäßes Grabdesign aussehen? Das Nachschlagewerk *Top Ten der Grabgestaltung* habe ich bereits. Aber es ist ja immer dasselbe: Grabinschriften wie »In Liebe und Dankbarkeit« oder »im Herzen geblieben« gibt es zuhauf. Seltener sind humoristische Gedenktafeln mit Sätzen wie »Ich bin dann mal weg« oder »Atemlos durch die Nacht«. Individueller wird es, wenn der Text einen konkreten Bezug zum Verstorbenen aufweist: »Sie kehrt nie wieder« könnte bedeuten, dass die Tote im Reinigungsgewerbe tätig war. »Damit hatte er nicht gerechnet« legt nahe, dass hier ein Mathematiker ruht. »Seine letzte Stunde hat geschlagen« lässt auf einen Uhrmacher schließen. Der Turner ist verreckt, der Zahnarzt hinterlässt eine schmerzliche Lücke, der Spanner ist weg vom Fenster, »Sie schläft zum ersten Mal alleine« – das muss wohl eine sehr lebenslustige Person gewesen sein. Das Internet ist voll von diesen Ideen.

Trotzdem finde ich es nicht einfach, da etwas Passendes zu finden, denn wenn so ein Spruch schon im Netz kursiert, ist er garantiert auch schon mal verwendet worden. Buddhisten und Hinduisten haben es in dieser Fragestellung deutlich leichter. Bei denen ist die Reinkarnation doch ein dogmatischer Bestandteil der Religion. Die brauchen keinen aufwendig und kostspielig gemeißelten Grabstein mit theatralischen Sätzen wie »Hier ruht in Frieden«. Da reicht eine Haftnotiz, wie man sie vom kleinen Blumenladen um die Ecke kennt, mit dem Hinweis: »Bin gleich zurück.«

Mir ist der Umgang mit dieser wichtigen Fragestellung, wie er hierzulande in den meisten Fällen praktiziert wird, nicht modern genug. Ich meine, wir leben in einer Zeit, in der das Posten von banalsten Dingen als Beweis dafür gilt, dass man noch am Leben ist. Da sollte man auch in dieser Angelegenheit zeitgemäßer vorgehen. Immer mehr Steinmetze bieten an, einen QR-Code, also dieses Ding, das man von Milchtüten her kennt, in den Grabstein einzumeißeln. Der Friedhofsbesucher scannt ihn mit dem Handy ein und wird automatisch zur Landingpage des Trauerportals Trauer-Power weitergeleitet. Da stehen dann alle Informationen zum Verstorbenen bereit, nur halt ohne Callback-Button. Das wäre doch was!

Ich bin mir nur noch nicht sicher, ob ich so weit gehe, dass ich meine eigene Todesanzeige auf Facebook posten lasse. Da bin ich eher traditionell veranlagt und will auf Nummer sicher gehen. Bekundungen wie »Du warst unsere Mitte« oder »ein großer Verlust« auf einer Karte aus Büttenpapier sehen doch nach etwas aus, zeugen von Stil und bieten den Lesern keine Möglichkeit zu kommentieren. Wenn man aber auf Facebook postet: »Plötzlich und völlig unerwartet ist sie von uns gegangen«, dann kann es mit viel Pech passieren, dass darunter dann steht: 27 Leuten gefällt das. Wie stehe, pardon, wie liege ich denn dann da?

Auch über die eigentliche Trauerfeier habe ich schon nachgedacht, denn diese soll nicht nur mir einen würdigen Rahmen bieten. Ich denke auch an die Hinterbliebenen. Die Parkuhren am Westfriedhof verlangen immerhin 50 Cent pro Stunde. Wer das investiert, hat das Recht auf eine perfekt inszenierte Feierlichkeit, die über den großen Verlust meiner Person hinwegtröstet. Bestenfalls würde das Spektakel den Hinterbliebenen sogar ein paar ausgelassene Stunden im erweiterten Familien- und Freundeskreis bescheren, an die sich die rheinischen Gäste später mit Sätzen wie »Nä, watt war et schön« oder »Watt haben wir jelacht« gerne erinnern.

Mein Opa sagte immer: Egal wie gut du im Leben zu deinen Mitmenschen warst, egal wie viel Freude du in ihr Leben gebracht hast – die Zahl der Menschen, die zu deiner Beerdigung kommen, hängt alleine vom Wetter ab. Diesen Gedanken finde ich nicht schön. Bei mir sollen möglichst viele kommen. Daher sei schon an dieser Stelle erwähnt: Für das leibliche Wohl wird allerbestens gesorgt sein. Die Grabrede würde ich selbst schreiben, damit der Unterhaltungswert stimmt. Diese würde vom Notar, nach vorausgegangenem Trommelwirbel, verlesen. Ebenso wie später die Nachlassregelungen, die sich ausschließlich an meine einzige Tochter richten und wichtige Punkte wie die Grabpflege thematisieren. Denn: Wer erbt, kann auch gießen. Der minutiöse Ablaufplan wäre im Vorfeld von mir in Form einer Excel-Tabelle bei einem engagierten Eventmanager hinterlegt worden. Es kann ja schließlich nicht sein, dass, wenn der

Pfarrer seinen Nachruf mit den Worten »Eine der größten ...« beginnt, die Kamera auf Position 3 ihren Einsatz verpasst. Eine Live-Zuschaltung von dem »Time to Say Goodbye« singenden Andrea Bocelli wäre meine Intro. Das Ave Maria, geträllert von Anna Netrebko, der musikalische Höhepunkt.

Und wenn ich mich im letzten Moment noch für eine Einäscherung entscheiden sollte, hätte ich auch für diesen Fall noch etwas in petto. Ein Riesengag, der nach dem – zugegeben etwas tragenden – musikalischen Intermezzo wieder für ein ausreichendes, dem Anlass angemessenes Maß an Heiterkeit sorgen würde. Das Gelingen würde nur davon abhängen, ob ich es schaffe, kurz vor meinem Tod noch zehn rohe Maiskolben abzunagen. Ja, ich denke, so könnte es eine abwechslungsreiche Feierlichkeit werden. Man sollte also im Vorfeld an genügend Kleingeld für die Parkuhren denken. Oder man lässt während des Parkens einfach die Scheibenwischer laufen. Bis die Politessen es schaffen, das Knöllchen zu fixieren, sollte ich mit der Veranstaltung längst durch sein.

Als ich meinen Mann in die Detailplanung involvieren wollte, meinte er, ich solle aufhören mit dem Quatsch. Darüber mache man keine Witze. Ich hielt dagegen und maulte beleidigt: »Aber es werden einflussreiche Leute aus Funk und Fernsehen kommen«, worauf er meinte: »Unsinn, dein Friseur kommt vielleicht, weil er durch dich reich geworden ist, und eventuell der Wirt vom Turmstübl, weil er sich eine Mitschuld an deinem frühen Tod gibt, so willenlos, wie du da regelmäßig mit deinen Mädels die Bestände runtertrinkst.«

Angst vor dem Ableben habe ich jetzt, wo alles geplant ist, nicht mehr. Im Gegenteil. Ich kann sogar Gefallen an der Routine finden, die sich einstellt, wenn ich über meinen eigenen finalen großen Auftritt nachdenke: Es beginnt immer mit dieser Art altersweiser Gelassenheit, mit der ich den ersten Einfällen zu diesem Thema begegne. Wenige fantasievolle Gedankengänge später, bei denen ich mir dann das Szenario mit dem ganzen Brimborium im Detail ausmale, stellt sich dann so etwas wie wahre Vorfreude auf diese einzigartige Inszenierung ein. Wenn ich dann kurz davor bin, mich in kompletter Schwärmerei zu verlieren, kommt leider meist irgendein Anruf, eine auszuräumende Spülmaschine oder ein laut fluchender Protopubertyp dazwischen und ich werde unsanft in die Realität zurückgeholt. Ich beende dann ziemlich abrupt mein Gedankenkarussell mit dem nüchternen Resümee: Alles perfekt. So kann das mit dem Sterben ablaufen – ich will nur nicht dabei sein, wenn es geschieht.

Wenn Sie das jetzt alles für übertrieben halten, möchte ich darauf verweisen, dass es in Deutschland sogar Menschen gibt, die noch einen Schritt weiter gehen als ich. Es gibt tatsächlich Menschen, die schon zu Lebzeiten regelmäßig testen, wie es ist, tot zu sein. Meist fängt es harmlos an. Man probiert es aus Neugierde sporadisch einfach mal aus. Aber wenn man Pech hat, bleibt es nicht dabei, sondern man tut es immer wieder. Dann sterben diese Menschen häufig schon mit Mitte zwanzig, werden aber erst mit über achtzig beerdigt. Die Rede ist von Leuten, die schon nachmittags um drei RTL 2 gucken. Denen möchte ich an dieser Stelle zurufen: »Lassen Sie das! Diese Formate tun nichts für Sie. Das ist wie seinen Sarg von innen zunageln. Schauen Sie lieber Ihrem Thermomix beim Verquirlen irgendwelcher Teigmassen zu oder Ihrer Waschmaschine beim Schleudern. Das macht noch mehr Sinn.« Verglichen mit diesen Extremfällen, finde ich meinen Umgang mit dem Thema Einsargen noch ziemlich moderat.

Bevor ich jedoch in mein eigenes Finale ziehe, habe ich hoffentlich noch viel Zeit. Diese Zeit wird im Volksmund Altern genannt. Und dieses Altern ist gerade ziemlich angesagt. Wie hip das Altern mittlerweile ist, erkennt man auch an den Bezeichnungen, die für Leute jenseits der fünfzig verwendet werden. Best Ager, Free Ager, Silver Ager, Silver Liner, Silver Surfer, Silberlocke. Sogar Fernsehmoderatoren wollen auf dieser Welle mitreiten, und wenn auch nur, um die Einschaltquote bei ihrer Zielgruppe zu pushen. Florian Silbereisen ist das beste Beispiel dafür.

Vor dem Hintergrund lässt es sich doch deutlich besser verkraften, dass die Marktforschung einen ab neunundvierzig nicht mehr zur werberelevanten Zielgruppe zählt, wenn es um Hörfunk- und Fernsehspots geht. Weiteren Trost finde ich dann noch – alle vierzehn Tage neu – in der Apothekenumschau. Die nehmen sich meiner an. In jeder Ausgabe. Da fühle ich mich angesprochen, ernst genommen und verstanden, denn es gibt immer genügend Experten, die Probleme wie Impotenz, Inkontinenz, Inkompetenz und Insolvenz aus allen möglichen Perspektiven beleuchten. Das letzte Mal, dass ich mich bei intimen Fragen so gut beraten fühlte, ist immerhin schon über 40 Jahre her: Für mich ist die Apothekenumschau ein würdiger Nachfolger der Bravo mit ihrem Dr. Sommer.

Alle diese Beiträge sollen es dem Leser leichter machen, das eigentliche Alter zu erreichen, was völlig zu Recht auch Leben für Kenner und Könner genannt wird. Der Beginn dieses Alters ist allerdings individuell verschieden. Der Weg mag hierbei stückweise auch das Ziel sein, aber ein Mensch wie ich verlangt auch hier Transparenz in Bezug auf das, was mich am Ende dieses Weges erwartet. In Zeiten der Selbstoptimierung möchte ich wissen, ob sich mein Einsatz überhaupt lohnt. Was geht in diesem letzten Lebensabschnitt? Was kommt auf mich zu? Die App, die simuliert, wie man mit einem zahnlosen Lächeln aussieht, habe ich bereits. Und ob mein Haus barrierefrei ist, weiß ich seit meinem Selbstversuch, bei dem ich auf meinen Staubsauger vier gusseiserne Bratpfannen von jeweils drei Kilo geschnallt habe. Diesen vollbeladenen Elektroelefanten habe ich einen ganzen Tag lang hinter mir hergezogen. Einige Türrahmen waren danach ramponiert, aber dafür kenne ich jetzt jede Türschwelle und jede Teppichkante.

Nun bin ich mit 53 Jahren ja faktisch noch gar nicht alt, zumal die Lebenserwartung ja ständig wächst und sich somit eine Zahl wie 53 relativiert. Aber wir sind ja nicht nur die Kinder unserer Eltern, sondern auch die Kinder unserer

Zeit. Und wenn ich da die letzten dreißig Jahre Revue passieren lasse, fühle ich mich uralt, ja manchmal sogar so alt, dass ich meine, ich hätte in dieser neuen, mir manchmal fremd anmutenden Welt so rein gar nichts mehr verloren. Damit auch die Generation Download meinen Ausführungen weiterhin folgen kann, möchte ich an dieser Stelle eine kleine Zeitreise rückwärts machen:

Ich bin ein Babyboomer. Ich wurde 1965 geboren, einem der geburtenstarken Jahrgänge in Deutschland. Meine Kindheit war durch Sprüche geprägt wie »Iss, Kind, es wird sonst kalt« oder »Ein Mittagessen ohne Kartoffeln hält nicht lange vor« oder »Untenrum immer warm sein« oder, später in der Pubertät, »Komm, Kind, steh auf, die Sonne scheint«. Diesen Spruch habe ich immer am meisten gehasst. Was soll das: Steh auf, die Sonne scheint. Ich bin doch keine Blume, deren Job es ist, Lichtenergie in Glukose und Sauerstoff umzuwandeln. Ich habe zwei Geschwister. Wenn sich die Familie sonntagabends von einem Besuch bei Oma und Opa in Essen wieder auf den Weg nach Aachen machte, wurden wir drei liegend auf der Ladefläche eines Opel Caravans transportiert. Ja, Sie haben richtig gelesen. Es gab noch keine Kindersitze für die Rückbank, genauso wenig wie Anschnallpflicht für die Vordersitze. Das Schöne daran: Ab dem Breitscheider Kreuz schliefen wir. Hinten war dann Ruhe, und meine Mutter konnte sich auf dem Beifahrersitz entspannt eine Lord Extra anzünden. Auch das war normal.

Meine Freizeit genoss ich draußen mit den Nachbarkindern. Entweder wir machten Klingelstreiche, also wir klingelten bei fremden Leuten und rannten weg – so wie das heute DHL macht –, oder wir spielten Völkerball auf der Bauernwiese hinter meinem Elternhaus. Es gab noch keine Playstation oder Wii. Nintendo wurde erst Jahre später gegründet. Mich geschickt zu bewegen, habe ich dabei leider nicht gelernt, aber dafür habe ich gelernt, wie man mit Enttäuschungen umgeht. Ich war ein sehr dickes Kind. Po und Bauch waren zum Verwechseln gleich gerundet. Meine Oberschenkel gingen bis in die Schuhe. Beim Mannschaftenbilden war ich immer die Letzte, die genommen wurde. Dafür war ich auf der Wippe die Erste, die unten war. Meine erheblichen gravitativen Nachteile, um politisch korrekt zu bleiben, waren unübersehbar. Mich wollte keiner haben. Diese Art von Schmach vertraute man nur seinem Tagebuch an und war unendlich sauer, wenn es einer heimlich gelesen hat. Heute postet man alles in den sozialen Netzwerken und ist beleidigt, wenn es keiner liest. Niemals wäre ich auf die Idee gekommen, mich bei meiner Oma, die uns damals oft verwahrte (auch so ein Wort aus der Zeit), darüber zu beschweren. Denn hätte ich gesagt: »Oma, tu was, ich werde von den anderen gemobbt«, dann hätte meine Oma vermutlich geantwortet: »Wie bitte? Du kannst dich immer noch nicht alleine waschen?«

»Meine Oma fährt im Hühnerstall Motorrad« war eines der beliebtesten Kinderlieder. Undenkbar heutzutage, wäre doch viel zu eng in den Legebatterien, wird ein achtsamer Mensch jetzt denken. Was war zuerst da – das Huhn oder das Ei? Solch elementares Wissen wurde mir damals von einer orangefarbenen Maus und einem blauen Elefanten erklärt. Erst viel später kam dann noch diese gelbe Ente hinzu. Ich hätte sie nicht gebraucht.

Wer nämlich mit »h« schreibt, ist dämlich, war eine der Eselsbrücken, mit der uns die deutsche Rechtschreibung nahegebracht wurde. Sie hat funktioniert. Damals. Heute müsste es heißen: Wer nämlich mit »h« schreibt, hat wenigstens ein Schreibgerät mit zur Schule gebracht, hat für einen Moment sein Handy zur Seite gelegt und sich kurzzeitig bemüht, den Anweisungen des Lehrkörpers Folge zu leisten. Sehr gut, Justin-Gonzalez. Du gehörst damit zu den Hochbegabten.

Ich genoss meine Jugend in einer Zeit, als Deos noch My Melodie und Shampoos noch Response Grüner Apfel hießen. Und obwohl ich sie benutzte, blieb ich trotzdem ohne Freund und musste, um nicht schon wieder gemobbt zu werden, mir den obligatorischen Knutschfleck selbst mithilfe des Staubsaugers beibringen. Twix hieß noch Raider, Pasta waren noch Nudeln, Kontakte noch Freundschaften, »cool« hieß noch »in«. Mein Vater schenkte meiner Mutter zu Weihnachten die langersehnte Trockenschwebehaube, damals ein Zeichen für Unabhängigkeit: Man konnte samstagabends beim Trocknen der Lockwickler gleichzeitig die Spülmaschine ausräumen, bügeln oder in der mit Pril-Blumen verzierten Küche Spargelröllchen für fünf Personen vorbereiten. Diese wurden dann später vor dem Fernseher in einem Wohnzimmer gegessen, das als Set für Louis-de-Funès-Filme optimale Voraussetzungen mitgebracht hätte:

Flachdachanbau mit orangefarbenem Teppichboden, braunen Wänden, Glasbausteine als dekoratives Stilmittel und eine dunkelbraune Couchgarnitur aus Cord.

Darauf ließ man sich dann pünktlich um Viertel nach acht nieder und schaltete den Fernseher an – nein, stopp, es war umgekehrt, denn wir hatten noch keine Fernbedienung. Wenn Harald Juhnke dann erschien, hielt man so lange die Luft an, bis er heil die Showtreppe heruntergeschritten war. Darauf wurde dann erst mal mit einem furztrockenen Moselwein angestoßen und wenig später wegen der unfassbaren Säure aufgestoßen. Nach dem Essen wurde geraucht. Meine Mutter Lord Extra, mein Vater Zigarillos. Ja, so war das. Zum Rauchen ging man nicht auf die Terrasse. Auf die Terrasse ging man, wenn man frische Luft brauchte, weil man drinnen vor lauter Qualm die Schale mit den Erdnüssen auf dem Couchtisch nicht mehr sehen konnte, und das, obwohl das braune Cordsofa nur 50 Zentimeter von der Tischkante entfernt stand.

Während meiner frühen Jugend veränderte sich dann das Interesse an Fernsehsendungen. Rudi Carell & Co waren plötzlich nicht mehr interessant. Dienstags um Viertel vor zehn schlug meine Stunde. Dann war Dallas-Zeit. Nicht zu verwechseln mit dem Denver Clan. In Dallas war ein Mann namens J. R. der Fiesling. Im Denver Clan war es eine Frau namens Alexis. In Dallas nahm man jeden Abend vor dem Essen einen Drink aus schweren, geschliffenen Baccarat-Gläsern zu sich. In Denver trugen die Damen dafür Kleider mit Schulterpolstern, die jeden Mercedes-Benz Pagode W

113 in den Schatten gestellt hätten. In Dallas drehte sich alles um die Ölbarone. Wenn ein Prinz aus Moldawien im Spiel war, war es definitiv Denver. Ich habe Dallas geliebt und kaum eine Folge verpasst. Auch nicht, als der Stundenplan für den Mittwochmorgen immer eine Doppelstunde Mathematik vorsah. Es hat in diesem Jahr nur nicht mehr so viel Spaß gemacht, denn die Angst, nicht ausgeschlafen genug zu sein, und das schlechte Gewissen guckten dienstagabends immer mit. Die Southfork Ranch mag also einer der Gründe sein, warum Mathematik zu meiner dritten Fremdsprache wurde. Sie ist definitiv dafür verantwortlich, dass ich auch heute manchmal hilflos mit meinem Auflauf vor dem Backofen stehe und mich frage: Welche der sechs Einschubhöhen ist denn nun die mittlere? Aber das soll ja vielen Frauen so gehen. Zwölf von acht Frauen sollen Probleme mit Mathe haben. Die Ewings haben also mehrere auf dem Gewissen.

Für Politik interessierte ich mich zu jener Zeit eher weniger. Obwohl sie damals einen hohen Unterhaltungswert bot: Da gab es Größen wie Herbert Wehner, der es immerhin in seinen 14 Jahren im Bundestag auf 77 Ordnungsrufe brachte. Beschimpfungen waren an der Tagesordnung. Von Armleuchter bis Zuhälter war alles dabei. Heute würde man in seinem Fall von verbaler Gewaltbereitschaft sprechen und dringend zu einer Therapie raten. Man denke auch an Franz Josef Strauß, der die Grünen einst als Melonenpartei – außen grün, aber innen rot – betitelte und sich selbst stolz als führendes Mitglied des Vereins für deutliche Aussprache bezeichnete. 1985 wurde Joschka Fischer in Turnschuhen als Umweltminister von Hessen vereidigt. Damals eine genauso große Sensation wie Jahre später seine Lobbytätigkeit in der Wirtschaft. 1989 flog sogar mal eine Frisbeescheibe durch den Plenarsaal, weil die Grünen-Abgeordnete Gertrud Schilling auf diese Weise gegen Tiefflüge demonstrieren wollte. Damals hatte die Tagesschau mehr Unterhaltungswert als manche Fernsehshow heute.

Heute hingegen ist mein Interesse an Politik größer. Ob von meinen Steuern ein Krötentunnel für mehrere Hunderttausend Euro gebaut wird, um dann festzustellen, dass er von der Zielgruppe nicht genutzt wird, interessiert mich schon. Irgendwie. Ich habe mich jedenfalls sofort gefragt: Woran liegt es? Ist es den Kröten darin zu voll, weil er auch von anderen Amphibien wie Fröschen und Molchen aufgesucht wird und manche Kröte womöglich Massenpanik befürchtet? Hätte man daran nicht im Vorfeld denken können und eine geregelte Nutzung durch Drehkreuze mit Gesichtserkennung am Eingang sicherstellen können? Oder erwartet die ängstliche Krötendame ab 18 Uhr so etwas wie eine patrouillierende Streife? Immerhin ist es nachts im Tunnel stockdunkel, und die Beleuchtung soll erst in zwei Jahren nachgerüstet werden, wenn die Kommune bereit ist, weitere 100.000 Euro Steuergelder dafür lockerzumachen.

Das zentrale Thema, das mich zunehmend in seinen Bann zieht, heißt allerdings Rente. Ich als Rentnerin! Der gefährlichste Beruf, den es jemals gegeben hat! Denn den hat noch keiner überlebt. Stimmt, aber da meine Trauerfeierlichkeiten ja bereits gedanklich geregelt sind, habe ich eigentlich beschlossen, diesem Moment zwischen Arbeits- und Ableben völlig relaxed entgegenzusehen. Er beinhaltet ja auch so viel Verlockendes: Der Wegfall von omnipräsenten Alltagszwängen wie Fettabbau und Muskelaufbau. Stattdessen gäbe es die Perspektive, meinen Lebensabend bei Schwarzwälder Kirschtorte und einem nachmittäglichen Gläschen Eierlikör im Schaukelstuhl eines nach Südwesten ausgerichteten Appartements in der Seniorenresidenz Savelsberg auf dem Aachener Lousberg verbringen zu dürfen. Printen essend, Fotoalben durchblätternd, mit den Enkeln telefonierend. Jedes Jahr käme der OB vom Rathaus mal rüber, um mir zum hundertundxten Geburtstag zu gratulieren. Dann würden wir gemeinsam ein Likörchen kippen und vom Präsentkorb, den mir der Printenkönig höchstpersönlich hat zukommen lassen, naschen. Savelsberg, ich komme! Alleine der Name hört sich doch schon an wie eine Nachmittagstelenova auf SAT 1 Gold.

Diese Perspektive lässt sich doch durchaus genießen. Allerdings nur bis zu dem Moment, in dem mir schlagartig klar wird, dass es für mich wahrscheinlich ganz anders kommen wird.

Eine schicke Seniorenresidenz wird bei meinen Einkünften vermutlich nicht drin sein. Es sei denn, dieses Buch wird ein weltweiter Bestseller und in 42 Sprachen übersetzt sowie als Grundlage für mindestens drei Hollywood-Blockbuster der Kategorie Popcornkino genutzt. Nein, in meinem Fall wird es wohl eher eines der Altersheime werden, wie wir sie kennen und fürchten. In ein paar Jahren wird es viele Rentnerinnen wie mich geben. Man vermutet, dass es in den Heimen dann so eng wird, dass man besser von Pflegebatterien spricht. Und da Pflegeberufe ja so unglaublich attraktiv sind, weil man dort schwindelerregende Summen verdient, wird sich vermutlich dort ein Roboter um mich kümmern. Vielleicht Paro, mit schneeweißem, flauschigem Fell und Kulleraugen. Er kann zwar nicht viel, aber er kann gurren und einem mit seinem Blick folgen, und er kann sich sogar Namen merken. Das ist dann schon mehr Zuwendung, als manch ein Patient von seinen Pflegekräften bekommt – nicht weil diese es nicht wollen, sondern weil ihnen schlichtweg die Zeit dafür fehlt. Es ist so ungerecht: 2014 bezog der VW-Chef ein Gehalt von 17 Millionen Euro. Wenn es irgendwann für irgendwas eine Obergrenze geben soll, dann bitte schön als Erstes hier. Als Pflegekraft arbeitet man dafür ca. 800 Jahre. Ich frage mich immer: Wenn solche Spitzengehälter leistungsbezogen sind, was müssen diese Leistungsträger alles wegarbeiten. Ganz ehrlich: Ich fordere Managergehälter für Pflegekräfte, denn da wird wirklich Großes geleistet.

Private Vorsorge heißt es immer. Vermutlich auch für mich, auch wenn ich finde, dass irgendetwas in unserem Land schiefläuft, wenn diese in größerem Umfang benötigt wird, um später ein menschenwürdiges Dasein führen zu können: 40 Jahre arbeiten für 400 Euro Rente – das ist wie sechs Monate abnehmen für sechs Tage Strandfigur. Am 1. Juli 2016 gab es die letzte Rentenanpassung. Die Rente stieg um schwindelerregende fünf Prozent. Wird man bei drei Euro vier in Summe mehr nicht schnell leichtsinnig und bestellt den langersehnten Bentley oder bucht die einjährige Kreuzfahrt oder mischt den Markt für Luxusimmobilien in St. Tropez ordentlich auf?

Also, ich bin bei meinem letzten Rentenbescheid, der mit den Worten begann: »Ihre voraussichtliche Rente beträgt ...«, fast lachend vom Stuhl gefallen und habe augenblicklich beschlossen, mit dem Rauchen anzufangen, meinen Weißweinkonsum nochmals deutlich zu erhöhen und über lebensgefährliche Extremsportarten wie Wingsuit nachzudenken. Sonst erlebe ich das womöglich noch. Und das will ich nicht, denn am Ende will ich sagen können: »Schön war's hier auf Erden, hat Spaß gemacht.«

Die Regierung wäre mir für die Einstellung vermutlich sogar noch dankbar, denn unser Gesundheitssystem braucht offensichtlich Leute, die über viele Jahre hinweg einzahlen, aber nie die Pflegestufen in Anspruch nehmen, weil man mit Eintritt ins Rentenalter den Löffel abgibt. Rente mit 65 oder erst mit 67? Oder vielleicht sogar erst mit 70? Man darf sich bei der ganzen Rentendiskussion trotzdem nicht aufregen. Man ändert dadurch ja nichts. Nehmen Sie es mit Humor. Sagen Sie sich einfach: Es ist doch eigentlich alles nur eine Frage der Sichtweise. In dem Alter, in dem wir auf Rente hoffen dürfen, egal wie hoch sie auch sein mag, fangen die im Vatikan doch erst mit der Ausbildung an.

Das ist aber leichter gesagt als getan. Als kosmopolitisch interessierte und informierte Staatsbürgerin ist es nämlich auch mir nicht entgangen, wie schlecht Deutschland im europäischen Vergleich dasteht: Es ist doch längst ein offenes Geheimnis, dass ein Rentner aus Großbritannien um 9.30 Uhr aufsteht, sein Ham and Eggs isst, sich dann erst mal einen zehn Jahre alten Whiskey gönnt und anschließend den Tag auf dem Golfplatz genießt. Ein französischer Rentner wacht um zehn Uhr auf, holt sein Baguette, trinkt ab elf Uhr ein Gläschen Vin Rouge und denkt ab zwölf Uhr ausschließlich an L'amour mit seiner jungen, formidablen, frivolen Femme fatale. Und ein deutscher Rentner? Bei dem klingelt der Wecker wie eh und je um Punkt sieben Uhr. Dann nimmt er seine Herz-Kreislauf-Tropfen, die Pillen gegen Altersdiabetes und Demenz, reibt Knie und Hüftgelenke mit schmerzlindernder Salbe ein und geht zur Arbeit.

Ich sehe mich gerade vor meinem geistigen Auge mit meiner besten Freundin in der S-Bahn sitzen. »Und, Anne? Feierst du morgen? Du wirst doch immerhin achtzig.« Und ich müsste sagen: »Nein, sorry, Marion, ich kann nicht. Ich habe doch übermorgen die Frühschicht bei Mäckes am Drive-in-Schalter.« Es wird so kommen …

Ich alleine werde die Defizite in unserem System nicht beheben können, aber ich werde versuchen, für mich das Beste dabei rauszuholen. Da ich auch als Rentnerin mein Leben genießen möchte, habe ich schon einige Szenarien durchgespielt, wie ich meinen Lebensstandard auch im Alter noch halten kann. Alle basieren auf dem gleichen Prinzip: Aus dem Ruhestand wird wohl ein Unruhestand. Jedoch ist mein Anspruch dabei, ausschließlich Tätigkeiten auszuüben, die meinen Neigungen entsprechen und die ich gerne mache.

Ich bewege mich z. B. gerne an der frischen Luft und liebe körperliche Arbeit im Freien. Wie wäre es also mit Erntehilfe auf den rumänischen Rapsfeldern? Ich bin auch gerne unter Menschen, mag Reisen und bin gern im Ausland. Was liegt da näher als ein Job als bulgarischer Busfahrer? Vielleicht melde ich mich aber auch bei SAT 1 für die Sendung The Senior Voice – eine Casting-Show für Senioren ab 60. Ich liebe es zu singen. Mein Mann meint zwar immer, er hätte noch nie jemanden gehört, der so wie ich dreistimmig singen könnte, nämlich laut, daneben und mit Begeisterung, aber wer weiß? From zero to hero – so hat es schon so manches stimmliche Teelicht in einer Casting-Show zu einem fulminanten Feuerwerk gebracht. Ich als rheinische Casting-Kamelle, und das mit über 50! Endlich mal was anderes als immer nur diese singenden Föten.

Vielleicht spiele ich aber auch ganz verrucht den Vorteil meiner Jugend zum grenznahen Holland aus. Seit Vater Beimer aus der Lindenstraße es im Vorabendprogramm vormachte, ist Kiffen in der Mitte der Gesellschaft angekommen. Sicherlich dauert es nicht mehr lang, und Cannabis wird als Nahrungsergänzungsmittel deklariert. Fakt ist, dass Grasrauchen jetzt schon als das neue Proseccotrinken gilt. Was oft in Mädelskreisen mit Rotkäppchen-Sekt beginnt, könnte demnächst mit Hanf im Glück enden. Diese Idee erschien mir am verheißungsvollsten. Ich suchte den Kontakt zur Drogenberatung in der Hoffnung, mithilfe von

Fachkräften einen ersten Businessplan erstellen zu können. Aber das konnte ich vergessen. Die wussten weder die aktuellen Preise noch konnten sie mir den zuständigen Dealer im Stadtviertel nennen.

Diese Gedanken treiben mich um. Mir bleibt ja nicht mehr so viel Zeit. Ich war mal wieder ziemlich frustriert und fühlte mich gefangen in der Vorstellung, nach knapp 40 Jahren Berufstätigkeit kaum von meiner Rente leben zu können, als ich auf dem Weg zu dem Bistro, in dem meine Tochter sich ihr Taschengeld aufbesserte, an einer S-Bahn-Haltestelle anhalten musste. Die Ampel hatte gerade auf Rot geschaltet, und als wäre es ein Signal, das über die schnöde Regelung des Verkehrs hinaus ein Zeichen setzen wollte, konnte ich die dort wartenden Schüler beobachten. Der eine sagte: »Ey, Alter, die Vanessa, voll den krassen Body. So 30–60–90. Ich schwör.« Sein »Bro« meinte daraufhin: »Ey, Bruder, hast du was mit 'ner Pyramide oder was?« Es reichten wenige Sekunden, und ich verabschiedete mich mental dann auch von dem kläglichen Rest Rente, der mir bis dato in meinen Träumen noch geblieben war. Was ist nur aus unserem Generationenvertrag geworden?, jammerte ich gedanklich. Wer wird mich im Alter durchziehen? Diese Generation vermutlich eher nicht. Oder doch? Meine allerletzte Hoffnung ruhte auf meiner Tochter. Sie ist anders, sie wird mein deprimierendes Bild von einer Ey-voll-krass-Alder-ich-schwör-Jugend sicherlich gleich wieder geraderücken, dieses zielstrebige, fleißige, in seiner Freizeit jobbende Kind.

Minuten später saß sie dann neben mir im Auto. Und als ob sie meine Gedanken gelesen hätte, meinte sie: »Ey, Mom, also, wenn ich jetzt in Rente gehen würde, bekäme ich 7,84 Euro. Bis 9,99 Euro mache ich noch, dann kann ich das Basispaket von Netflix behalten ...«

11 Zwischen Botox-Birne und Falten-Fregatte

Ich habe mit dem Älterwerden überhaupt kein Problem. Nur dass es für andere sichtbar ist, finde ich Mist! Ich wollte noch nie transparent sein, weder für Google noch für die NSA und auch nicht für meine Mitmenschen. Und jetzt soll ich öffentlich meinen, sich in vollem Gang befindlichen Verfallsprozess preisgeben? Nein. Ich bin doch kein welkender Blumenstrauß, dem keine Wahl bleibt. Außerdem wäre es dem Rest der Welt gegenüber auch nicht ganz ehrlich. Denn laut einer Studie fühlen sich Frauen im Schnitt elf Jahre jünger, als sie sind. Ich gehöre dazu. Ich fühle mich dynamischer, als mein Körper es vermuten lässt, und viele Jahre fühlte ich mich auch jugendlicher, frischer und besser gelaunt, als mein Gesicht es meinem Gegenüber zu verstehen gab. »Mama, bist du gut drauf?«, fragte meine Tochter mich eines Morgens beim Frühstück. Als ich antwortete: »Ja, klar, mir geht es super«, kam von ihr zurück: »Dann solltest du das deinem Gesicht mal sagen!« Das Alter geht halt auch an mir nicht spurlos vorbei.

»Na und«, wird jetzt so mancher Moralist einwenden,

»wir werden halt nicht jünger, und das sieht man eben.« Und dann kommt das Übliche: Reduktion auf das Äußere – pfui, Sexismen; weg mit der Schönheitsdiktatur; Falten sind der Orden für ein Leben, das wir gelebt haben; es sind die inneren Werte, die zählen. Ja, ja, ich gähne mich jetzt schon in Ekstase.

Denn es sind nicht nur sie, die zählen. Auch wenn es immer heißt, Äußerlichkeiten zählen nicht. Sie tun es doch, und das war schon immer so. Nofretetes in einer Büste verewigte Augenbrauen, der Hüftschwung der Venus von Botticelli, die Bauchmuskeln des David von Michelangelo sind der beste Beweis dafür, dass die Menschheit schon immer Schönheitsidealen hinterhergelaufen ist. Für mich völlig nachvollziehbar. Denn Schönheit macht das Leben schöner. Man kann sie sehr wohl genießen und sollte dies auch, solange es geht, tun. Warum auch nicht? Sie macht auch vieles leichter. Wenn man Wert auf ein attraktives Äußeres legt, heißt das doch nicht automatisch, dass man seine geistige und soziale Entwicklung im gleichen Zug an der Garderobe abgibt. Oder anders formuliert: Man kann doch auch in Würde altern, selbst wenn man dabei keine Stirn wie eine Gewindemuffe hat.

Schon jetzt wird klar: Ich bin alterswild entschlossen, die gängige Erwartung, die viele an eine erwachsene, souveräne, mit beiden Beinen im Leben stehende, über 50-jährige Frau zu diesem Thema haben, zu enttäuschen. Ja, sogar noch mehr. Ich werde ihr eine hierzulande sehr unpopuläre Haltung entgegensetzen – auch auf die Gefahr hin, dass ich mir dadurch eine Karriere als Markenbotschafterin für einen Naturkosmetikkonzern verbaue:

Meine Freundin Jutta saß letztes Jahr im Wartebereich einer großen Anwaltskanzlei in Frankfurt. Sie wartete dort auf den ersten Gesprächstermin in ihrer Scheidungsangelegenheit. Plötzlich wurde sie stutzig. Unter einem Foto, das das gesamte Kanzleiteam zeigte, stand ein Name, der ihr bekannt vorkam. Sie erinnerte sich spontan an einen gut aussehenden Jungen mit Locken, immer braun gebrannt, sportlich, durchtrainiert, himmelblaue Augen, damals eine Art männliches Trophy Wife für alle Mädels. Er hatte nicht nur mit ihr zusammen die Schule besucht. Er war sogar in einem ihrer Leistungskurse in der Oberstufe gewesen. Während sie noch hin und her überlegte, ob der Typ auf dem Foto es tatsächlich sein könnte, wurde sie von der freundlichen Empfangsdame aufgerufen und ins Besprechungszimmer geführt. Dort erwartete sie ein Mann mit schütterem, grauem Haar, Horst-Tappert-Tränensäcken, hängenden Schultern, Bauchansatz und faltiger, schlaffer, aschfahler Gesichtshaut. Aber da waren sie wieder, diese Augen, die meine Freundin seit dem Blick auf das Foto nicht mehr losließen. Und so nahm sie allen Mut zusammen.

»Waren Sie vielleicht mal auf der Viktoriaschule in Aachen?«

»Ja, warum fragen Sie?«, lautete seine etwas verwunderte Antwort.

Jutta erklärte: »Ich war auch dort. Und ich glaube, Sie waren in einem meiner Leistungskurse.«

Und da antwortete dieser sichtlich in die Jahre gekommene, kurz vor der Abwrackprämie stehende Anwalt: »Nein, wirklich? Was haben Sie denn unterrichtet?«

Das wird mir definitiv nicht passieren. Ich werde nie alt genug sein, um nicht mehr jung aussehen zu wollen. Und wie das im Detail aussieht, bestimme ich, nicht irgendein Beautytrend. Ich habe keine gegelten Fingernägel in Regenbogenoptik, auch keinen Silberlook im Haar, ich habe keine getunnelten Ohren und kein Sternchentattoo auf der Schulter. Must-haves und Must-dos sind mir egal. Mein persönlicher Wohlfühllook ist es nicht. Da bin ich hinterher. Und nicht, um andere Männer wuschig zu machen, auch nicht, um den zu behalten, den ich liebe, sondern allein aus dem Grund heraus, weil ich mir mit einer vitalen Ausstrahlung einfach besser gefalle. Es macht mich zufriedener. Ich habe dadurch mehr Selbstvertrauen und viel mehr Spaß am Leben. Ich tue es nur für mich, denn ich muss mich in meiner Haut wohlfühlen, von morgens bis abends und von montags bis sonntags, von Januar bis Dezember.

Natürlich akzeptiere ich die Einstellung von Leuten wie Jutta, die an ihre Haut nur Wasser und Melkfett lassen, die unter einem großen Abend-Make-up anlässlich des Abiballs ihrer Tochter einen Kajalstrich aus Spirulinapaste verstehen, die sie sich im Eine-Welt-Laden holen, vor dessen Tür gerade eine Taube auf und ab stolziert, was sie in den Augen von Jutta nur deshalb tut, weil Flugverkehr schlecht für die Umwelt ist. Von mir aus, Jutta. Sei, wie du bist. Ich mag dich trotzdem. Du bist deswegen kein schlechterer Mensch.

Ich bin da sehr tolerant. Andere sind es meiner Einstellung gegenüber, die vorsieht, auch mal mehr für sein Äußeres zu tun, als es ein Drogeriemarkt-Sortiment ermöglicht, nicht. Das ist unfair, denn dadurch wird es mir nicht immer leicht gemacht, offen mit diesem Thema umzugehen. An dem Thema »Schön sein, wenn man älter wird« arbeiten sich regelmäßig zahlreiche Frauenzeitschriften in umfangreichen Dossiers ab. Oftmals leider sehr einseitig, wie ich finde. Viele Leute halten das Äußerliche für äußerlich und damit für oberflächlich. Für sie hat nur das Ungeschminkte, vermeintlich Ehrliche, nicht in Szene Gesetzte eine Existenzberechtigung. Da wird jede Botoxspritze gleich als Verrat an allen anderen Frauen gewertet, jede Lidstraffung kommt einem Furz ins Gesicht der Emanzipation gleich, und in einem abgesaugten Hintern vermutet man gleich den kulturellen Untergang des kompletten Abendlandes. Die oftmals fanatische Kritik kommt dabei nicht selten von Frauen, die vor 30 Jahren noch in modischer Kleidung ein Lockmittel für Männer sahen und den Akt des Schminkens als unemanzipiert, ja, als freiwillige Unterwerfung in einer Welt voller Chauvinismus anprangerten. Auch heute predigen dieselben Frauen in jeder sich bietenden Talkshow die gesellschaftspolitische Bedeutung des Feminismus. Aber stets herausgeputzt in tief dekolletierten Schlusen, einem modischen Mix aus Bluse und Shirt, schicken Pumps, mit sorgfältig gezupften Augenbrauen und kirschrot geschminkten Lippen.

Warum sind manche Frauen in Deutschland so unentspannt, wenn es um das Tuning ihres Äußeren geht? Wenn ein Mann an seinem Äußeren rumschraubt, also bei seinem Auto 20-Zoll-Alufelgen aufzieht, käme nie ein anderer Mann auf die Idee, daran etwas verwerflich zu finden. Man bewirkt damit doch nichts. Frauen wie ich werden immer an sich herumschrauben. Ich kann daran nichts Schlimmes finden, außer der Tatsache, dass so viele andere im Gegensatz zu mir keinen ehrlichen Umgang mit diesem Thema pflegen. Im Fernsehen und in Zeitschriften werden einem herrlich ungeschminkt zurechtgemachte prominente Schauspielerinnen präsentiert, die auch mit über 60 noch über eine makellose Haut verfügen und ihrem Ernährungscoach, Personal Trainer und Beauty-Doc dafür täglich üppige Opfergaben darbringen sollten. Auf ihre Schönheit angesprochen, hört man dann immer dasselbe: Es liegt an den 50 Litern Wasser, die man täglich zu sich nimmt, oder an den 24 Stunden Schlaf, oder es wird, wenn das trotz ewiger Wiederholung auch nicht glaubhafter klingen will, gnadenlos einfach immer wieder auf die wunderbaren Gene verwiesen. Ich kann es nicht mehr hören.

Man muss nicht wie in den USA damit hausieren gehen und eine Schönheits-OP zum Statussymbol erheben. Man braucht nicht, wie in weiten Teilen dieses Landes üblich, nach einer Schwangerschaft automatisch ein sogenanntes Mommy Makeover oder zumindest einen neuen Busen. Ein Push-up-BH reicht oft auch. Ich habe mit diesem Ding – oder wie mein Mann es zu nennen pflegt: Lügenpresse – auch ganz wunderbare Erfahrungen gemacht. Aber die aufrichtige Art, mit der die Amis mit diesem Themenkreis umgehen, finde ich hochanständig. Ein Mindestmaß an Offenheit und Ehrlichkeit den Millionen deutschen Frauen gegenüber, die sich durch den Quatsch mit Wasser und Schlaf blenden lassen, wäre einfach anständig, wenn man diese Menschen nicht komplett für blöd verkaufen will.

Warum wird da so viel gelogen? Oder sind es alternative Fakten zu schwierigen Sachverhalten, die zwecks Rechtfertigungsvermeidung gestreut werden, weil Schönheits-OPs hierzulande gesellschaftlich immer noch geahndet werden wie ein Kapitalverbrechen? 41 Prozent aller Deutschen sind mit ihrem Erscheinungsbild nicht zufrieden. Die Zahl der Schönheits-OPs steigt kontinuierlich. Es gibt die unterschiedlichsten minimalen, teilweise nichtinvasiven Eingriffe heutzutage: Vampir-Lifting, Liquid Lifting, Mesobotox, Mikro-Loposomen-Technik, Medical Needling, Faden-Lifting, Ultherapy usw. Warum wohl? Weil sie keiner nutzt? Weil es keine Nachfrage danach gibt? Es ist ein wenig wie mit der Zeitschrift *Bunte*. Keiner gibt zu, dass er sie gerne liest, aber beim Friseur ist sie immer die erste Zeitschrift, die vergriffen ist. Sie gehört mittlerweile zu den erfolgreichsten People-Magazinen Europas – aber keiner liest sie …

Ich möchte offen und ehrlich mit diesem Thema umgehen und werde dafür oft kritisiert. Trotzdem lasse ich mir nicht in die Suppe spucken. Als passive Beauty musste ich schon immer aktiv etwas für meine Attraktivität tun. Das hat mich aber nie gestört. Und ab vierzig erst recht nicht mehr. Schlaffe Haut z. B. habe ich am liebsten bekämpft. Von innen heraus. Mit Schokolade, Kuchen und Nutella. Das strafft langfristig und zuverlässig. Selbst ist die Frau, und das sollte sie für sich nutzen, denn sie hat diese großartige Chance nicht immer. Ich gehöre glücklicherweise zu einer Generation, die in dem Glauben aufgewachsen ist, viel im Leben erreichen zu können, wenn man nur genug dafür tut. Das Bafög und die Bildungsoffensive ermöglichten uns Babyboomer-Mädchen damals, ein anderes Leben anstreben zu können, als es für unsere Mütter noch vorstellbar war. Als einigermaßen vernunftbegabtes, durchsetzungsstarkes, selbstbestimmtes und emanzipiertes Wesen war ich es daher schon immer gewohnt, Einfluss auf die verschiedenen Bereiche meines Lebens zu nehmen: An meiner Ehe arbeite ich täglich, um Emanzipation und Evolution unter einen Hut zu bekommen. Im Beruf habe ich mich über viele Jahre hinweg bis zur Herausforderungslosigkeit hochgearbeitet. Aber dem Alterungsprozess soll ich ohnmächtig gegenüberstehen?

Nein. Dazu werde ich nie bereit sein. Ich war es mit 18 nicht und bin es bis heute nicht. Ich habe mir schon damals mit Concealer und Make-up die ein oder andere Enttäuschung weggeschminkt. Und heute? Da sind es ganz banale, alltägliche, immer wiederkehrende Situationen, die nach einer sofortigen optischen Korrektur verlangen. Wie z. B. der Morgen, also die Zeit direkt nach dem Aufstehen. Da sehe ich immer aus, als hätte man mich gerade exhumiert. Eine Steigerung gibt es dann nur noch, wenn der Faktor Licht hinzukommt. Blass, verquollen, kleine Augen, Kissenfalten im Gesicht, so sehe ich unplugged aus. Jeden Morgen. Ohne Rouge und Wimperntusche habe ich das Haus noch nie verlassen. Ich bin immer geschminkt. Aber immer moderat, dezent, natürlich, nie wie ein Kosmetikendlager oder, wie die Jugend heute sagt: wie ein Rubbellos. So nannte Gücal, ein türkischer Freund meiner Tochter, die Mädchen in seiner Stufe, die zu stark geschminkt waren, und ergänzte auf meinen fragenden Blick: »Abrubbeln, guckst du, ey, voll krass, Niete!«

Heute reicht das aber nicht mehr. Die Zeiten, in denen ich mit einem leichten Rouge und ein wenig Wimperntusche das Haus verlassen kann, sind definitiv vorbei. Es sei denn, ich möchte es meinem Gesicht überlassen, als Zeitzeuge über die Vorfälle der letzten Nacht zu berichten. Das wollte ich bisher aber nicht, denn Hitzewallungen und innere Unruhe interessieren nicht jeden. Und wenn überhaupt, dann möchte ich es tun. Ich finde dafür einfach die passenderen Worte als meine Haut. Aber ich bin mit dieser Sichtweise nicht alleine. Laut einer Statistik aus der *Barbara* gehöre ich zu den 23 Prozent aller Frauen, die das Haus normalerweise nie ungeschminkt verlassen. Ester Ledecká übrigens auch. Das ist die 22-jährige Tschechin, die als Snowboarderin bei den Olympischen Winterspielen 2018 in Pyeongchang völlig überraschend Gold im Super G geholt hat. Als Snowboarderin hatte sie lediglich aus Spaß an der Freud an diesem Skirennen teilgenommen und sich zu keinem Zeitpunkt Chancen auf eine Medaille ausgerechnet. In der Pressekonferenz, die über eine Stunde nach ihrem Sieg stattfand, wurde sie als Erstes gefragt, warum sie noch ihre Skibrille aufhabe. Ihre Antwort: Ich war auf diese ganze Zeremonie nicht vorbereitet und habe kein Make-up aufgelegt.

Der morgendliche Blick in den Spiegel wirft immer die gleiche Frage auf: Aufwendige Fassadenrestaurierung oder lieber direkt die Denkmalschutzplakette? Das Zeitfenster, das ich benötige, um mich bis zur Kenntlichkeit zu schminken, wird immer größer. Mein Gesicht macht es mir da wirklich nicht leicht. Da wird dann konturiert und modelliert. Mit einem Spiel aus Licht und Schatten versuche ich mein Gesicht zu formen und mir nebenbei noch einen Frischekick herbeizuzaubern. Das Bad verlasse ich erst, wenn ich denke, mehr ist ambulant nicht rauszuholen.

Der Faktor Zeit ist in meinen Augen ein legitimer Faktor, kleinen Eingriffen gegenüber aufgeschlossen zu sein. Einmal unterzog ich mich sogar dem schmerzhaften Prozess des Microbladings, um mich beim Aufstehen schon über gemachte Augenbrauen freuen zu können. In den USA wird dieses Verfahren mittlerweile in jedem Einkaufszentrum in sogenannten Brow-Bars angeboten. In Deutschland gehörte es 2017 mit zu den wichtigsten Beautytrends. Winzige Schnitte werden mithilfe hauchfeiner Rasierklingen in die Augenbrauen geritzt, um diese dann mit Farbe zu füllen. Das Ergebnis ist sehr filigran: aufgefüllte und schön in Shape gebrachte Brauen. Es ist zwar eine Tätowierung, die aber mit dem herkömmlichen Balken-Look nichts zu tun hat. Damit wirken viele junge Frauen ja oft wie ein Markenbotschafter von Nike oder der AfD. Und ob sie den jungen Männern damit gefallen, bezweifele ich. Die rasieren sich doch auch nicht, um sich nachher einen flächendeckenden Vollbart tätowieren zu lassen. Der Entscheidung, ein Microblading vornehmen zu lassen, war ein Langstreckenflug nach New York vorausgegangen, auf dem ich den herzzerreißenden Film *Marley & Ich* gesehen hatte. Es geht um einen Hund, der am Ende des Films stirbt. Ich habe während des ganzen Films fürchterlich heulen müssen und stellte später in der Toilette fest, dass ich mir nicht nur die Tränen, sondern auch die Augenbrauen weggewischt hatte. Auch Fake Lashes habe ich bereits ausprobiert. Davon war ich allerdings nicht so begeistert. Sie fühlen sich an wie Borsten, und man kann nur noch mit Skibrille duschen, weil ansonsten die Reste vom Kleber in den Augen brennen.

Was viele Schönheit nennen, unterliegt – mit Ausnahme der microgebladeten Augenbrauen – in meinem Fall dem Wisch-und-Weg-Prinzip: Es lässt sich zu 95 Prozent mit einem Waschlappen abwischen. Und das geschieht abends auch, wenn ich mein Gesicht auf Werkseinstellung zurücksetze. Da bin ich sehr konsequent. Die Haut muss atmen können. Ich möchte mich schließlich in 20 Jahren auch noch eincremen und nicht einbalsamieren müssen.

Am nächsten Morgen dann dasselbe Spiel. Seit Jahren geht das so. Einmal habe ich sonntags versucht, mich mal ohne Make-up und Wimperntusche unters Volk zu mischen.

»Mann, siehst du aber heute scheiße aus«, flötete meine

Freundin Anja mir direkt entgegen, worauf ich sie aus Verlegenheit spontan angelogen hab: »Ja, bin ja auch ein wenig erkältet.« Worauf sie wiederum meinte: »Oh je, das auch noch!«

Die gleiche Sorgfalt, mit der ich mich der dekorativen Kosmetik widme, lege ich übrigens auch bei der Pflege an den Tag. Mein Bad sieht aus wie kurz vor einem Terroreinsatz: Alles voll mit Anti – Antiaging, Antifalten, Anticellulite. Ich glaube, dass von meinem Konsum ein Großteil der Arbeitsplätze in der Beauty-Industrie abhängt. Aber das werden viele andere Frauen über fünfzig für sich genauso in Anspruch nehmen. Daher möchte ich an dieser Stelle stellvertretend für alle Gesinnungsgenossinnen meiner Forderung nach einer Instandhaltungspauschale für Frauen ab fünfzig Gehör verschaffen. Gels, Fluids und Lotionen kosten uns schließlich im Jahr ein Vermögen. Ich persönlich brauche sie aber, um mein Gegenüber nicht in Verlegenheit zu bringen. Die meisten dieser Produkte sind ihr Geld ja auch wert. Sie leisten einiges. Ein Cremetiegel ist keine Blackbox. Manche können eine ganze Menge. Aber aus einer Trockenpflaume einen Seidenpfirsich machen – das schafft keiner.

Nun ist es mit der Haut ja so: Während unsere Muskelmasse mit zunehmenden Alter immer weiter abnimmt und unsere Sinnesorgane immer schwächer werden, ist das Einzige, von dem wir immer mehr bekommen: Haut. Hängebäckchen, Chickenwings, schlaffe Innenschenkel. Warum sie mit den Jahren an Oberschenkeln, Bauch und Po zusätzlich noch Wellen schlägt und die Optik einer Luftpolsterfolie annimmt, verstehe ich bis heute nicht. Cellulite ist Mist. Glauben Sie mir, ich habe alles versucht. Gymnastik, Cremen oder unter der Dusche massieren? Es bringt nichts. Ich habe einen Duschkopf mit drei Einstellungen. Die erste ist zum Duschen, die zweite zum Schieferplatten schneiden und mit der dritten könnte man Großdemonstrationen gegen Stuttgart 21 oder anlässlich eines G-20-Gipfels im Hamburger Schanzenviertel auflösen. Nichts hilft. Diesbezüglich ist von mir bei Saunabesuchen der viel bemühte Mut zum Makel gefordert. Zumindest reagiere ich, was die Cellulite am Po angeht, mittlerweile gelassen. In Zeiten, in denen der Po dank Kim Kardashian mindestens dem Stellenwert eines Gesichts gleichkommt, sage ich mir einfach: Mein Po ist ein glücklicher Po. Er lacht die ganze Zeit. Es ist keine Cellulite. Es sind Grübchen am Popöchen.

Aber danach hört es auch schon auf mit meinem Goodwill. Kommen wir daher nun zu den restlichen fünf Prozent, die sich nicht, wie oben beschrieben, mit einem Waschlappen abwischen lassen: Würde ich heute öffentlich nach meinem Alter gefragt, so müsste ich, meinem Anspruch folgend, dem Leser gegenüber ehrlich zu sein, sagen: »Ich bin teilweise 53.« Manches an mir ist nicht älter als sechs Jahre. Es gibt sie nämlich tatsächlich, die Fälle, in denen man trotz gesundem Lebensstil, hochwertiger Kosmetik und konsequenter Gesichtsgymnastik an seine Grenzen stößt: Wenn der Kinnschieber für einen schöneren Hals oder die Luftpfeife für vollere Lippen oder das Ohrenwackeln zur Straffung der Wangenpartie nicht den gewünschten Effekt liefern, wird es Zeit, einen Gang höher zu schalten.

Ein Sprichwort sagt, die Augen seien der Spiegel der Seele. Ich war um die 47 Jahre alt, als mir morgens die Diskrepanz auffiel, die sich in meinem Fall zwischen Augen und Seele auftat. Trotz eines ausgeglichenen Wesens, trotz der acht Stunden Schlaf und obwohl ich in ein sorgfältig geschminktes Gesicht sah, glich mein Blick dem einer übernächtigten Hebamme. Der Grund: Viel zu viel überschüssige Haut an den Oberlidern. Meine Lider legten sich über meine Augen wie die Rollläden eines in die Jahre gekommenen Oberengadiner Grandhotels über seine Jugendstilfenster. Ich überlegte: Liften lassen oder nicht? Monatelang habe ich diese Frage mit mir herumgeschleppt und immer wieder mit einem klaren »Jein« beantwortet. Man liest ja viel, was alles schiefgehen kann oder dass man, wenn man einmal mit Schönheits-OPs angefangen hat, nicht mehr aufhören kann – nach dem Motto: Heute die Lider gestrafft, morgen eine Großbrustbesitzerin und übermorgen eine komplette Plastik-Protz-Puppe. Die Suchtgefahr besteht tatsächlich. In den USA gibt es bereits Selbsthilfegruppen für betroffene Menschen. Es soll sogar schon mal vorgekommen sein, dass eine dieser Sitzungen von der Therapeutin mit den Worten eröffnet wurde: »Ich sehe diese Woche ein paar neue Gesichter hier … und muss sagen, ich bin enttäuscht.«

Meine finale Entscheidung fiel spontan. Sie war eine Trotzreaktion auf den Einwand meiner Tochter, der mich wie ein Blitzschlag traf: »Mama, warum jetzt noch eine

Schönheits-OP? Du bist doch schon 47. Du bist verheiratet und hast einen festen Freundeskreis. Dein Leben ist doch gelaufen.« Frechheit! Als ob das Leben mit 47 plus nicht mehr lebenswert ist. Jetzt erst recht, dachte ich und vereinbarte noch am gleichen Tag einen Termin bei einem bekannten Schönheitschirurgen in Neustadt an der Weinstraße. Ich hatte vom ersten Moment an großes Vertrauen in diesen Mann. Nicht nur, weil er ausgerechnet in meiner Heimatstadt Aachen studiert hatte, sondern auch, weil er sich sein Studium finanziert hatte, indem er Torten in einem der ältesten Kaffeehäuser Aachens sehr filigran mit Zuckerguss verzierte. Wer bei Backwerk so viel Fingerspitzengefühl zeigt, der kann auch Augen machen, so meine Annahme. Ich habe diesen Eingriff nie bereut. Diese wachen Augen, die mich morgens aus dem Spiegel anschauen, sind pure Lebensqualität. Ich genieße diesen Blick jeden Morgen – und das, auch wenn ich mal nur vier Stunden Schlaf hatte, dafür aber vier Viertel Weißwein intus.

Auch an Botox habe ich mich schon rangetraut, obwohl die gängigen Meinungen der mahnenden Moralisten diesbezüglich ja furchterregend sind: Betonfratzen. Wer Botox benutzt, zeigt seinem Umfeld schon zu Lebzeiten, wie er aussieht, wenn er mal tot ist. Botox macht Falten unbeweglich und starr, damit man sie besser mit Schminke ausspachteln kann usw. Alles völlig übertrieben, wenn man mit Verstand rangeht und sich einen verantwortungsvollen Dermatologen sucht, der nach der Devise »Weniger ist mehr« agiert. Ich wollte nie eine Botoxbotschafterin à la Nicole

Kidman werden. Hollywoodgrößen, die bei der Oscarverleihung krampfhaft versuchen, noch etwas Mimik ins Botox zu bekommen, weil sie die Trophäe nun mal gewonnen haben und das obligatorische »I love you all« ohne Tränen und ohne ein Lächeln nicht authentisch rüberkommt, wirkten auf mich immer abschreckend.

Aber meine Zornesfalte, die wollte ich mit Botox in den Griff bekommen. Die hatte ich nämlich sogar nachts, während ich schlief. Ich kann mir das nur so erklären: Es musste einen erheblichen Störfaktor geben, der mich in meinem Grundbedürfnis Schlaf derart beeinflusste, dass die Stirnpartie zwischen den Augenbrauen des Nachts jedem Plisseerock Konkurrenz machte. Diesen Störenfried nennt man gemeinhin auch Schnarchen. Viele Männer schnarchen. Man liest zwar immer, dass diese archaischen Grunzlaute evolutionäre Gründe hätten und vor Millionen von Jahren dazu gedient hätten, sich und seine Familie vor wilden Tieren zu schützen. Aber das ist lange her. Das Bild »der Mann als Beschützer« hat in Ländern wie Deutschland keine Bedeutung mehr. Bei einem russischen Mann könnte man es noch durchwinken, wenn er eine Kalaschnikow besitzt. Bei einem Amerikaner vielleicht auch noch, wenn er einen Colt hat. Aber bei einem deutschen Mann? Nein, ein deutscher Mann kann nicht mehr beschützen. Er kann dafür andere Dinge, wie z. B. Leergut wegbringen oder Müll trennen. Aber er muss ja auch glücklicherweise nicht mehr beschützen. Wir leben ja emanzipiert. Unter diesen Vorzeichen müsste man dieses sonorige Ins-Plumo-Schnorcheln eigentlich in eine ganz andere Richtung interpretieren: Ein Mann schnarcht, damit seine Frau nicht eindöst, während sie auf Patrouille ist und ihre Familie bewacht. Aber wie auch immer, das Schnarchen meines Mannes erstickte jeden nächtlichen Einschlafversuch im Keim. Es ist ja auch ein fataler evolutionärer Fehler, dass der, der schnarcht, immer zuerst einschläft.

Lange Rede, kurzer Sinn: Der Bügeleffekt von Botox hat auch bei mir funktioniert. Und daher möchte ich an dieser Stelle sagen, auch auf die Gefahr hin, dass vielleicht einer denkt, der haben sie doch das Zeug ins Hirn gespritzt: Ein Stück weit hat Botox mich glücklich gemacht. Einen freundlichen Blick ohne Zornesfalte kann man tatsächlich genießen, auch wenn man ihm ein wenig auf die Sprünge helfen musste.

Meine Freundin Jutta fragte zunächst, ob ich im Urlaub gewesen sei. Ich sähe so erholt aus. Als ich ihr dann von meiner Botoxinjektion berichtete, war sie schockiert. Mein Verhalten kam einem Hochverrat gleich. Ich war ein Judas. Botox ist in ihren Augen ein unlauteres Mittel im Wettkampf gegen das Altern. Dass sie recht hat und ihre Ansicht weltweit geteilt wird, versuchte sie mir mithilfe eines Berichtes zu vermitteln, in dem beschrieben wurde, dass bei einer Miss-Wahl alle Teilnehmer disqualifiziert wurden, die nachweislich von Botox Gebrauch gemacht hatten. Man sah darin einen klaren Wettbewerbsvorteil den anderen Kandidatinnen gegenüber. Das Ganze hatte sich in Saudi-Arabien zugetragen, und es ging bei dieser Wahl um nichts Geringeres als um den Titel der Miss Kamel. Bei diesem Schönheitswettbewerb wurden zwölf Tiere ausgeschlossen, weil ihre Besitzer sie mit Botox aufgehübscht hatten. Den Regeln zufolge dürfen Kamele, die Drogen in den Lippen haben, rasiert sind oder in ihrer natürlichen Form sonst irgendwie verändert wurden, nicht an der Kamelkür teilnehmen. Der Wettbewerb ist Teil des jährlichen King-Abdulaziz-Kamel-Festivals, das in der Nähe der Stadt Riad stattfindet. Neben dem schönsten Kamel werden auch das schnellste Kamel und das, das seinem Besitzer am besten gehorcht, geehrt. Das Preisgeld beträgt immerhin insgesamt 57 Millionen Dollar.

Ich kann mit Jutta über solche Themen einfach nicht reden. Sie ist ein wunderbarer Mensch, gebildet, humorvoll, liebenswert und gutherzig, aber in Schönheitsfragen vertritt sie einfach andere Ansichten als ich. Ich erzählte ihr neulich von einem Gerät, das sich Ultraformer nennt. Es ist für Leute mit schlaffen Gesichtszügen wie z. B. hinunterhängenden Mundwinkeln gedacht. Also für Leute wie mich, die nicht permanent einen Kopfstand machen möchten, damit das Gegenüber den Eindruck hat, ich würde lächeln. Dank mikrofokussiertem Ultraschall soll es für straffere Gesichtszüge sorgen. Als ich ihr von diesem medizinischen Wundergerät begeistert erzählte, meinte sie völlig ungerührt: »Straffere Gesichtszüge? Ich lasse einfach meinen BH weg. Die Schwerkraft erledigt den Rest, indem sie alles unterhalb des Kinns nach unten zieht.«

Abschließend möchte ich, um Missverständnissen vorzubeugen, erwähnen, dass auch ich kein Freund der For-ever-Fresh-Fraktion bin. Denn auch mir ist klar, wer um jeden Preis jung wirken will, sieht oft ziemlich alt aus. Das Ziel so manch einer Ü-50-jährigen Hollywood-Schönheit, nach dem Motto »Ich will gar nicht jünger aussehen als andere Teenager in meinem Alter«, finde ich fatal. Da wird dann dem Beauty-Doc gesagt: Oberlider korrigieren, Augen-brauen anheben, Lippen wie eine Hüpfburg in der beliebten Kurz-vor-dem-Platzen-Optik, Meghan-Markle-Nase, Haar-ansatz auffüllen, Apfelbäckchen durch Eigenfettunterspritzung und die Kinnpartie konturieren – mehr aber bitte nicht. Es soll ja natürlich rüberkommen. Das Ergebnis ist dann meist eine rigoros durchoperierte Seniorenbarbie: ein junges Gesicht mit einer mittelalten Dame unten dran.

Ich gebe den vielen Moralisten ja teilweise recht. Das Optimieren der äußeren Hülle muss seine Grenzen haben, und man sollte bei Menschen auch nicht nur aufs Äußere achten. Das tut man bei Gewürzen ja auch nicht. Salz und Zucker sehen ja auch zunächst gleich aus. Den Unterschied merkt man erst, wenn man Gebrauch von ihnen macht. Wenn ich alt bin, möchte ich auch nicht zwanghaft jung aussehen. Aber ich will glücklich aussehen, nicht übernäch-tigt oder zornig, wenn ich es nicht bin. Ich bin dankbar für die Angebote, die die Ästhetisch-Plastische Chirurgie für Leute wie mich bereithält, um mich in meiner Haut auch im fortgeschrittenen Alter noch wohlfühlen zu können. Kleine Kurskorrekturen sind mir absolut willkommen. Wenn ich heute meinen Mann fragen würde: »Glaubst du, dass sich mein Gesicht verändert, wenn ich alt bin?« Dann möchte ich einfach nicht, dass er antwortet: »Mit etwas Glück vielleicht …«

12   Ich wäre so gerne eine Hydra

Eine Hydra ist ein Polyp und gehört zur Familie der Nesseltiere. Sie ist zierlich, anmutig und sehr geschmeidig in ihren Bewegungen. Allein das reicht mir schon, um gerne mit ihr zu tauschen. Aber das Beste kommt noch: Die Hydra altert nicht. Während sich in meiner Hülle mittlerweile die unterschiedlichsten Wehwehchen in regelmäßigen Abständen zur Vollversammlung treffen, um darüber abzustimmen, wer als Nächstes seinen miesen Job machen darf, ist eine Hydra auch nach 1.000 Jahren noch fit wie am ersten Tag. Die Lebenserwartung einer Hydra liegt laut einer Studie zwischen 300 und 3.500 Jahren. Damit ist sie zwar nicht unsterblich, aber alterslos. »Sie ist zu jedem Zeitpunkt gleich jung und gleich alt«, sagt Ralf Schaible vom Max-Planck-Institut für demografische Forschung in Rostock.

Das ist bei Menschen wie mir anders, was dazu führt, dass ich ständig bei irgendeiner Vor- oder Nachsorgeuntersuchung bin. Laut Experten wird das einem ja ständig nahegelegt. Ich sitze mittlerweile öfter in Wartezimmern rum, als manch 60-jähriger Mann nachts rausmuss. Wie viel Zeit bei der damit verbundenen Warterei heutzutage dafür draufgeht, ist unfassbar. Würde man die Stunden zusammenrechnen, hätte ich in dieser Zeitspanne schon selbst zum promovierten Facharzt für irgendwas werden können. Manchmal warte ich beim Arzt so lange, dass ich versucht bin, eine Oma zu fragen, wie alt sie war, als sie sich ins Wartezimmer gesetzt hat. Aber was bleibt mir übrig? Es hat ja seinen Grund, warum ich dort bin.

Es ist einfach ungerecht: Meiner Tochter tun die Knie weh, wenn sie sie vorher benutzt hat. Wenn mir morgens nichts wehtut, erschrecke ich zunächst, weil ich denke, ich sei tot. Meist tut mir aber etwas weh. Die Knie sind dabei auf Platz 1. Und nicht, weil ich sie vorher strapaziert habe. Sie tun einfach nur weh, weil ich sie habe. Manchmal ist es auch die Hüfte oder der Halswirbel- oder Lendenwirbelbereich. Abwechslung ist ja wichtig im Alter.

Wissen Sie, woran man merkt, dass man älter wird? Die aufmerksame Beobachtung und Analyse seiner selbst nimmt zu. Ich bin da sehr gewissenhaft. Ich erwähnte ja bereits, dass Hypochonder mein zweiter Vorname ist: Das Zika-Virus hatte es noch nicht bis in die Tagesschau geschafft, da lagen bei uns im Keller schon die Moskitonetze bereit. Besonders vorsichtig bin ich, wenn es um Symptome geht, die die geistigen Fähigkeiten betreffen. Wenn ich meinen Handy-Code, meinen EC-Karten-Pin, meine Kreditkartengeheimzahl oder sonst eine Identifikationsnummer vergessen habe, erwäge ich sofort, mich in einem Demenzforum anzumelden. Mein Computerpasswort habe ich bereits in »falsch« geändert. Wenn ich das jetzt vergesse, sagt mir der Laptop wenigstens: Ihr Passwort ist falsch.

Ja, man muss sich halt zu helfen wissen. Und immer sofort mit Medikamenten hantieren, ist auch nicht die Lösung. Wenn ich in Urlaub fahre, ist meine Reiseapotheke ja jetzt schon so umfangreich, dass ich damit beim Sperrgepäck einchecken muss. Außerdem nimmt ja bekanntlich die Schusseligkeit mit fortschreitendem Alter eher noch weiter zu. Wenn man dann irgendwann Schlafmittel mit den Tabletten zum Entwässern verwechselt oder nicht mehr weiß, ob man das eine oder andere Medikament bereits genommen hat, und dann, um sicherzugehen, lieber nochmal beide auf einmal nimmt... Ja, dann... Nein, immer direkt etwas einzuwerfen kann nicht die Lösung sein.

Die Hydra hat es da eindeutig besser. Sie bleibt vom Alterungsprozess verschont. Es gibt bei ihr keine Blütezeit des Lebens, in der sie im vollen Besitz ihrer geistigen und körperlichen Fähigkeiten ist und nach der es bekanntlich ja nur noch bergab geht. Ihre Adoleszenz währt ewig.

Haare zu dünn, Hüften zu dick, Osteoporose, Blasenschwäche, Pigmentflecken und Stimmungsschwankungen. Ganz gemein sind ja Krampfadern und Besenreiser, die manche Wade aussehen lassen, als sei sie eine Verlaufskarte des Rheins, die zu einem Zeitpunkt kartografiert wurde, als dieser an bestimmten Stellen über die Ufer getreten war. All das bleibt der Hydra erspart. Ich weiß, wovon ich rede. Gerade in den letzten fünf Jahren fühlte ich mich manchmal dem Krematorium näher als meiner ganz persönlichen Klimaka-tastrophe, dem Klimakterium.

Da liegt man dann, hellwach, obwohl man schlafen will. Man redet sich ein, dass es Zeit ist, weiterzuschlafen, das Gehirn antwortet: »Gut, aber vorher müssen wir noch alle Ereignisse durchgehen, die in den nächsten Wochen anste-hen. Wir werden sie nach Prioritäten und gesellschaftlicher Relevanz für die Nachwelt gedanklich ordnen und innerhalb dieser Kategorien dann alphabetisch sortieren.« Am nächs-ten Tag bin ich dann so gerädert, dass ich vor Ergriffenheit anfange zu heulen, wenn meine Tochter mir beim Anblick ihrer desolaten Mutter anbietet, die Wäsche aufzuhängen. Und wer glaubt, dieses Dilemma mit Heilkräutern wie Johanniskraut und Schafgarbe in den Griff zu bekommen, der glaubt auch, einen Oberschenkelbruch mit Brennnessel-tee heilen zu können. Es bringt nichts. Man muss da durch.

Wohingegen man jedoch etwas unternehmen kann, ist der permanente Leistungsabbau bei den Sinnesorganen. Wie gut, dass es Brillen und Hörgeräte gibt. Sie ermöglichen einem, trotz Beipackzetteln, Gebrauchsanleitungen, Speise-karten oder einer moderaten Geräuschkulisse in einer Bar weiterhin ein menschenwürdiges Leben zu führen, ohne sein direktes Umfeld in den eigenen Verfallsprozess einwei-hen zu müssen. Meine Tochter meinte zwar, eine Lesebrille sei alt. Ich hingegen finde, eine Gleitsichtbrille – das ist erst alt. Noch komme ich mit normaler Brille bei Chefkoch.de mit der Standardeinstellung für extragroße Schrift zurecht und hoffe, dass die Autoindustrie endlich aufwacht und für Leute wie mich schleunigst eine Windschutzscheibe mit Gleitsichtglas entwickelt. Auch Augenärzte könnten sich über völlig neue Umsatzpotenziale freuen, wenn sie denn endlich eine Möglichkeit fänden, unsere Augen auf HDTV umzurüsten. Aber ich will mich nicht beklagen. Meine Sehschwäche und die damit verbundene Brille hat ja auch was Positives. Auf Partys muss ich mir keinen Mann mehr schön saufen. Ich setze einfach die Brille ab.

Auch bei Hörgeräten gibt es viel Innovation. Nach zwei Hörstürzen bin ich gegenüber jeder Neuerung auf diesem Gebiet aufgeschlossen, denn sich in einer geselligen Runde mit mäßigem Geräuschpegel zu unterhalten, fällt mir zunehmend schwerer. Findet diese Runde noch in einer Lokalität mit Gewölbe oder zu wenig Schalldämmung statt, heißt es für mich oft: freundlich lächeln, zustimmend nicken und inständig hoffen, dass es keine an mich direkt gerichtete Frage war. Dabei gibt es ja mittlerweile Hörgeräte, die mit dem iPhone korrespondieren und über eine App bestmöglich regulierbar sind. Dank eines Spezialchips können sie blitzschnell analysieren, was Lärm, Echo, Hall oder andere Störgeräusche sind, und diese rausfiltern. Aus reiner Neugier suchte ich neulich einen Spezialisten für Hörsysteme auf, der mit dem Slogan »Mehr Lebensqualität und bestmögliche Beratung« warb. Bevor ich das Geschäft betrat, schaute ich mich nochmals um, ob auch keiner in der Nähe war, der mich sehen konnte. Dann enterte ich den Laden und fragte direkt nach dem kleinsten, unauffälligsten Modell, das es auf dem Markt derzeit gibt. Der freundliche Verkäufer zeigte es mir und erklärte, dass dieses Modell genauso gut sei wie ein großes. Auch er würde es tragen. Mit großem Interesse fragte ich weiter, wie teuer so was denn sei. Worauf er antwortete: »Gleich halb sechs. Aber lassen Sie sich ruhig Zeit. Wir schließen erst um sechs.« Nun bin ich also immer noch oben ohne.

Aber als Rheinländerin sieht man die Dinge ja positiv. Ich kann selbst bei diesem Manko Vorteile für mich erkennen. Englische Hits hören sich für mich immer deutsch an. Bei »I've got the power« von Snap verstehe ich immer so etwas wie »Agathe Bauer«. »Laura dov'e, mi« aus dem Song »Laura non c'e« von Nek klingt für mich wie »Lauter Doofe«, niemand gescheit, und bei »All the leaves are brown« aus »California Dreaming« singe ich beim Background-Part aus tiefster Überzeugung »Anneliese Braun«. Ein solches Hör-Malheur haben aber offensichtlich viele Menschen, denn diese und weitere Songverhörer kann man sich auf gleich mehreren YouTube-Kanälen anhören. Daher bleibe ich noch gelassen. Solange ich kein Gebiss brauche, um nach einem Hörgerät oder einer Brille fragen zu können, ist doch eigentlich noch alles okay, oder? Nein, ist es nicht.

Beim Thema Beweglichkeit gibt es einiges zu beanstanden. Während die Hydra es dank ihrer Kraft und Ausdauer sogar schafft, sich aus ihrer festen Verankerung vom steinigen Meeresboden zu lösen, um sich dann komplett umzustülpen, sodass die Tentakeln, die bis dahin vom Kopf Richtung Wasseroberfläche zeigten, auf einmal am Rand ihres

Quallenkörpers herunterhängen, ist es bei mir nicht weit her mit der Sportlichkeit. Ich verfüge über die Kondition einer Topfpflanze und weiß auch, dass ich das allein zu verantworten habe. Dieses Gefühl ist alles andere als leicht für mich und wird auch nicht erträglicher, wenn es mir in sich ständig wiederholenden alltäglichen Situationen unter die Nase gerieben wird. Ich meine damit demütigende Momente, in denen zum Beispiel Tauben in der Fußgängerzone behäbig vor mir wegtorkeln, anstatt ordentlich zu fliegen, wie sie es bei jedem dahergelaufenen Kleinkind tun. Ich denke dann immer beleidigt, sieht man mir meine Unsportlichkeit denn wirklich so an?

Das erste Mal, dass ich wirklich ernsthaft darüber nachdachte, etwas mehr für meine Konstitution zu tun, war, als ich während des Liebesspiels auf alle möglichen Stellungen verzichten wollte – mit Ausnahme der stabilen Seitenlage –, damit im Falle eines Kreislaufkollapses die Atemwege freiblieben. In dem Moment war ich fest entschlossen, etwas zu verändern. Aber ich bin nun mal ein Sportmuffel, wie 52 Prozent aller Deutschen. Da ist es nicht so einfach, von jetzt auf gleich etwas an dieser Einstellung zu drehen. Dabei sind mir die Vorteile regelmäßiger Bewegung ja bekannt: Ausdauersport wie Radfahren oder Joggen kann den Alterungsprozess um sechs bis sieben Jahre rauszögern. Demnach müsste mein Postbote eigentlich unsterblich sein. Auch sollen körperliche Fitness und geistige Stärke eng miteinander verbunden sein. Aber anstatt an das letzte Mal zu denken, als mir vor dem Bankautomaten meine Geheimzahl nicht einfiel, und deshalb sofort aktiv zu werden, dachte ich: Eigentlich war ich ja mein ganzes Leben immer schon mehr so paralympicmäßig unterwegs. Für meinen Hochsprung bei den Bundesjugendspielen hätte eigentlich ein Lineal gereicht. Bei der rhythmischen Sportgymnastik wirkte ich immer wie eine Schubkarre, die sich im Sand bewegt. Und trotz alledem löse ich heute Sudoku noch immer mit dem Kugelschreiber. Also, alles gut, liebe Experten, jetzt lasst mal die Kirche im Dorf.

Aber ich will ganz ehrlich sein. Der Druck steigt, mein schlechtes Gewissen meldet sich immer öfter. Schließlich leben wir in einer Zeit, in der sich das Freizeitverhalten anderer Ü-50- und Ü-60-Kandidaten gerade fundamental ändert. Wer mit 50 noch nicht auf dem Weg zum Knacker sein will, sondern einfach knackiger werden oder bleiben will, muss sich aus seiner Komfortzone rausbewegen. Ob er will oder nicht. 65 Prozent aller Frauen wollen eigentlich nicht. Sie betreiben Sport aus rein gesundheitlichen Gründen. Nur 23 Prozent tun es, weil es ihnen Spaß macht. Und ich würde es nur der Figur wegen tun. Neulich las ich, dass Sport einem das tolle Gefühl geben würde, auch nackt super auszusehen. Ich wollte diesen Satz gerade sacken lassen, da fiel mir auf, dass eine Flasche Weißwein das bei mir auch schafft. Das war's dann schon wieder. Dabei ist es mir so ernst: Der Heizkörper soll langfristig nicht der schönste Körper im Schlafzimmer bleiben.

Es scheitert einfach immer wieder an der Umsetzung. Wen könnte man dafür nur verantwortlich machen? Im

Zweifelsfall: immer die Medien. Die Berichterstattung ist schuld, denn so manch ein Artikel über Sport wirkt sich nicht unbedingt motivationsfördernd aus. Neulich las ich, dass man, um ein Kilo Körperfett abzubauen, zehn Stunden joggen müsste. Die Vorstellung, dass ich ohne Verpflegung von hier bis Ulaanbaatar rennen könnte, fand ich erschreckend, denn Ulaanbaatar ist die Hauptstadt der Mongolei und von Deutschland knapp 9.000 Kilometer entfernt. Trotzdem habe ich mich durchgerungen und mir die Jogginghose aus dem Schrank geholt. Sie sollte endlich mal wieder spüren, was Bewegung heißt. Das kannte sie nämlich viele Monate nur noch vom Schleudergang der Waschmaschine. Ich wollte gerade das Haus verlassen, da sah ich im Postkasten eine Werbebroschüre meiner Krankenkasse liegen. Auf dem Titel stand: *Unser Blut legt pro Tag knapp 19.000 Kilometer zurück.* Das ist ja Ulaanbaatar hin und zurück, dachte ich und beschloss, dass das an Bewegung für heute erst mal reichen muss. Also, man kann mir wirklich keine mangelnde Motivation vorwerfen! Der Wille war ja da. Er wurde nur von irgendjemandem wieder weggeschickt.

Mein Mann ist da ganz anders veranlagt, was die gemeinsame Urlaubsplanung zunehmend erschwert. Er meint immer, dass zu einem Urlaub auch gehört, dass man sich viel und intensiv bewegt. Das denkt übrigens jeder zweite Mann in seinem Alter. Er wird sicher mal zu den alterswild entschlossenen Rentnern gehören, an denen geriatrischer Bedarf wie Rollator, Schnabeltasse und Haftcreme vorbeizugehen scheint. Diese Spezies gibt es schon heute.

Immer häufiger wird man auf der Autobahn von metallic-schwarzen VW Vans vom Typ California TDI 4 Motion mit 204 PS, Anhängerkupplung, Panoramaschiebedach und Sportsitzen überholt. Außen prangt meist ein dynamischer Schriftzug à la Connys Surf- und Kiteschule, Rosis Race-boardverleih, Montis Motorradclub oder Tonis Trekkingtou-ren durch die Anden. Und drinnen sitzen Menschen, die nach dem Motto leben: »Ich surfe, kite, fahre Raceboard und laufe mindestens zwei Städtemarathons pro Jahr – also bin ich.« Durchtrainierte Körper schälen sich aus luxuriös aus-gestatteten Vans an Autobahnraststätten zwischen Sylt und Kitzbühel. Man kommt aus dem Staunen nicht raus, wäh-rend man in von alpiner Sonne gebräunte und vom Nord-seewind gegerbte Gesichter sieht und denkt: Benutzen die eigentlich noch Sonnencreme oder schon Lederspray?

Wer sagt eigentlich, dass man mit 60 fitter sein muss als mit 30? Ich nicht. Ich lasse mir das Recht, gemütlich älter zu werden, nicht nehmen. Auch auf die Gefahr hin, dass ich irgendwann die Dessousboutique Rosalie gegen das Sanitätshaus Rössler austauschen muss. Mein Mann ist da anders. Eher so ein Niemals-Ruheständler. Er brauchte schon immer Action. Und auch jetzt, mit Anfang sechzig, meint er immer noch, sich wie ein Dreißigjähriger geben zu müssen. Kann er auch, aber nur noch für maximal eine Stunde am Tag. Das wird von ihm regelmäßig falsch einge-schätzt. Mal hing er in einer Gletscherspalte, mal wickelte er sich samt Skiern um einen Baum, beim Hamburg-Mara-thon sackte er nach der Ziellinie punktgenau auf der Trage des dort bereits wartenden Sanitäters zusammen und bei seinem letzten Kite-Versuch am Roten Meer rissen so viele Muskelfasern in seinen Oberarmen, dass ich ihm abends den Teller am Buffet halten musste, während er mit baumelnden Armen danebenstand und mit einem vorgestreckten Kinn auf die Speisen deutete, die in Betracht kamen. Würde es eine Flatrate für Ambulanzen geben, in denen solche Menschen wieder hochgebockt werden, es würde sich für ihn lohnen.

Der aufmerksame Leser wird sich an dieser Stelle fragen: Das sind doch alles negative Begleiterscheinungen des Älterwerdens. Was hat das noch mit Leichtigkeit, Lebensfreude und Genuss zu tun? Ich sage es Ihnen: Es gibt nämlich etwas, das all die nicht so schönen Faktoren locker kompensiert, das es auf eine wunderbare Art leichter macht, älter zu werden. Es ist dieses Gefühl von Gelassenheit, mit dem man vielem ab einem gewissen Alter begegnet. Die Hydra braucht dieses Gefühl nicht, weil sie nicht altert, aber ich bin froh und dankbar, dass ich es mit den Jahren gelernt habe. Früher war ich oft so schnell geladen, dass ich einen prima Akku für ein iPhone abgegeben hätte. Heute bewege ich mich oft am Rande der Egalität. Und wenn mir jemand ganz blöd kommt, bin ich auch schon mal emotional nah am Mittelfinger gebaut. Mein Leben war noch nie so cool, entspannt und lässig wie heute, wo ich meine eigene Zenmeisterin bin.

Wenn ich morgens auf dem Weg zur Arbeit mal wieder im Stau stehe, fluche ich nicht mehr. Als berufstätige Mutter denke ich heute: Endlich mal Zeit für mich. Wenn meine Kollegin mich mit dieser Fake-Fröhlichkeit begrüßt und flötet: »Cooles Shirt, steht dir und kaschiert auch schön«, dann möchte ich ihr nicht mehr den Locher an den Kopf werfen. »Wenn du ein Problem mit mir und meinen Klamotten hast, kannst du es behalten – es ist ja schließlich auch deins«, lautet dann mein Kommentar. Wenn ein Chef mal wieder meint, mir mit irgendeinem völlig überflüssigen Meeting wertvolle Zeit stehlen zu müssen, dann frage ich ihn einfach mal in der Runde: »Was machen Sie eigentlich so beruflich?« Wenn ich nach dem Büro noch schnell einkaufen möchte und mir ein Smart den letzten freien Parkplatz wegschnappt, auch dann ärgere ich mich nicht mehr, sondern frage höflich, warum er sich das Ding nicht einfach vor den Bauch bindet und mit reinnimmt. Wenn an der Kasse dann eine Schlange wie vor der Arche Noah ist, weil ein Rentner gerade vorne seine Münzsammlung präsentiert, dann summe ich nicht mehr die Tetris-Melodie, sondern konzentriere mich auf die in dem Moment wirklich wichtigen Dinge, wie die Tatsache, die kleinen Flaschen an der Kasse nicht aus Versehen als Tester zu benutzen. Wenn mich mein Auto danach direkt nach Hause fährt anstatt ins Fitnesscenter, dessen Mitgliedschaft schließlich teuer genug ist, dann ärgere ich mich nicht mehr über mein Auto. Ich rufe mir einfach ins Gedächtnis: »Deine Couch ist schließlich auch bezahlt und ›sofalockend‹.«

Geduld? Als hätte ich früher Zeit für so einen sentimentalen Mist gehabt: Bei Fußgängerampeln drückte ich den

Knopf wie ein batteriebetriebener Specht. Als ob sie so schneller grün wird, weil sie denkt, dass mehrere Leute dort stehen und warten. Aber Geduld kann man lernen. Ich z. B. habe sie mit der Zeit durch meinen Mann gelernt. Wenn der sagt, ich repariere dir die Kaffeemaschine, dann repariert er sie auch. Da muss ich nicht alle drei Monate nachfragen.

Auch was meinen Körper anbelangt, lebe ich nicht mehr nach dem Motto »Ich gegen mich«. Ich definiere mein Selbstbewusstsein nicht mehr über meinen Körperfettanteil. Ich muss mit Ü-50 nicht mehr mit dem BMI einer nordamerikanischen Gabelantilope mithalten. Ich war von meiner Statur her noch nie so windschnittig wie ein Tesla Sportwagen, eher wie eine holländische Wohndose, was natürlich auf meinen Bewegungsmangel zurückzuführen ist. Ich weiß. Aber Zeitschriften, die mir suggerieren, dass das Leben nur dann zu einem Hochgenuss wird, wenn man die seitenweise aufgeführten Workout-Einheiten sowie die ätzenden Diäten absolviert, nur um sich dann in albernen, meinem Alter definitiv nicht mehr entsprechenden knappen Bikinis präsentieren zu können, solche Blätter kann ich von Anfang an doof finden. Ich habe ja schließlich nicht ewig Zeit – wie eine Hydra. Denn ganz ehrlich: Was nutzt es einem, wenn man ein schwaches Bindegewebe hat und dann zehn Kilo abnimmt? Die Haut sieht auch nicht schöner aus, wenn sie etwas zusammenhält, wo es nichts zusammenzuhalten gibt. Das wirkt dann schnell wie ein Klappstuhl unter einer Sofahusse. Den Faltenwurf kann sich jeder vorstellen, oder?

Ich lasse mir mein Recht auf ein entspanntes Älterwerden von nichts und niemandem nehmen. Meinen sozialen Status definiere ich schon lange nicht mehr über die Anzahl von Freunden. Dieses Gut-vernetzt-Sein ist mir viel zu anstrengend geworden. Ich muss keine gut funktionierende Datenbank sein, wenn es um Klatsch und Tratsch geht. Mir reichen wenige, aber wertvolle Freundschaften. Freundschaften mit Menschen, bei denen ich eine ähnliche Gesinnung vermute, schätze ich hingegen sehr, denn je kleiner man seinen Freundeskreis hält, umso höher ist die Wertschätzung für jeden Einzelnen, der dazugehört. Partyhopping ist eine Unsitte in meinen Augen, bei der Gäste, die man einlädt, zwar zusagen, aber immer nur auf ein Zeitfenster begrenzt. Entweder man kann von 20 bis 22 Uhr oder von 22 Uhr bis Mitternacht. Dabei lade ich doch nicht zu einem Tag der offenen Tür ein, sondern zum Abendessen.

Ich nehme auch längst nicht mehr jede Einladung an. Es muss schon wirklich ein begründeter Verdacht vorliegen, dass es auf dieser Party schöner wird als zu Hause wollsockig, mit einem guten Buch und einer leckeren Flasche Weißwein auf der Couch. Ist das nicht der Fall, schrecke ich nicht davor zurück, schon eine Woche im Voraus mit dem Argument abzusagen, dass ich nicht in Stimmung bin. Auch auf die Gefahr hin, dass ich auf diese Weise mehr zur Unterhaltung beitrage, als wenn ich hingegangen wäre. Dann sage ich mir einfach: Wenn Leute hinter deinem Rücken reden, bleib gelassen und sage dir, man redet nur hinter dem Rücken eines anderen, wenn man es selbst nicht geschafft hat, mit ihm auf eine Höhe zu kommen, geschweige denn ihn einzuholen. Das habe ich von Tante Renate gelernt. Ziemlich spitzfindig, oder? Ich halte es da wie der schiefe Turm von Pisa: Der ist auch nicht zu einer so beliebten Sehenswürdigkeit geworden, weil er so wie alle Türme war. Ich bin jetzt einfach alt genug, um zu wissen, dass mich nicht jeder mögen muss. Es reicht, wenn es die richtigen Leute tun. Und da würde ich selbstverständlich auch anders vorgehen. Von Konrad Adenauer stammt der wunderbare Satz: »Die einen kennen mich, die anderen können mich.« Besser kann man es nicht formulieren.

Lebst du schon, oder erfüllst du noch immer die Erwartungen anderer? Diese Frage sollte sich jeder ab einem gewissen Alter stellen und mit einer gehörigen Portion Egoismus darauf antworten. Wenn dann einer sagt, du hast dich aber verändert, vergiss es. Du hast vielleicht aufgehört, nach seinen Vorstellungen zu leben. Aber mehr auch nicht. Ich will meine Ecken und Kanten ausleben dürfen. Es ist an der Zeit, die zu sein, die man ist, und das zu sagen, was man meint. Die, die sich darüber aufregen, sind nicht wichtig, und die, die wichtig sind, regt es nicht auf. Wenn dich alle Menschen in deinem Umfeld mögen, hast du sowieso etwas falsch gemacht. Meine Werte definiere ich jetzt selbst: Bei vielem loslassen, bei einigem pH-neutral bleiben und beim Wesentlichen Gas geben, nämlich dabei, das Leben zu genießen. Dass man dabei älter wird, ist nun mal gesetzt. Das ist einfach unvermeidbar, aber dass man darüber jammert, das ist optional.

Ich jammere jetzt deutlich weniger als früher. Ich bin mit Ü-50 schon deutlich gelassener geworden und habe beschlossen, dass meine Problemzonen auch die nächsten zwanzig Jahre Bauch, Beine und Po bleiben werden. Mein Kopf wird definitiv nicht dazugehören – auch wenn die Dinge mal nicht so laufen, wie ich es mir vorgestellt habe. Dann ändere ich meine Vorstellungen eben. Ein bisschen mehr Distanz, ein wenig mehr Objektivität und die Erkenntnis, auch einfach mal dankbar für all die Probleme und Misserfolge zu sein, die einem bisher erspart geblieben sind – das macht das Leben leichter.

Fazit: Bei all den Möglichkeiten, die das Leben für uns bereithält, um es positiv gestalten zu können, habe ich mich entschlossen, jetzt doch lieber keine Hydra mehr sein zu wollen.

Ich bin wie ich bin.
Ich bin freundlich, aber nicht zu jedem.
Ich bin gutmütig, aber nicht blöd.
Ich bin sanftmütig, aber wer mich provoziert, lernt mich kennen.
Ich bin hilfsbereit, aber ich lasse mich nicht ausnutzen.
Ich bin ein guter Zuhörer, aber ich hör mir nicht jedes Geschwätz an.
Ich bin nicht nachtragend, aber auch meine Geduld ist irgendwann erschöpft.
Ich bin großzügig, aber ich lasse mich nicht ausnehmen.
Ich bin, wie ich bin, wem das nicht gefällt, der bleibe fern von mir.

spruechewelt.com

Maxim Leo & Jochen Gutsch

Es ist nur eine Phase, Hase

Ein Trostbuch für Alterspubertierende

Hardcover.
Auch als E-Book erhältlich.
www.ullstein-extra.de

Komisches aus dem Alltagswahnsinn der Alterspubertierenden von dem preisgekrönten Bestsellerduo Maxim Leo & Jochen Gutsch

»Als ich meine Frau kennenlernte, lebte ich in einem winzigen Studentenzimmer, in dem ein Bett stand, das sogar für mich allein zu schmal war. Ein Jahr lang schliefen wir zusammen in diesem Bett, ohne uns im Geringsten zu stören. … Heute sind wir zwei schlafgestörte Alterspubertierende, liegen auf unserer riesigen Latex-Matratze und träumen von einer Nacht, in der wir uns nicht auf die Nerven gehen.«

»Gutsch und Leo schreiben schräg, komisch, ein bisschen durchgeknallt, aber sehr wahrhaftig.«
Christine Westermann

ullstein extra